脱贫攻坚、乡村振兴与县域高质量发展
——基于陕西11个国家乡村振兴重点帮扶县的考量

郭萌 王怡 董朕 著

中国纺织出版社有限公司

图书在版编目（CIP）数据

脱贫攻坚、乡村振兴与县域高质量发展：基于陕西11个国家乡村振兴重点帮扶县的考量／郭萌，王怡，董朕著. --北京：中国纺织出版社有限公司，2023.10（2024.3重印）
ISBN 978-7-5229-0859-5

Ⅰ.①脱… Ⅱ.①郭… ②王… ③董… Ⅲ.①县级经济－扶贫－研究－陕西 Ⅳ.①F127.41

中国国家版本馆CIP数据核字（2023）第156083号

责任编辑：房丽娜　　责任校对：王蕙莹　　责任印制：储志伟

中国纺织出版社有限公司出版发行
地址：北京市朝阳区百子湾东里A407号楼　邮政编码：100124
销售电话：010—67004422　传真：010—87155801
http://www.c-textilep.com
中国纺织出版社天猫旗舰店
官方微博 http://weibo.com/2119887771
北京虎彩文化传播有限公司印刷　各地新华书店经销
2023年10月第1版　2024年3月第2次印刷
开本：710×1000　1/16　印张：15.5
字数：320千字　定价：88.00元

凡购本书，如有缺页、倒页、脱页，由本社图书营销中心调换

前言
PREFACE

  县域是推进国家治理体系和治理能力现代化的重要组成部分,是脱贫攻坚的基本单元和乡村振兴的重要依托,是实现城乡协调发展的重要区域,是实现共同富裕的主战场。县域承载着高质量发展的特殊使命,是推动高质量发展的重要空间载体。

  2021 年,我国现行标准下 9899 万农村贫困人口全部脱贫,832 个贫困县全部摘帽,区域性整体贫困得到解决,完成了消除绝对贫困的艰巨任务。陕西有略阳县、镇巴县、紫阳县、岚皋县、白河县、山阳县、柞水县、商南县、丹凤县、镇安县、安康市汉滨区 11 个深度贫困县。在脱贫攻坚战取得决定性胜利之际,党中央适时做出了巩固拓展脱贫攻坚成果同乡村振兴有效衔接的重大战略决策,一方面把脱贫攻坚成果作为乡村振兴的重要基础和出发点,另一方面通过乡村振兴战略的实施来进一步巩固和拓展脱贫攻坚成果。2021 年,略阳县、镇巴县、安康市汉滨区、紫阳县、岚皋县、白河县、山阳县、柞水县、镇安县、丹凤县、商南县这 11 个县区也被确定为国家乡村振兴重点帮扶县。

  巩固拓展脱贫攻坚成果需要对前期脱贫开展绩效评估,以发现问题、改进政策;同时更需要着眼长远,建立健全体制机制,接续推进乡村振兴。脱贫成效测评是对脱贫攻坚工作的总结和反思,是巩固脱贫成果、有效衔接乡村振兴、实现高质量发展的前提和基础。大规模的攻坚式、开发式扶贫过后,亟待探索新的帮扶模式,实现内生发展。大量的理论研究和扶贫实践表明,由政府直接强势介入扶贫特别是产业扶贫活动中,虽然在短期内可以取得明显成效,但其本质属性、组织机制和职责定位决定了其难以实现最优化的资源配置,需要多主体共同参与

▶ 脱贫攻坚、乡村振兴与县域高质量发展——基于陕西11个国家乡村振兴重点帮扶县的考量

贫困治理。每个地区都有独特的资源禀赋和发展特色，因此脱贫攻坚、乡村振兴与县域高质量发展的模式也不尽相同。

陕西11个国家乡村振兴重点帮扶县全部位于秦岭腹地，"秦岭和合南北，泽被天下，是我国的中央水塔，是中华民族的祖脉和中华文化的重要象征"，同时也是国家"南水北调"中线工程和陕西省"引汉济渭"工程水源地。《国民经济和社会发展第十四个五年规划和二〇三五年远景目标的建议》《中共陕西省委关于制定国民经济和社会发展第十四个五年规划和二〇三五年远景目标的建议》等一系列规划文件对秦岭生态保护、绿色循环发展提出了明确要求。当好秦岭生态卫士是11个国家乡村振兴重点帮扶县义不容辞的职责与使命，贯彻绿色循环发展理念是11个县高质量发展的战略要求。11个县在特色小镇建设、生态产品价值实现等方面资源丰富，挖掘潜力较大，通过特色小镇建设和探索生态产品价值实现机制是巩固拓展脱贫成果、实现乡村振兴战略、提升区域可持续发展能力的有效路径。

全书共分为3篇，第1篇"理论与实证"，围绕脱贫攻坚成果开展成效测评，分析巩固拓展脱贫攻坚成果的难点，找出11个重点帮扶县高质量发展的痛点。第2篇"建议与路径"，首先针对巩固拓展脱贫攻坚成果的难点，提出促使企业充分履行社会责任参与贫困治理，逐步转变贫困治理主体，应对未来贫困新问题的建议；其次针对11个重点帮扶县地处秦岭腹地的地域特征与时代要求，提出以秦岭特色小镇建设为突破口，探索乡村振兴新基点的建议；最后针对11个重点帮扶县生态资源丰富的特征提出探索生态产品价值实现，赋能县域发展的建议。第3篇"案例与实践"，选择了长期跟踪调研的国家乡村振兴重点帮扶县D县巩固拓展脱贫攻坚成果同乡村振兴有效衔接实施方案和创新驱动试点建设实施方案，详细分析了D县的发展基础，对照巩固拓展脱贫攻坚成果同乡村振兴有效衔接要求，提出了重点任务与保障措施。创新是第一动力，要实现高质量发展目标，必须抢抓政策机遇，深入实施创新驱动发展战略，开辟发展新领域新赛道，不断塑造发展新动能新优势，构建创新驱动产业体系，强化创新驱动支撑，打造多层次、多元化的创新创业格局，以助推县域经济社会高质量发展。

前 言

本书遵循"理论建构——实证分析——政策建议——案例实践"的结构，从脱贫攻坚，到乡村振兴，到高质量发展，由大及小、层层递进。力求格物致知、知行合一，实现理论与实践结合，为后发展地区提供资料与借鉴。

《脱贫攻坚、乡村振兴与县域高质量发展——基于陕西11个国家乡村振兴重点帮扶县的考量》是陕西高校新型智库商洛发展研究院服务区域高质量发展系列丛书之一，商洛发展研究院立足于商洛、陕南、大秦岭的实际，以服务党和政府决策为宗旨，围绕商洛高水平现代化建设目标，扎根商洛、致力破解商洛社会发展问题。以政策研究咨询为主攻方向，持续开展乡村振兴研究、秦岭生态保护及资源利用研究、生态产业发展研究，将科研成果与发展实践相结合，积极为政府决策建言献策。整合汇聚优势资源，提升高校服务经济社会发展的能力，是服务商洛乃至陕南绿色发展的决策咨询重要机构、培养决策咨询人才的重要基地。

本研究得到了国家社科基金项目"连片贫困地区精准扶贫成效评估及'阻返'长效机制研究"（19XJL002）、教育部人文研究规划项目"乡村振兴背景下现代农业产业园演化机理及发展韧性研究"（21YJC790023）和陕西省教育厅科学研究计划青年创新团队项目"国家乡村振兴重点帮扶县脱贫成果巩固、乡村振兴与高质量发展的演进机理与路径探寻"（23JP044）社科基金项目"深度贫困县脱贫绩效评估及脱贫成果巩固研究"（23JP044）的支持。商洛市乡村振兴局、丹凤县农村农业局、丹凤县乡村振兴局、丹凤县发改局给予了调查的大力支持和协助。同时，特别感谢中国纺织出版社有限公司的编辑老师以及其他同志，他们的无私帮助和辛苦工作使本书得以尽快出版。

著　者

2023年5月

目录 CONTENTS

第1篇 理论与实证 1
1 脱贫攻坚成果的描述性评价 2
2 成效测评与结果讨论 8
  2.1 指标体系构建 8
    2.1.1 方法模型与数据来源 8
    2.1.2 评价矩阵构建及标准化 12
    2.1.3 TOPSIS 模型建立 16
  2.2 测量结果分析 17
    2.2.1 指标层结果讨论 17
    2.2.2 准则层结果讨论 21
3 成果巩固拓展的难点分析 23
  3.1 发展基础薄弱 23
  3.2 脱贫主体较为单一 25
  3.3 发展增长点不明确 25

第2篇 建议与路径 27
4 企业社会责任履行——探索贫困治理转变的新主体 28
  4.1 理论分析 29
    4.1.1 国内外研究综述 29

- 4.1.2 企业履行社会责任参与贫困治理的必要性与可行性 …… 37
- 4.2 企业社会责任与贫困治理的影响途径分析 …… 39
  - 4.2.1 企业社会责任与贫困治理的时空演变 …… 39
  - 4.2.2 企业社会责任与贫困治理的影响途径 …… 45
  - 4.2.3 企业履行社会责任参与贫困治理的实践 …… 53
- 4.3 企业社会责任与贫困治理的作用机制 …… 59
  - 4.3.1 新时期贫困的特点与治理要求 …… 59
  - 4.3.2 企业社会责任与贫困治理的互动作用机制 …… 62
  - 4.3.3 企业履行社会责任参与贫困治理存在的问题及策略选择 …… 65
- 4.4 政策保障机制及未来研究展望 …… 68
  - 4.4.1 企业社会责任保障机制的构建 …… 68
  - 4.4.2 贫困治理未来研究展望 …… 71

5 秦岭特色小镇建设——寻找乡村振兴的新基点 …… 74
- 5.1 特色小镇生态服务的理论基础 …… 74
  - 5.1.1 特色小镇建设的理论缘起 …… 74
  - 5.1.2 特色小镇建设的实践探索 …… 76
  - 5.1.3 国外关于特色小镇生态服务的研究 …… 78
  - 5.1.4 国内关于特色小镇生态服务的研究 …… 80
  - 5.1.5 关于特色小镇生态服务平台建设的经验借鉴 …… 82
  - 5.1.6 特色小镇与新型城镇化 …… 84
  - 5.1.7 研究述评 …… 85
- 5.2 特色小镇的发展演化 …… 88
  - 5.2.1 特色小镇的内涵演化 …… 88
  - 5.2.2 特色小镇的功能演化 …… 89

  5.2.3 特色小镇的形成机制 …………………………………………… 89

  5.2.4 特色小镇的典型特征 …………………………………………… 91

  5.2.5 特色小镇建设存在的问题 ……………………………………… 92

 5.3 秦岭特色小镇建设与发展概况 ………………………………………… 93

  5.3.1 秦岭特色小镇建设的总体概况 ………………………………… 93

  5.3.2 秦岭特色小镇的产业发展 ……………………………………… 96

  5.3.3 秦岭特色小镇的规模特征 ……………………………………… 98

  5.3.4 秦岭特色小镇生态服务方面存在的问题 …………………… 103

  5.3.5 秦岭特色小镇生态服务调查分析 …………………………… 104

  5.3.6 秦岭特色小镇建设的生态遵循 ……………………………… 110

  5.3.7 秦岭特色小镇建设与生态服务的融合机制 ………………… 112

 5.4 秦岭特色小镇生态服务水平评价 …………………………………… 114

  5.4.1 评价指标选取 ………………………………………………… 114

  5.4.2 评价方法 ……………………………………………………… 116

  5.4.3 评价指标权重确定 …………………………………………… 116

  5.4.4 秦岭特色小镇生态服务水平模糊综合评价 ………………… 118

 5.5 秦岭特色小镇生态服务平台建设 …………………………………… 121

  5.5.1 秦岭特色小镇生态服务信息平台建设 ……………………… 121

  5.5.2 在特色小镇试点生态产品价值实现机制 …………………… 126

  5.5.3 秦岭特色小镇生态服务平台建设保障机制 ………………… 127

6 生态产品价值实现——赋能县域发展的新引擎 …………………………… 132

 6.1 生态产品价值实现机制理论体系 …………………………………… 132

  6.1.1 生态产品的概念和内涵 ……………………………………… 132

  6.1.2 生态产品价值的理论基础 …………………………………… 133

| 6.1.3　生态产品价值评估与核算 ………………………………………… 134
| 6.1.4　生态产品价值的实现路径 …………………………………………… 134
| 6.1.5　生态产品价值实现的典型经验 ……………………………………… 134
| 6.1.6　陕南三市生态文明建设水平测度 …………………………………… 135
| 6.2　生态产品价值实现的路径与探索 …………………………………………… 148
| 6.2.1　推进生态产品价值实现路径 ………………………………………… 148
| 6.2.2　物质供给类生态产品价值实现探索——以柞水木耳发展为例 … 158
| 6.2.3　调节服务类生态产品价值实现探索——秦岭林业碳汇交易影
| 响因素分析 …………………………………………………………… 165

第3篇　案例与实践 ……………………………………………………………… 171

7　巩固拓展脱贫攻坚成果同乡村振兴有效衔接实施方案——D县国家乡村振兴重点帮扶县巩固拓展脱贫攻坚成果同乡村振兴有效衔接实施方案（2021—2025年）………………………………………………………… 172

| 7.1　发展基础 ……………………………………………………………………… 172
| 7.1.1　县域概况 ………………………………………………………………… 172
| 7.1.2　脱贫攻坚成效 …………………………………………………………… 173
| 7.1.3　机遇与困难 ……………………………………………………………… 175
| 7.2　总体要求 ……………………………………………………………………… 177
| 7.2.1　指导思想 ………………………………………………………………… 177
| 7.2.2　基本原则 ………………………………………………………………… 177
| 7.2.3　主要目标 ………………………………………………………………… 178
| 7.3　重点任务 ……………………………………………………………………… 179
| 7.3.1　规范动态监测帮扶 ……………………………………………………… 180
| 7.3.2　巩固拓展脱贫攻坚成果 ………………………………………………… 181

7.3.3 壮大乡村特色产业 ················· 183
7.3.4 促进群众稳岗就业 ················· 186
7.3.5 大力实施乡村建设 ················· 187
7.3.6 建设秦岭山水乡村 ················· 189
7.3.7 提升乡村治理水平 ················· 191
7.3.8 丰富乡村文化生活 ················· 193
7.3.9 全面搭建人才培育平台 ············· 195
7.3.10 全面加强基层党的建设 ············ 196
7.3.11 聚力推进重点帮扶县建设 ·········· 198

7.4 保障措施 ······························ 199
7.4.1 全面夯实各级责任 ················· 199
7.4.2 持续抓好驻村帮扶 ················· 200
7.4.3 落实项目资金保障 ················· 200
7.4.4 大力加强宣传引导 ················· 200
7.4.5 健全法治保障体系 ················· 201
7.4.6 实行严督实考工作机制 ············· 201

8 创新驱动试点建设实施方案——D县创新驱动试点建设实施方案（2021—2025年） ····································· 202

8.1 试点基础 ······························ 202
8.1.1 试点优势 ························· 202
8.1.2 创新机遇 ························· 204
8.1.3 存在问题 ························· 206

8.2 总体要求 ······························ 207
8.2.1 指导思想 ························· 207

8.2.2　基本原则 ……………………………………………………… 207

　　8.2.3　建设定位 ……………………………………………………… 208

　　8.2.4　主要目标 ……………………………………………………… 209

8.3　完善创新驱动产业体系 ………………………………………………… 210

　　8.3.1　科技赋能，推进葡萄酒产业量质并举 ……………………… 210

　　8.3.2　数字推动，加快文化旅游三产融合 ………………………… 211

　　8.3.3　医养融合，强化中药康养产业发展 ………………………… 212

　　8.3.4　技术引领，促进现代农业提质增效 ………………………… 213

　　8.3.5　科技创新，推进工业产业转型升级 ………………………… 217

8.4　强化创新驱动支撑体系 ………………………………………………… 221

　　8.4.1　支撑企业创新发展 …………………………………………… 221

　　8.4.2　建设产业创新载体 …………………………………………… 222

　　8.4.3　壮大创新人才队伍 …………………………………………… 224

　　8.4.4　优化创新创业环境 …………………………………………… 226

　　8.4.5　积极发展数字经济 …………………………………………… 228

8.5　进度安排 ………………………………………………………………… 228

　　8.5.1　筹备启动阶段（2023年） …………………………………… 228

　　8.5.2　整体推进阶段（2024年） …………………………………… 229

　　8.5.3　完善提升阶段（2025年） …………………………………… 229

8.6　保障措施 ………………………………………………………………… 229

　　8.6.1　加强组织领导 ………………………………………………… 229

　　8.6.2　完善政策支撑 ………………………………………………… 229

　　8.6.3　强化资金保障 ………………………………………………… 229

　　8.6.4　加强监督考核 ………………………………………………… 230

8.6.5　强化舆论宣传 …………………………………………… 230
8.7　D县创新驱动重点项目 ………………………………………… 230
8.8　总结与展望 ……………………………………………………… 240

参考文献 ……………………………………………………………… 241

第1篇
理论与实证

1　脱贫攻坚成果的描述性评价
2　成效测评与结果讨论
3　成果巩固拓展的难点分析

▶ 脱贫攻坚、乡村振兴与县域高质量发展——基于陕西11个国家乡村振兴重点帮扶县的考量

县域是脱贫的基本单元，巩固拓展脱贫攻坚成果需要对前期脱贫工作开展绩效评估，以发现问题、改进政策，同时更需要着眼长远，建立健全体制机制，接续推进乡村振兴。曾经的11个深度贫困县2021年被确定为国家乡村振兴重点帮扶县，这11个县区全部位于汉中、安康、商洛三市，同属于曾经的连片特困地区——秦巴山区。秦巴山区是陕西省贫困面积最大、程度最深的地区。除了周至县、太白县外，秦巴山区各区县全部位于陕南，囊括除汉中市汉台区之外的汉中、商洛、安康三市27个区县。

项目团队根植商洛，扎根基层深入开展调查研究，对陕南地区，尤其是商洛市丹凤县的扶贫脱贫工作进行持续关注，立足为后发展地区巩固拓展脱贫攻坚成果、乡村振兴路径、高质量发展，积极向政府建言献策，将项目的理论研究和调研资料转化为巩固拓展脱贫攻坚、乡村振兴提升的具体切实的思路、对策、建议和路径。

根据项目研究向政府提交资政报告20余件，部分被省市领导采纳批示，多件报告获商洛市优秀决策咨询建议。为政府制定国家乡村振兴重点帮扶县巩固拓展脱贫攻坚成果同乡村振兴有效衔接实施方案、乡村振兴规划、乡村产业提升行动方案、乡村振兴示范村规划等12个区域发展规划。研究成果被《光明日报》、陕西乡村振兴局、新浪网、腾讯网、陕西电视台等多家主流媒体转载报道。项目团队长期扎根商洛的研究成果收到了良好的社会反响，对以商洛为代表的贫困区域发展资源缺口与扶贫资源配置结构失调之处的研究、提出的巩固拓展脱贫攻坚成果与乡村振兴有效衔接路径、针对当地特色提出的加快生态产品价值实现促进举措等方面的政策建议，为政府提供了思路、对策和建议，为促进欠发达地区与贫困人口建立发展长效机制提供了理论参考、贡献了研究力量。

1 脱贫攻坚成果的描述性评价

2012年末，陕西有农村贫困人口483万人，贫困发生率17.5%。至2019年年底，剩余29个贫困县全部退出，全省56个贫困县全部摘帽，区域性整体贫困基本解决，脱贫攻坚取得决定性成就。贫困发生率由初期的超过全国平均水平，到2019年逐渐接近全国平均水平（表1-1、图1-1）。

表 1-1 陕西农村贫困人口及贫困发生率演化情况表

时间/年	2012	2013	2014	2015	2016	2017	2018	2019
全国农村贫困人口/万人	9899	8249	7017	5575	4335	3046	1660	551
陕西农村贫困人口/万人	483	410	350	288	226	169	83	17
全国贫困发生率/%	10.2	8.5	7.2	5.7	4.5	3.1	1.7	0.6
陕西贫困发生率/%	17.5	15.1	13.0	10.7	8.4	6.3	3.1	0.6

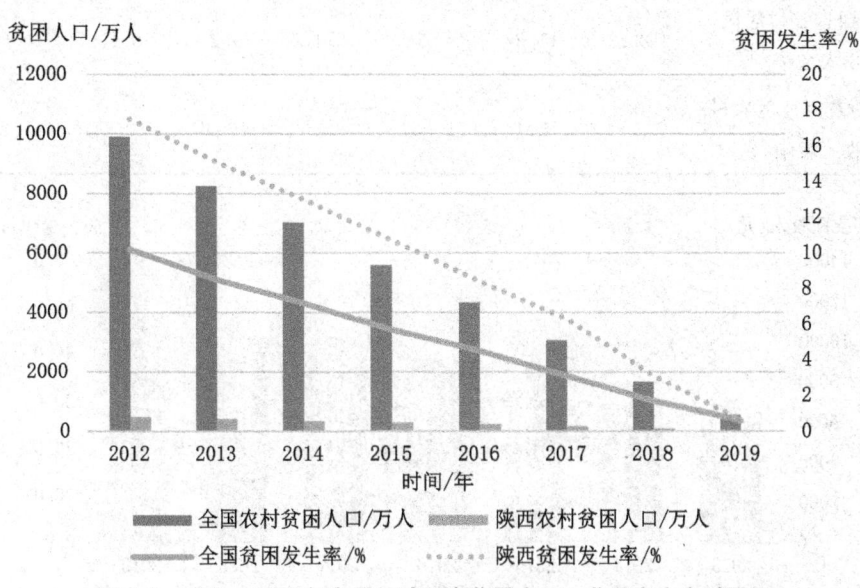

图 1-1 2012～2019 年全国、陕西省贫困人口、贫困发生率对照图

贫困地区居民收入水平不断提高(表 1-2)。从 2013～2019 年，陕西贫困地区农村居民人均可支配收入由 6162 元增长到 11421 元，累计增长 5259 元，年均增长 877 元，累计增幅达到 85.3%，年均名义增速 10.8%，增速比同期全省农村平均水平快 1.1 个百分点。

贫困地区农村居民与全省农村居民的收入差距不断缩小(图 1-2)。2013 年陕西贫困地区农村居民人均收入相当于全省农村居民人均收入的 86.9%，2019 年提高为 92.7%，占比提高了 5.8 个百分点。与全国平均水平相比，陕西贫困地区农村居民收入已接近全国水平。

表 1-2 陕西贫困地区农村居民收入情况演化表

时间/年	2013	2014	2015	2016	2017	2018	2019
全国贫困地区农村居民可支配收入/元	6079	6852	7653	8452	9377	10371	11567
陕西省农村居民可支配收入/元	7092	7932	8689	9396	10265	11213	12326
陕西贫困地区农村居民可支配收入/元	6162	6963	7692	8424	9297	10267	11421
全国贫困地区农村居民收入增幅/%		16.6	12.7	11.7	10.4	10.5	10.6	11.5
陕西省农村居民收入增幅/%		12.8	11.8	9.5	8.1	9.2	9.2	9.9
陕西贫困地区农村收入增幅/%		19.8	13.1	10.5	9.5	10.4	10.4	11.2

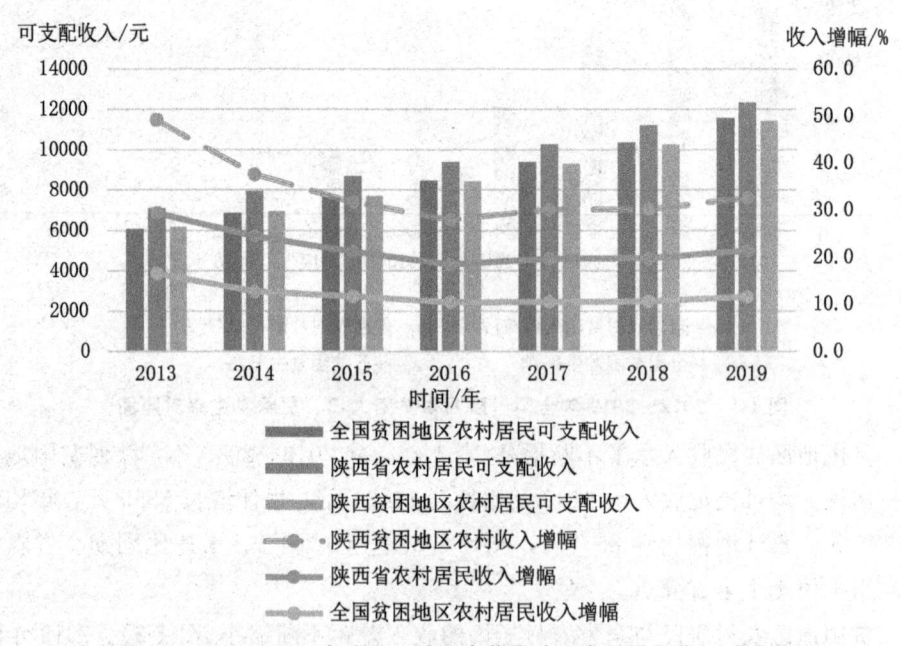

图 1-2 2012~2019 年全国、陕西省贫困地区农村居民收入对照图

陕西有 11 个深度贫困县，其中略阳县和镇巴县位于汉中市，安康市有紫阳县、岚皋县、白河县和汉滨区 3 县 1 区，商洛市有山阳县、柞水县、商南县、丹

凤县、镇安县5个县，商洛市数量最多。镇安县2018年5月实现脱贫摘帽，其余10个县均于2020年2月实现脱贫摘帽。11个深度贫困县全部位于陕南秦巴山区(表1-3、图1-3)。

表1-3 2016~2020年11个深度贫困县生产总值及脱贫时间一览表

单位：亿元

序号	名称	生产总值					所属地区	脱贫时间
		2016年	2017年	2018年	2019年	2020年		
1	略阳县	55.94	67.54	72.35	71.17	62.83	汉中市	2020.2.27
2	镇巴县	65.17	78.51	84.56	92.45	82.99	汉中市	2020.2.27
3	安康市汉滨区	252.16	290.92	342.36	380.95	375.82	安康市	2020.2.27
4	紫阳县	80.48	90.77	103.65	109.59	100.53	安康市	2020.2.27
5	岚皋县	45.53	52.55	59.36	58.02	48.69	安康市	2020.2.27
6	白河县	59.54	67.51	79.17	79.84	71.06	商洛市	2020.2.27
7	山阳县	121.3	144.35	147.95	152.88	144.32	商洛市	2020.2.27
8	柞水县	74.79	74.98	74.56	83.73	76.54	商洛市	2020.2.27
9	镇安县	89.79	106	111.2	105.87	88.06	商洛市	2020.2.27
10	丹凤县	86.67	97.23	99.05	98.02	88.94	商洛市	2019.5.7
11	商南县	76.31	87.54	87.9	91.42	81.43	安康市	2020.2.27

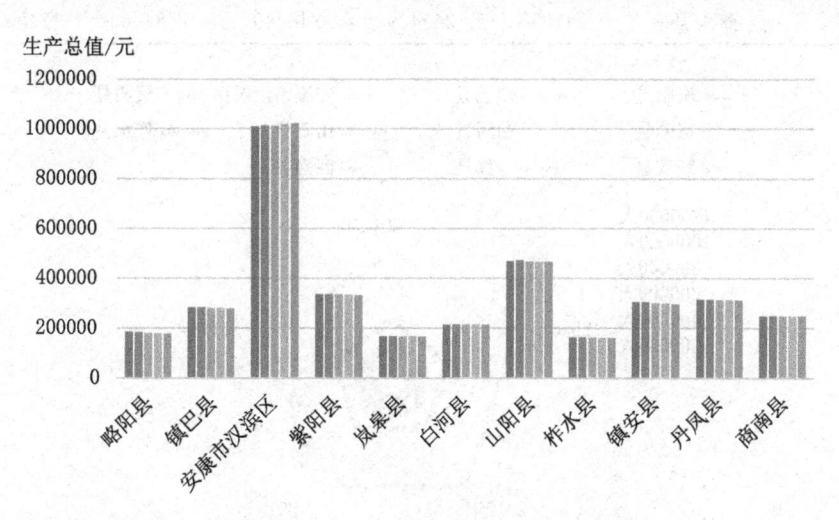

图1-3 2016~2020年11个深度贫困县生产总值示意图

脱贫攻坚、乡村振兴与县域高质量发展——基于陕西11个国家乡村振兴重点帮扶县的考量

2016~2020年，陕西11个深度贫县生产总值均呈现增加的趋势，其中安康市汉滨区生产总值体量最大，岚皋县、柞水县生产总值体量较小。

2016~2020年，陕西11个深度贫县户籍人口体量中安康市汉滨区最大，柞水县、岚皋县人口体量较小。5年间人口变动幅度不大，多数县呈小幅度减少趋势（表1-4、图1-4）。

表1-4　2016~2020年11个深度贫困县户籍总人口一览表

序号	名称	户籍总人口/人				
		2016年	2017年	2018年	2019年	2020年
1	略阳县	185297	183462	180727	178828	176903
2	镇巴县	284125	282107	280644	279972	278536
3	安康市汉滨区	1008334	1012818	1011523	1018686	1022342
4	紫阳县	336985	336626	335108	334010	332399
5	岚皋县	168184	168163	167161	166229	165133
6	白河县	213909	215224	214954	214655	214023
7	山阳县	468966	471959	467331	466078	465772
8	柞水县	163719	163873	161839	161429	161143
9	镇安县	304749	304969	301045	299981	297489
10	丹凤县	314703	316119	314002	313058	312537
11	商南县	247858	249439	248249	248496	248551

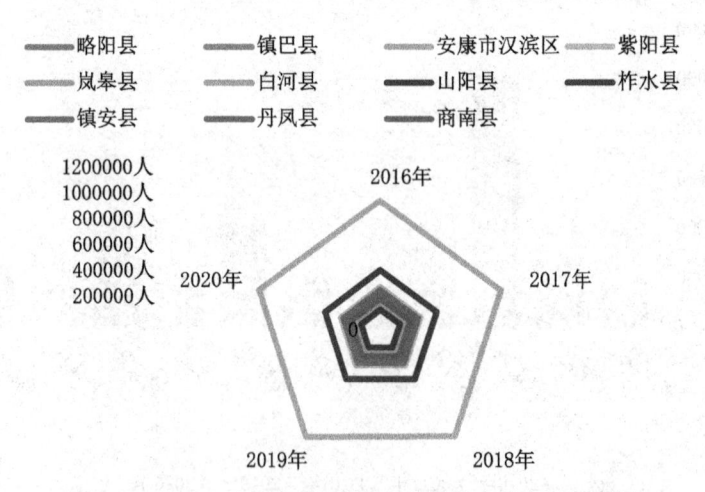

图1-4　2016~2020年11个深度贫困县户籍人口示意图

从总量指标来看，11个深度贫困县的经济状况在脱贫攻坚的过程中已经发

生了巨大的变化，2021年8月27日，中央农村工作领导小组办公室国家乡村振兴局综合考虑西部10省区市人均地区生产总值、人均一般公共预算收入、农民人均可支配收入等指标，统筹考虑脱贫摘帽时序、返贫风险等因素，结合各地实际，确定了160个国家乡村振兴重点帮扶县，其中陕西11个深度贫困县略阳县、镇巴县、安康市汉滨区、紫阳县、岚皋县、白河县、丹凤县、商南县、山阳县、镇安县、柞水县被确定为国家乡村振兴重点帮扶县。根据中央要求，各有关省区市要认真贯彻党中央、国务院决策部署，强化政策倾斜，加强监测评估，集中支持做好巩固拓展脱贫攻坚成果同乡村振兴有效衔接工作，让脱贫基础更加稳固、成效更可持续。

国家级乡村振兴重点帮扶县的确立，为11个深度贫困县后续发展提供了重要政策保障，为脱贫绩效、做好巩固拓展脱贫攻坚成果同乡村振兴有效衔接提出了要求。

2 成效测评与结果讨论

11个重点帮扶县都是曾经的深度贫困县，贫困脆弱性突出、易返贫、脱贫成果巩固难，且县区发展差异较大。贫困的原因是多维度的，贫困的表现也是多方面的。贫困是资源禀赋、社会环境、个人能力等因素相互作用的结果。学者们针对贫困的多维表现，采用不同的方法开展了脱贫成效的测量。如王小林(2017)测量对比了四川省藏区中的阿坝自治州的藏族、羌族、回族和汉族的贫困状况，对比了贫困的民族特征。杨悦(2019)、倪一新(2019)、郭斯炜(2019)等针对不同特困地区的特征，提出了相应的减贫以及地方经济发展策略。对于深度贫困地区贫困问题，研究者已有深入研究。近年来，大多数研究集中在对深度贫困地区宏观定性以及针对深度贫困地区局部贫困状况、存在问题及对策建议方面，对深度贫困地区反贫困绩效的评价以及建立阻返机制、巩固脱贫攻坚成果的研究不多。

基于国家统计数据、国家统计局住户调查办公室中国农村监测报告数据项目团队调查研究数据、陕西省统计年鉴、个案研究材料，在国内外贫困及反贫困研究理论基础上，在对11个重点帮扶县地区经济发展以及贫困现状的整体认识基础之上，开展实证分析，探索巩固脱贫攻坚成果的基本路径。在脱贫攻坚战取得决定性胜利之际，党中央适时做出了巩固拓展脱贫攻坚成果同乡村振兴有效衔接的重大战略决策，一方面把脱贫攻坚成果作为乡村振兴的重要基础和出发点，另一方面通过乡村振兴战略的实施来进一步巩固和拓展脱贫攻坚成果。经过10年的减贫实践，陕西省11个深度贫困县目前都消除了区域性整体贫困。测量其脱贫绩效，梳理其演化轨迹，可以有针对性地认识短板，促进脱贫攻坚与乡村振兴的有效衔接。

2.1 指标体系构建

2.1.1 方法模型与数据来源

(1)指标体系

根据脱贫攻坚"两不愁，三保障"的总要求，以农业农村经济指标为主，选择23个指标建立5个准则层来测量脱贫绩效及农业农村发展现状。其中，以社会消费品零售总额、乡村零售额、生产总值、户籍总人口来衡量经济总量；以地方一般预算收入、一般预算支出来衡量公共财政状况；以农林牧渔业总产值、农林牧渔业增加值、年末常用耕地面积、农用机械总动力来衡量农业总量水平；以农用化肥施用折纯量、农用塑料薄膜使用量、粮食播种面积、粮食产量来衡量粮食水平；由于各个县区特色农副业不同，所以用油料产量、蔬菜产量、水果产量、肉类产量、禽蛋产量、牛存栏、猪存栏、羊存栏、家禽存栏来衡量牧渔副业，见表2-1。

表 2-1 深度贫困县脱贫绩效及农业农村发展现状指标一览表

准则	指标	指标层	单位	指标性质(+/-)
经济总量 R_1	S_1	社会消费品零售总额	亿元	+
	S_2	乡村零售额	亿元	+
	S_3	生产总值	亿元	+
	S_4	户籍总人口	人	+
公共财政状况 R_2	S_5	地方一般预算收入	万元	+
	S_6	一般预算支出	万元	+
农业总量水平 R_3	S_7	农林牧渔业总产值	万元	+
	S_8	农林牧渔业增加值	万元	+
	S_9	年末常用耕地面积	公顷	—
	S_{10}	农用机械总动力	千瓦	+
粮食水平 R_4	S_{11}	农用化肥施用折纯量	吨	+
	S_{12}	农用塑料薄膜使用量	吨	+
	S_{13}	粮食播种面积	公顷	+
	S_{14}	粮食产量	吨	+
牧渔副业 R_5	S_{15}	油料产量	吨	+
	S_{16}	蔬菜产量	吨	+
	S_{17}	水果产量	吨	+
	S_{18}	肉类产量	吨	+
	S_{19}	禽蛋产量	吨	+
	S_{20}	牛存栏	万头	+
	S_{21}	猪存栏	万头	+
	S_{22}	羊存栏	万只	+
	S_{23}	家禽存栏	万只	+

2019年年底，11个深度贫困县实现了脱贫摘帽，因此选择2019年数据来衡量脱贫绩效，如表2-2所示。

表 2-2 深度贫困县 2019 年脱贫绩效及农业农村发展指标现状

项目	略阳县 N_1	镇巴县 N_2	安康市汉滨区 N_3	紫阳县 N_4	岚皋县 N_5	白河县 N_6	山阳县 N_7	柞水县 N_8	镇安县 N_9	丹凤县 N_{10}	商南县 N_{11}
社会消费品零售总额/亿元	27.95	29.55	175.14	41.82	15.75	21.6	36.29	11.9	21.38	31.77	20.83
乡村零售额/亿元	8.07	9.59	7.34	12.08	4.15	5.38	10.65	3.38	6.23	8.86	6.58
生产总值/亿元	71.1655	92.4474	380.9505	109.5914	58.0189	79.8439	152.878	83.732	105.865	98.018	91.415
户籍总人口/人	178828	279972	1018686	334010	166229	214655	466078	161429	299981	313058	248496
地方一般预算收入/万元	14324	11716	49496	10753	8918	7532	31884	16037	17843	15907	17524
一般预算支出/万元	298695	373966	740291	403864	304832	269051	520929	232062	365642	387695	302595
农林牧渔业总产值/万元	166394	331827	605722	281583	162530	190115	347520	151455	239912	230072	255275
农林牧渔业增加值/万元	97263	194002	364197	161937	95110	111780	210480	77640	134345	122138	140942
年末常用耕地面积/公顷	10045	24058	40566	22578	16811	14154	23964	8692	21441	12054	14095
农用机械总动力/千瓦	223140	73645	655000	196000	111000	160000	123633	53021	129500	51322	84888
农用化肥施用折纯量/吨	2500	4704	48270	3748	4157	5538	8218	4430	7981	5220	4492
农用塑料薄膜使用量/吨	148	268	931	154	415	176	104	148	304	109	175
粮食播种面积/公顷	17275	37744	46455	38621	14522	17329	27837	12490	28055	18348	10864
粮食产量/吨	44624	95217	189685	105073	42326	57249	85264	39228	70928	52979	30882

续表

项目	略阳县 N_1	镇巴县 N_2	安康市汉滨区 N_3	紫阳县 N_4	岚皋县 N_5	白河县 N_6	山阳县 N_7	柞水县 N_8	镇安县 N_9	丹凤县 N_{10}	商南县 N_{11}
油料产量/吨	5844	11580	50299	10298	3052	7683	2376	288	1221	1162	8908
蔬菜产量/吨	60017	134235	498888	246235	163573	106349	64422	56704	82548	25013	87456
水果产量/吨	13855	15953	56654	7519	5230	39821	9881	622	1193	5364	1500
肉类产量/吨	9381	19482	40372	20457	10209	10273	21764	3998	7757	19311	8483
禽蛋产量(吨)	6874	4240	15238	4660	5428	4391	18633	3639	4632	8433	13893
牛存栏/万头	1.15	3.2	4.76	0.59	0.28	0.98	1	0.21	1.09	1.27	0.44
猪存栏/万头	5.23	17.49	29.13	15.18	5.9	7.04	14.71	2.32	4.75	7.7	5.49
羊存栏/万只	2.02	8.67	10.58	6.9	3.81	5.94	6.74	0.7	5.52	2.24	2.15
家禽存栏/万只	97	50	186	58	66	56	189	47	56	328	176

(2) 数据来源

测评所需数据主要从国家统计局年度数据、《中国农村贫困监测报告(2011—2020)》获取，以及通过国家统计局网站《国民经济与社会发展公报》《陕西统计年鉴》间接整理获取。

(3) 方法模型

在脱贫绩效测评过程中，首先要确定综合指标的权重。表2-3列举了几种常用的确权方法，不同的评价方法都具有一定的优点和局限性。了解不同评价方法的优缺点，对选取合适的评价模型，提高评价结果的可靠性至关重要。

表2-3 评价模型优缺点比较

评价方法	优点	局限性
主成分分析	能够有效降低数据维数	不适用于非正态分布的指标数据
层次分析法	可以处理定性和定量相结合的问题，并且简单、实用	定量数据少，定性成分多，评价结果易受主观影响
模糊综合评价	能够使复杂和模糊的问题定量化	需要主观给定指标权重矢量
人工神经网络	分类准确度高，具有很强的鲁棒性和容错性	需要设定大量的参数，输出结果难以解释

续表

评价方法	优点	局限性
灰色关联度分析	对样本量和分布特征没有要求,且计算量小	需要主观地确定指标最优值
DEA 方法	能够处理多产出情况	易受极值影响,对有效决策单元提供的信息太少
投影寻踪	能够解决样本数据非线性、非正态和高维度问题	计算量大,优化问题易受算法的影响

从表 2-3 可以看出,客观评价方法一般都要求样本数据服从生态分布,并且大部分都难以解决数据高维度和非线性的问题。而层次分析法、模糊综合评价等主观评价方法,虽不要求样本数据的分布特征,但评价结果的主观性较强。熵值法是一种客观赋权法,可以减弱主观赋权法中人为主观因素,增强指标的分辨意义和差异性,以避免因选用指标差异过小而带来分析困难,适用多对象、多指标综合评价问题。

2.1.2 评价矩阵构建及标准化

设 11 个深度贫困县脱贫攻坚与乡村振兴衔接度量指标体系的原始评价矩阵为 $X=(X_{ij})_{m\times n}$,X_{ij} 为指标 i 在第 j 年的初始值;$i=1,2,3,\cdots,n$,n 为评价指标数;$j=1,2,3,\cdots,m$,m 为评价对象数。在脱贫攻坚与乡村振兴衔接成果积累测评过程中,首先要确定综合指标的权重。熵值法是一种客观赋权法,可以减弱主观赋权法中人为因素,增强指标的分辨意义和差异性,以避免因选用的指标差异过小而带来分析困难,适用多对象、多指标综合评价问题。

(1)建立数据矩阵

$$X = \begin{bmatrix} X_{11} & \cdots & X_{1m} \\ \vdots & \vdots & \vdots \\ X_{n1} & \cdots & X_{nm} \end{bmatrix} \tag{2-1}$$

其中 X_{ij} 为第 i 个方案第 j 个指标的数值,在本案例中,$m=23$,$n=11$。

(2)数据标准化处理

$$X'_{ij} = \left[\frac{X_{ij} - \min X_{ij}}{\max X_{ij} - \min X_{ij}}\right] \times 0.9 + 0.1 \quad (i=1,2,\cdots,n; j=1,2,\cdots,m) \tag{2-2}$$

$$X'_{ij} = \left[\frac{\max X_{ij} - X_{ij}}{\max X_{ij} - \min X_{ij}}\right] \times 0.9 + 0.1 \quad (i=1, 2, \cdots, n; j=1, 2, \cdots, m)$$

(2-3)

其中，X_{ij} 为第 i 列第 j 个数据；$X_{\max}$ 和 $X_{\min}$ 分别为该指标的最大和最小值。正指标的处理方法为公式(2-2)，负指标的处理方法为公式(2-3)，由此得到无量纲化处理的数据矩阵 $\boldsymbol{X}$。

(3) 计算熵值，确定各项指标的权重

$$P_{ij} = \frac{X'_{ij}}{\sum_{i=1}^{n} X'_{ij}} \quad (i=1, 2, \cdots, n; j=1, 2, \cdots, m) \quad (2-4)$$

首先，计算第 i 个方案占第 j 项指标值的比重，得到比重矩阵。

$$\boldsymbol{P}_{ij} = \begin{bmatrix} P_{11} & \cdots & P_{1m} \\ \vdots & \vdots & \vdots \\ P_{n1} & \cdots & P_{nm} \end{bmatrix}$$

其次，计算指标熵值，其中 $k \geqslant 0$，$E_{ij} \geqslant 0$，得到标准化信息熵行向量 $E_j = (E_1, E_2, \cdots, E_m)$，$E_j$ 表示指标 j 上个体的均等化程度较之最大均等化程度的比值。

$$E_j = -k \times \sum_{i=1}^{n} P_{ij} \times \ln P_{ij} \quad \left(k = \frac{1}{\ln n}\right) \quad (2-5)$$

最后，得到权系数行向量 $W_j = (W_1, W_2, \cdots, W_m)$，$W_j$ 反映从个体差异化程度考量指标 j 在所有指标中的重要性，即熵权。

$$W_j = \frac{1 - E_j}{\sum_{j=1}^{m}(1 - E_j)} \quad (j=1, 2, \cdots, m) \quad (2-6)$$

(4) 建立基于熵值 W_j 的加权规范化评价矩阵

$$\boldsymbol{Z} = \begin{bmatrix} Z_{11} & \cdots & Z_{1m} \\ \vdots & \vdots & \vdots \\ Z_{n1} & \cdots & XZ_{nm} \end{bmatrix} = \begin{bmatrix} x'_{11} \cdot W_1 & \cdots & x'_{1n} \cdot W_1 \\ \vdots & \vdots & \vdots \\ x'_{n1} \cdot W_n & \cdots & x'_{nm} \cdot W_n \end{bmatrix} \quad (2-7)$$

对原始指标数据按照公式(2-1)至公式(2-3)进行处理，根据熵权法公式(2-4)至公式(2-7)计算得到 11 个深度贫困县 2019 年脱贫绩效指标权重，如表 2-4 所示。

表 2-4　11个深度贫困县 2019 年脱贫绩效指标权重计算结果

地区 项目	指标代码	略阳县 N_1	镇巴县 N_2	汉滨区 N_3	紫阳县 N_4	岚皋县 N_5	白河县 N_6	山阳县 N_7	柞水县 N_8	镇安县 N_9	丹凤县 N_{10}	商南县 N_{11}
社会消费品零售总额	S_1	0.010	0.011	0.053	0.014	0.006	0.008	0.013	0.005	0.008	0.011	0.008
乡村零售额	S_2	0.015	0.019	0.013	0.025	0.005	0.008	0.021	0.003	0.011	0.017	0.011
生产总值	S_3	0.006	0.009	0.047	0.011	0.005	0.008	0.017	0.008	0.011	0.010	0.009
户籍总人口	S_4	0.006	0.011	0.049	0.014	0.005	0.008	0.021	0.005	0.012	0.013	0.009
地方一般预算收入	S_5	0.010	0.008	0.041	0.007	0.005	0.004	0.026	0.012	0.013	0.011	0.013
一般预算支出	S_6	0.007	0.012	0.033	0.013	0.008	0.006	0.020	0.003	0.011	0.013	0.007
农林牧渔业总产值	S_7	0.005	0.019	0.041	0.015	0.005	0.007	0.020	0.004	0.011	0.010	0.012
农林牧渔业增加值	S_8	0.006	0.017	0.037	0.013	0.006	0.008	0.019	0.004	0.010	0.009	0.011
年末常用耕地面积	S_9	0.005	0.017	0.033	0.016	0.011	0.008	0.017	0.003	0.015	0.006	0.008
农用机械总动	S_{10}	0.018	0.007	0.050	0.016	0.009	0.013	0.010	0.005	0.011	0.005	0.007

续表

项目	指标代码	略阳县 N_1	镇巴县 N_2	汉滨区 N_3	紫阳县 N_4	岚皋县 N_5	白河县 N_6	山阳县 N_7	柞水县 N_8	镇安县 N_9	丹凤县 N_{10}	商南县 N_{11}
农用化肥施用折纯量	S_{11}	0.006	0.009	0.064	0.008	0.008	0.010	0.014	0.009	0.013	0.010	0.009
农用塑料薄膜使用量	S_{12}	0.008	0.015	0.053	0.008	0.023	0.009	0.005	0.008	0.017	0.006	0.009
粮食播种面积	S_{13}	0.010	0.030	0.038	0.031	0.007	0.010	0.020	0.005	0.020	0.011	0.004
粮食产量	S_{14}	0.007	0.018	0.039	0.020	0.006	0.010	0.016	0.006	0.013	0.009	0.004
油料产量	S_{15}	0.011	0.016	0.053	0.015	0.008	0.012	0.007	0.005	0.006	0.006	0.013
蔬菜产量	S_{16}	0.007	0.013	0.041	0.021	0.015	0.011	0.007	0.007	0.007	0.004	0.009
水果产量	S_{17}	0.017	0.018	0.053	0.011	0.009	0.039	0.013	0.005	0.006	0.009	0.006
肉类产量	S_{18}	0.007	0.015	0.032	0.016	0.008	0.008	0.017	0.003	0.006	0.015	0.007
禽蛋产量	S_{19}	0.016	0.007	0.042	0.008	0.011	0.008	0.053	0.005	0.008	0.020	0.038
牛存栏	S_{20}	0.013	0.032	0.046	0.008	0.005	0.012	0.012	0.005	0.013	0.005	0.007
猪存栏	S_{21}	0.007	0.022	0.037	0.020	0.008	0.010	0.019	0.004	0.007	0.010	0.008
羊存栏	S_{22}	0.006	0.024	0.028	0.019	0.011	0.016	0.019	0.003	0.015	0.007	0.007
家禽存栏	S_{23}	0.014	0.006	0.030	0.007	0.009	0.007	0.030	0.005	0.007	0.055	0.028

按熵权法计算出来的结果对 11 个县区脱贫绩效进行排序,如表 2-5 所示,脱贫绩效表现较好的是安康市汉滨区、商洛市山阳县、汉中市镇巴县,绩效较差

▶ 脱贫攻坚、乡村振兴与县域高质量发展——基于陕西 11 个国家乡村振兴重点帮扶县的考量

的是略阳县、岚皋县、柞水县。

表 2-5　11 个深度贫困县 2019 年脱贫绩效排序

县区	安康市汉滨区	山阳县	镇巴县	紫阳县	丹凤县	镇安县	商南县	白河县	略阳县	岚皋县	柞水县
得分	0.9520	0.4162	0.3538	0.3374	0.2818	0.2526	0.2447	0.2383	0.2168	0.1941	0.1218
名次	1	2	3	4	5	6	7	8	9	10	11

2.1.3　TOPSIS 模型建立

TOPSIS 法也称为"逼近理想解排序法",其原理是通过检测目标方案与最优方案、最劣方案的距离进行排序,主要用于有限方案的多目标决策问题。通过对比评价矩阵内各指标量化值与正负理想解的靠近或偏离程度,可以研究深度贫困县历年脱贫成效、乡村振兴基础情况及其动态变化趋势。

(1) 确定正、负理想解

设正理想解为 Z^+,即可以选择的最优方案;负理想解为 Z^-,即最劣方案,计算公式为:

$$Z^+ = \{\max_{1 \leqslant i \leqslant m} z_{ij} \mid i=1, 2, 3, \cdots, m\} = \{z^+_1, z^+_2, z^+_3, \cdots, z^+_m\} \tag{2-8}$$

$$Z^- = \{\min_{1 \leqslant i \leqslant m} z_{ij} \mid i=1, 2, 3, \cdots, m\} = \{z^-_1, z^-_2, z^-_3, \cdots, z^-_m\} \tag{2-9}$$

(2) 计算指标到正负理想解的距离

采用欧式计算法,分别计算每个年份对应的指标功能值到正负理想解的距离,设在第 j 年第 i 个指标到 z^+_i 的距离为 D^+_j,第 i 个指标到 z^-_i 的距离为 D^-_j,公式如下:

$$D^+_j = \sqrt{\sum_{i=1}^{m}(z^+_i - z_{ij})^2} \tag{2-10}$$

$$D^-_j = \sqrt{\sum_{i=1}^{m}(z^-_i - z_{ij})^2} \tag{2-11}$$

(3) 计算贴近度

以 C_I 表示历年衔接度水平。设第 j 年衔接度指标功能值与理想解的靠近程度为 C_I,公式如下:

$$C_I = \frac{D^-_j}{(D^+_j + D^-_j)} \tag{2-12}$$

C_I 取值范围为[0, 1], C_I 越大表明该年度衔接度指数比较靠近最优承载力, 当 $C_I=1$ 时, 承载力最优; C_I 越靠近于 0, 则该年度衔接度越低, 当 $C_I=0$ 时, 该年度衔接度达到最低水平。通过对比贴近度 C_I 的大小, 可以对 11 个片区近年来的衔接度优劣进行排序。

2.2 测量结果分析

2.2.1 指标层结果讨论

根据 TOPSIS 原理,将加权规范化评价矩阵 Z 按照公式(2-8)至公式(2-12)计算得出 11 个深度贫困县 2019 年脱贫绩效与正负理想解的距离以及贴近度,如表 2-6 所示, 11 个深度贫困县 2019 年脱贫绩效呈现异质性。

表 2-6 11 个深度贫困县 2019 年脱贫绩效 TOPSIS 分析表

代码	N_1	N_2	N_3	N_4	N_5	N_6	N_7	N_8	N_9	N_{10}	N_{11}	最优向量	最劣向量
S_1	0.239	0.226	0.038	0.159	0.423	0.309	0.184	0.560	0.312	0.210	0.320	0.560	0.038
S_2	0.308	0.366	0.280	0.460	0.158	0.205	0.406	0.129	0.237	0.338	0.251	0.460	0.129
S_3	0.382	0.294	0.071	0.248	0.468	0.340	0.178	0.324	0.256	0.277	0.297	0.468	0.071
S_4	0.132	0.207	0.754	0.247	0.123	0.159	0.345	0.119	0.222	0.232	0.184	0.754	0.119
S_5	0.270	0.331	0.078	0.360	0.434	0.514	0.122	0.242	0.217	0.244	0.221	0.514	0.078
S_6	0.222	0.278	0.551	0.301	0.227	0.200	0.388	0.173	0.272	0.289	0.225	0.551	0.173
S_7	0.397	0.199	0.109	0.234	0.406	0.347	0.190	0.436	0.275	0.287	0.259	0.436	0.109
S_8	0.169	0.337	0.633	0.282	0.165	0.194	0.366	0.135	0.234	0.212	0.245	0.633	0.135
S_9	0.437	0.183	0.108	0.195	0.261	0.310	0.183	0.506	0.205	0.365	0.312	0.506	0.108
S_{10}	0.287	0.095	0.842	0.252	0.143	0.206	0.159	0.068	0.167	0.066	0.109	0.842	0.066
S_{11}	0.049	0.092	0.943	0.073	0.081	0.108	0.161	0.087	0.156	0.102	0.088	0.943	0.049
S_{12}	0.127	0.230	0.800	0.132	0.357	0.151	0.089	0.127	0.261	0.094	0.150	0.800	0.089
S_{13}	0.193	0.421	0.518	0.430	0.162	0.193	0.310	0.139	0.313	0.204	0.121	0.518	0.121
S_{14}	0.157	0.335	0.668	0.370	0.149	0.202	0.300	0.138	0.250	0.186	0.109	0.668	0.109
S_{15}	0.107	0.213	0.924	0.189	0.056	0.141	0.044	0.005	0.022	0.021	0.164	0.924	0.005
S_{16}	0.096	0.215	0.797	0.394	0.261	0.170	0.103	0.091	0.132	0.040	0.140	0.797	0.040
S_{17}	0.188	0.216	0.767	0.102	0.071	0.539	0.134	0.008	0.016	0.073	0.020	0.767	0.008

续表

代码	N_1	N_2	N_3	N_4	N_5	N_6	N_7	N_8	N_9	N_{10}	N_{11}	最优向量	最劣向量
S_{18}	0.154	0.319	0.662	0.335	0.167	0.168	0.357	0.066	0.127	0.317	0.139	0.662	0.066
S_{19}	0.216	0.133	0.479	0.146	0.171	0.138	0.585	0.114	0.146	0.265	0.436	0.585	0.114
S_{20}	0.183	0.508	0.756	0.094	0.045	0.156	0.159	0.033	0.173	0.202	0.070	0.756	0.033
S_{21}	0.122	0.409	0.681	0.355	0.138	0.165	0.344	0.054	0.111	0.180	0.128	0.681	0.054
S_{22}	0.104	0.448	0.547	0.357	0.197	0.307	0.348	0.036	0.285	0.116	0.111	0.547	0.036
S_{23}	0.199	0.103	0.382	0.119	0.136	0.115	0.388	0.097	0.115	0.674	0.362	0.674	0.097

对贴近度进行排序，可以观察出各个片区脱贫攻坚与乡村振兴衔接的异质性演化轨迹，如表2-7所示脱贫绩效表现较好的是安康市汉滨区、汉中市镇巴县、商洛市山阳县，绩效较差的是商洛市的柞水县、商南县、镇安县。熵权法下脱贫绩效表现较好的同样是汉滨区、山阳县和镇巴县，柞水县、商南县、镇安县分别排名为第9、第10和第11，TOPSIS分析结果与熵权法结果基本吻合。

表2-7 11个深度贫困县2019年脱贫绩效TOPSIS分析结果

样本	与正理想解距离 D^+_j	与负理想解距离 D^-_j	贴近度 C_I	名次	县区
N_1	2.4057	0.7508	0.2378	8	略阳县
N_2	2.1156	1.0693	0.3357	2	镇巴县
N_3	1.0068	2.6328	0.7234	1	汉滨区
N_4	2.1894	0.9757	0.3083	4	紫阳县
N_5	2.4245	0.8567	0.2611	7	岚皋县
N_6	2.2814	0.9562	0.2953	5	白河县
N_7	2.2175	0.9884	0.3083	3	山阳县
N_8	2.6857	0.7965	0.2287	9	柞水县
N_9	2.41	0.6432	0.2107	11	镇安县
N_{10}	2.4048	0.8727	0.2663	6	丹凤县
N_{11}	2.4402	0.6946	0.2216	10	商南县

从对11个深度贫困县进行脱贫绩效的指标层分析，可以看出每个深度贫困县的优势以及短板指标，从而有针对性地进行改进（表2-8）。

表 2-8 11 个深度贫困县 2019 年脱贫绩效指标层分析结果

县区	略阳县	镇巴县	安康市汉滨区	紫阳县	岚皋县	白河县	山阳县	柞水县	镇安县	丹凤县	商南县
代码	N_1	N_2	N_3	N_4	N_5	N_6	N_7	N_8	N_9	N_{10}	N_{11}
最大值	0.437	0.508	0.943	0.460	0.468	0.539	0.585	0.560	0.313	0.674	0.436
指标代码	S_9	S_{20}	S_{11}	S_2	S_3	S_{17}	S_{19}	S_1	S_{13}	S_{23}	S_{19}
最小值	0.049	0.092	0.038	0.073	0.045	0.108	0.044	0.005	0.016	0.021	0.020
指标代码	S_{11}	S_{11}	S_1	S_{11}	S_{20}	S_{11}	S_{15}	S_{15}	S_{17}	S_{15}	S_{17}

略阳县的优势指标是 S_9（年末常用耕地面积），短板指标是 S_{11}（农用化肥施用折纯量）；

镇巴县的优势指标是 S_{20}（牛存栏），短板指标是 S_{11}（农用化肥施用折纯量）；

安康市汉滨区的优势指标是 S_{11}（农用化肥施用折纯量），短板指标是 S_1（社会消费品零售总额）；

紫阳县的优势指标是 S_2（乡村零售额），短板指标是 S_{11}（农用化肥施用折纯量）；

岚皋县的优势指标是 S_3（生产总值），短板指标是 S_{20}（牛存栏）；

白河县的优势指标是 S_{17}（水果产量），短板指标是 S_{11}（农用化肥施用折纯量）；

山阳县的优势指标是 S_{19}（禽蛋产量），短板指标是 S_{15}（油料产量）；

柞水县的优势指标是 S_1（社会消费品零售总额），短板指标是 S_{15}（油料产量）；

镇安县的优势指标是 S_{13}（粮食播种面积），短板指标是 S_{17}（水果产量）；

丹凤县的优势指标是 S_{23}（家禽存栏），短板指标是 S_{15}（油料产量）；

商南县的优势指标是 S_{19}（禽蛋产量），短板指标是 S_{17}（水果产量）。

按指标层进行分析，可以看出在每个指标层各个深度贫困县的优势以及短板指标如下（表 2-9）。

表 2-9 2019 年脱贫绩效指标层县区分析结果

代码	最大值	县区代码	县区	最小值	县区代码	县区
S_1	0.560	N_8	柞水县	0.038	N_3	安康市汉滨区

续表

代码	最大值	县区代码	县区	最小值	县区代码	县区
S_2	0.460	N_4	紫阳县	0.129	N_8	柞水县
S_3	0.468	N_5	岚皋县	0.071	N_3	汉滨区
S_4	0.754	N_3	安康市汉滨区	0.119	N_8	柞水县
S_5	0.514	N_6	白河县	0.078	N_3	汉滨区
S_6	0.551	N_3	汉滨区	0.173	N_8	柞水县
S_7	0.436	N_8	柞水县	0.109	N_3	汉滨区
S_8	0.633	N_3	汉滨区	0.135	N_8	柞水县
S_9	0.506	N_8	柞水县	0.108	N_3	汉滨区
S_{10}	0.842	N_3	汉滨区	0.066	N_{10}	丹凤县
S_{11}	0.943	N_3	汉滨区	0.049	N_{10}	丹凤县
S_{12}	0.800	N_3	汉滨区	0.089	N_7	山阳县
S_{13}	0.518	N_3	汉滨区	0.121	N_{11}	商南县
S_{14}	0.668	N_3	汉滨区	0.109	N_{11}	商南县
S_{15}	0.924	N_3	汉滨区	0.005	N_8	柞水县
S_{16}	0.797	N_3	汉滨区	0.040	N_{10}	丹凤县
S_{17}	0.767	N_3	汉滨区	0.008	N_8	柞水县
S_{18}	0.662	N_3	汉滨区	0.066	N_8	柞水县
S_{19}	0.585	N_7	山阳县	0.114	N_8	柞水县
S_{20}	0.756	N_3	汉滨区	0.033	N_8	柞水县
S_{21}	0.681	N_3	汉滨区	0.054	N_8	柞水县
S_{22}	0.547	N_3	汉滨区	0.036	N_8	柞水县
S_{23}	0.674	N_{10}	丹凤县	0.097	N_8	柞水县

社会消费品零售总额 S_1，最大值是柞水县，最小值是汉滨区；

乡村零售额 S_2，最大值是紫阳县，最小值是柞水区；

生产总值 S_3，最大值是岚皋县，最小值是汉滨区；

户籍总人口 S_4，最大值是汉滨区，最小值是柞水县；

地方一般预算收入 S_5，最大值是白河县，最小值是汉滨区；

一般预算支出 S_6，最大值是汉滨区，最小值是柞水县；

农林牧渔业总产值 S_7，最大值是柞水县，最小值是汉滨区；
农林牧渔业增加值 S_8，最大值是汉滨区，最小值是柞水县；
年末常用耕地面积 S_9，最大值是柞水县，最小值是汉滨区；
农用机械总动 S_{10}，最大值是汉滨区，最小值是丹凤县；
农用化肥施用折纯量 S_{11}，最大值是汉滨区，最小值是丹凤县；
农用塑料薄膜使用量 S_{12}，最大值是汉滨区，最小值是山阳县；
粮食播种面积 S_{13}，最大值是汉滨区，最小值是商南县；
粮食产量 S_{14}，最大值是汉滨区，最小值是商南县；
油料产量 S_{15}，最大值是汉滨区，最小值是柞水县；
蔬菜产量 S_{16}，最大值是汉滨区，最小值是丹凤县；
水果产量 S_{17}，最大值是汉滨区，最小值是柞水县；
肉类产量 S_{18}，最大值是汉滨区，最小值是柞水县；
禽蛋产量 S_{19}，最大值是山阳县，最小值是柞水县；
牛存栏 S_{20}，最大值是汉滨区，最小值是柞水县；
猪存栏 S_{21}，最大值是汉滨区，最小值是柞水县；
羊存栏 S_{22}，最大值是汉滨区，最小值是柞水县；
家禽存栏 S_{23}，最大值是丹凤县，最小值是柞水县。

由各项指标分解情况看，汉滨区脱贫绩效整体情况突出，农业经济基础较好，柞水县基础较差，$S_1 \sim S_{23}$ 构成农业经济的 23 项具体指标中，各个县区的情况也由 TOPSIS 给出了详细分析结果，可以对症下药，补短板、强弱项。在 11 个县区中，汉滨区有显著优势，23 项指标中 15 项最大值都是汉滨区，而柞水县短板多，23 项指标中 12 项都为最小值。

2.2.2 准则层结果讨论

为了更深入地研究 11 个县区脱贫攻坚成果的各子系统情况，计算 11 个县区脱贫攻坚与乡村振兴衔接的五个准则层的评价数值如表 2-10 所示。

表 2-10　11 个县区脱贫绩效准则层分析

准则层	R_1	R_2	R_3	R_4	R_5
略阳县	0.0370	0.0173	0.0334	0.0310	0.0981
镇巴县	0.0495	0.0195	0.0597	0.0714	0.1537
汉滨区	0.1623	0.0744	0.1595	0.1931	0.3627

续表

准则层	R_1	R_2	R_3	R_4	R_5
紫阳县	0.0646	0.0204	0.0596	0.0667	0.1261
岚皋县	0.0209	0.0130	0.0308	0.0453	0.0843
白河县	0.0311	0.0096	0.0361	0.0392	0.1222
山阳县	0.0717	0.0459	0.0665	0.0547	0.1774
柞水县	0.0208	0.0149	0.0161	0.0276	0.0423
镇安县	0.0411	0.0244	0.0471	0.0630	0.0770
丹凤县	0.0506	0.0240	0.0305	0.0350	0.1416
商南县	0.0373	0.0204	0.0391	0.0259	0.1221

由此可见柞水县经济总量 R_1 值最小，白河县公共财政 R_2 值最小，柞水县的农业总量 R_3 值最小，商南县的粮食水平 R_4 值最小，柞水县的牧渔副业 R_5 值最小。经济总量 R_1 值、公共财政 R_2 值、农业总量 R_3 值、粮食水平 R_4 值、牧渔副业 R_5 值最大的都是汉滨区。

3 成果巩固拓展的难点分析

综合以上实证分析结果,深度贫困县面临着绝对贫困背后的发展不充分与相对贫困语境下发展不平衡的双重困境。随着区域性绝对贫困的消除,深度贫困县扶贫成本与脱贫效益临近阈值,对制度创新、政策创新、实践创新的要求更为迫切。在脱贫攻坚战取得决定性胜利之际,党中央适时做出了巩固拓展脱贫攻坚成果同乡村振兴有效衔接的重大战略决策,一方面把脱贫攻坚成果作为乡村振兴的重要基础和出发点,另一方面通过乡村振兴战略的实施来进一步巩固和拓展脱贫攻坚成果。作为贫困程度特别深重、发展基础最为薄弱的地区,实现脱贫攻坚与乡村振兴的有效衔接面临着一系列难点与问题。

3.1 发展基础薄弱

陕西省 11 个重点帮扶县均位于秦巴山区,秦巴山区作为曾经的连片贫困地区,居民收入水平与全国水平存在着较大差距,相对贫困现象将成为需要瞄准的课题。

秦巴地区人均 GDP 的增长速度高于全国的平均水平,如表 3-1 所示。2013~2018 年,14 个片区总体人均 GDP 逐年增长率为 8.60%,超过同期全国 0.45 个百分点。从人均 GDP 的数值看,以 2013 年为例,全部连片贫困区只占全国水平的三分之一左右,远低于全国的平均水平,秦巴山区人均 GDP 占全国水平的 37.84%,好于 14 个连片特困地区的整体情况(34.17%),且 2013~2018 年,比例逐年上升,超过了连片特困地区整体情况,也超过了全国增长率 1.38 个百分点。但是从经济总量来说,仍然落后于全国整体水平。

表 3-1 秦巴山区与全国人均 GDP 比较情况

片区	人均 GDP/万元						人均 GDP 增长率/%		
	2013	2014	2015	2016	2017	2018	2018/2013 增长率	逐年年增长率	与全国增长率比较
秦巴山区	1.65	1.82	1.94	2.12	2.38	2.60	57.58	9.54	1.38
全部片区总体情况	1.49	1.64	1.75	1.91	2.10	2.25	51.01	8.60	0.45

续表

片区	人均 GDP/万元						人均 GDP 增长率/%		
	2013	2014	2015	2016	2017	2018	2018/2013增长率	逐年年增长率	与全国增长率比较
全国平均水平	4.36	4.69	4.99	5.35	5.90	6.45	47.94	8.16	—
全部片区/全国水平/%	34.17	34.97	35.07	35.70	35.59	34.88			
秦巴片区/全国水平/%	37.84	38.81	38.88	39.63	40.34	40.31			

脱贫成果巩固要求脱贫具有可持续性，脱贫的可持续性有两层含义：第一是指贫困消减能够较长时间地维持，不会出现"返贫"。第二是指减贫行动和措施不会出现偏差。2008年，时任国务院扶贫办主任的范小建从机制和风险两方面总结了返贫原因，返贫在机制方面的原因在于财政扶贫资金的效果不能持续，财政资金更多地发挥了生活救济的作用，而没有起到"帮扶"的作用；返贫风险原因体现在地震、风暴、极端天气等自然灾害以及疾病造成大量人员返贫。此外，一些偶发因素，如项目政策落实不到位等问题也会造成返贫。另外，对脱贫成果巩固的挑战因素还在于贫困的长期性、代际传递现象。

11个乡村振兴重点帮扶县的自然环境特别脆弱，水土流失、沙漠化严重，地震、泥石流等自然灾害多发，脆弱的生态、恶劣的自然环境冲击农业生产活动，损害居民家庭生命财产，破坏公共基础设施。地方病高发，疾病也是导致贫困的重要冲击因素。患病成员及其家庭医疗负担增加，人力资本、时间资本、物质积累资本降低，造成家庭收入下降、资产减少，使农村贫困人口面临沉重的影响，抑制家庭的可持续发展能力，使家庭陷入持续的贫困。灾害与疾病是导致贫困和返贫最主要、最直接的原因。

随着经济增速放缓，经济增长的涓滴效应带来的减贫作用逐渐弱化，自然资源的过度消耗和破坏以及社会制度改革中出现的不平衡等因素都是制约脱贫成果巩固的重要因素。随着反贫困进程的不断推进，贫困减缓的速度有所下降，脱贫的可持续性受到巨大挑战，如何提升脱贫质量是脱贫成果巩固机制确立的前提。同时，不同减贫模式的可持续性也不尽相同，需要更加深入地调查测评，以指引最优脱贫政策。

3.2 脱贫主体较为单一

扶贫属于"公共物品"属性，这种"公共物品"客观上多表现为基础设施的改善和公共服务的提升等形式，"公共物品"由于具备竞争性和排他性，长期以来多由政府提供，政府主导了公共服务的采购、验收。社会组织在公共治理方面长期缺位，弊端一是因为市场作用在一定程度上没有发挥出作用而导致的资源配置效率较低，二是"屏障效应"和"切边效应"导致的跨区域公共服务的空白，制约了脱贫效率的提升。

3.3 发展增长点不明确

从表3-2减贫人口实际值与预测值对照表可以看出，全国、西部地区、中部地区和东部地区的贫困人口实际减少值与预测减少值的差异在逐年增加，每年实际减贫人口数量呈现下降趋势。一方面反映出反贫困的速度逐渐减缓，表明贫困人口越来越少，减贫绩效显著。另一方面也反映出宏观经济增长与微观的扶贫政策效果产生了边际递减效应。随着脱贫攻坚的深入，剩余的贫困地区和贫困人口脱贫难度越发突出。

表3-2 2011～2020年减贫人口实际值与预测值对照表

单位：万人

时间	全国实际值	全国预测值	西部实际值	西部预测值	中部实际值	中部预测值	东部实际值	东部预测值
2011	−4329	−2198.40	−2084	−1103.00	−1313	−708.80	−932	−386.80
2012	−2339	−5351.57	−1259	−2672.58	−792	−1645.29	−288	−1101.01
2013	−1650	−1915.70	−877	−999.47	−577	−655.01	−196	−204.98
2014	−1232	−1099.18	−609	−543.99	−408	−397.11	−215	−110.19
2015	−1442	−744.93	−686	−314.99	−454	−234.10	−303	−161.68
2016	−1240	−1289.48	−663	−614.59	−413	−401.04	−163	−293.49
2017	−1289	−1063.73	−617	−620.63	−482	−366.62	−190	−113.04
2018	−1386	−1220.85	−718	−572.45	−515	−499.07	−153	−163.90
2019	−1109	−1397.11	−593	−760.78	−416	−540.83	−100	−123.52
2020	—	−981.83	—	−535.12	—	−373.18	—	−63.23

▶ **脱贫攻坚、乡村振兴与县域高质量发展**——基于陕西 11 个国家乡村振兴重点帮扶县的考量

对 11 个乡村振兴重点帮扶县的脱贫绩效以及农业经济现状进行的测量评价可以较为全面地了解 11 个县的脱贫绩效以及农业发展现状。11 个深度贫困县的脱贫绩效各不相同,农业发展现状也存在差异,且不同的指标表现各不相同。但面临的共同困境是随着绝对贫困的消除,脱贫政策效果不可避免地呈现出边际效应递减,攻固拓展脱贫攻坚成果亟待政策创新、制度创新、实践创新。

第2篇
建议与路径

4 企业社会责任履行
　　　　——探索贫困治理转变的新主体

5 秦岭特色小镇建设
　　　　——寻找乡村振兴的新基点

6 生态产品价值实现
　　　　——赋能县域发展的新引擎

4　企业社会责任履行
——探索贫困治理转变的新主体

我国自全面实施精准扶贫、精准脱贫政策以来，扶贫脱贫工作取得了阶段性成效。随着区域性贫困的消除，治理相对贫困、改善民生、实现平衡充分的发展，依然面临十分艰巨而繁重的任务。在这样背景下，如何提升贫困治理措施的绩效，巩固拓展脱贫攻坚成果，推动乡村振兴，提升县域发展活力，建立长效发展机制非常重要。目前国内外研究文献中缺少对各个治理主体参与贫困治理、乡村振兴等效果比较方面的研究，特别是缺少针对企业履行社会责任参与贫困治理、乡村振兴方面的研究，导致企业履行社会责任提升县域发展活力缺乏理论依据与实践指导，作用发挥不足。因此，立足企业社会责任视角，研究其与县域发展的作用机制，对巩固脱贫成果、推动乡村振兴战略、提升县域发展活力十分必要。

长期以来，政府是开发式扶贫的主体。后发展地区实施高质量发展，不仅需要立足当前、建立"阻返"机制、切实解决突出问题，更需要着眼长远，建立健全保障高质量发展的体制机制。企业在贫困治理、乡村振兴等地区经济发展领域中发挥着越来越重要的作用。相对于政府以及非政府组织，企业作为市场主体，具备独特的市场资源优势，其参与贫困治理、乡村振兴可以帮助农户有效实现生产与市场的有效对接、提供就业岗位、促进区域经济发展、推动产业转型升级。参与贫困治理、乡村振兴是企业重要的社会责任，后发展地区的发展要求企业更好地履行社会责任。

关于企业社会责任的探讨一直在发展，对于企业为什么要履行社会责任，国内外学者从经济学、法学、管理学等角度进行了研究，丰富了企业社会责任的理论依据，为企业履行社会责任提供了有利支持。从逻辑上看，企业如何更好地履行社会责任是应该进一步深入研究的问题，同时现有的企业社会责任研究中对企业履行社会责任与对社会产生的贡献程度之间互动机制及效应分析研究较少。企业通过履行社会责任助力乡村振兴、服务地方发展的行为是企业社会责任理论与发展经济学理论的重要课题。

目前探讨企业社会责任与后发展地区高质量发展作用机制的相关研究和分析相对较少。对企业社会责任与区域发展的作用机制进行深入系统研究，能够促进企业在地方经济发展中充分发挥优势作用，使企业在参与贫困治理、乡村振兴等地方经济发展中履行社会责任、促进自我发展，从而促进区域经济的长效健康发展。

4.1 理论分析

4.1.1 国内外研究综述

4.1.1.1 企业社会责任理论

(1)思想渊源

企业社会责任是建构企业与社会之间和谐关系的一种基本思想，溯源于20世纪30~60年代西方管理者受委托责任和现代公司作用的论战。和传统企业理论观点"企业的唯一目标是谋求利润最大化"不同的是，现代企业理论认为：企业社会责任是以企业的非股东利益相关者为企业义务的相对方，是对传统企业理论的股东利润最大化原则的修正和补充。企业社会责任学者们认为，企业社会责任是企业对社会期望的反馈和对社会契约精神的遵循，是权利与义务相匹配的一种行为表现。企业通过履行社会责任，可以有效回应来自社会各方面的压力，扩大自身对社会产生的正向影响，增强企业自身的抗风险能力。基于以上逻辑溯源，西方企业社会责任理论认为，企业以法人身份作为社会的一份子，既然在一定的社会环境中从事生产经营活动，其行为必然对社会产生各种影响，企业也就须遵循利益相关方理论承担起对社会的责任，消除其行为所产生的负面影响，并以社会价值创造作为评判标准，解决就业、环保、通货膨胀、社会保障等社会问题，从而形成企业对社会福利最大化的贡献。

(2)早期发展

企业社会责任在早期表现为商人社会责任观。在古代，商人的地位卑微，国家强调社会精神，因而需要商人提供社会服务，从而追求社会利益；到了重商主义时代，经济上国家高度干预，企业成为主要服务于政府从国外获取利润的准公共企业，这意味着存在一种以企业为承担主体的社会责任；到了工业化时代，社会要求企业在符合国家法律、社会伦理的最低要求下实现最大化利润，公益活动只有在能为其自身带来明显利益的时候才进行。商人社会责任观是一种"泛社会责任观"，具有一般和笼统的性质，存在极度贬斥和过分推崇两个极端，其更关注特定区域的公共利益，特定区域以外的则被忽视或漠视，尚且没有独立、完整和系统的理论构建。因此，企业社会责任观和商人社会责任观是一种承袭关系，既不新颖也不激进，二者之间存在一定差异，企业社会责任观是对商人社会责任观的一种扬弃。

(3)概念提出

企业社会责任最初主要流行于实务界而非理论界，主要是为了应对企业引发的日益严重的社会问题和民众对企业日益高涨的不满情绪。1929年，美国通用电气公司第二任CEO欧文D.杨指出公司实为一类社会公共机构，经理是社会公共机构的委托人，而不是股东的代理人。1956年，日本经济同友会在《经营者对社会责任的觉悟与实践》的一份决议中指出：企业发展到今天已脱离了单纯朴素的私有领域，它已经成为社会制度中有力的一环，其经营也不仅是受资本提供者的委托，还包含来自全社会的委托。1973年，英国工业联合会在一份重要声明中承认，有必要要求公司在法律上接受"其商业活动的环境后果和社会后果方面的社会责任"。国际商会在70年代发表《日益增长的企业责任》报告，欧洲大陆法系国家如德国、荷兰等国开始推广企业社会责任。欧洲经济共同体协调成员国公司法的《关于公司法的第5号指令草案》指出：股东利益不再是企业家决策背后的唯一动因，公司的经营决策最应当体现出其构成要素（包括资本和劳动）乃至全社会所负的责任。世界可持续发展委员会把企业社会责任归纳界定为：企业社会责任是企业承诺遵守道德规范，为经济发展做出贡献，并改善员工及其家庭、当地整体社区、社会的生活品质。

(4)企业社会责任思想的争论与发展

关于企业社会责任理念最有影响力的历史争论集中于企业为什么要履行社会责任的两次思想交锋，即20世纪30年代至50年代伯利与多德关于管理者受托责任的论战，以及20世纪60年代伯利与曼尼关于现代公司作用的论战。

在20世纪30年代至50年代伯利与多德关于管理者受托责任的论战中，伯利（1931）认为管理者只是公司股东的受托人，而股东的利益总是在其他对公司有要求权的人的利益之上。对此，多德（1932）不认为公司存在的唯一目的是为股东创造利润，强调法律之所以允许和鼓励经济活动不是因为公司是其所有者利润的来源，而是因为它能服务于社会。伯利（1932）在回应中同意多德提出的公司负有社会责任的观点，但他认为在有一套清晰合理的对其他人的责任机制建立之前，仍然应该强调管理者对股东的责任，提出用股东的权力来限制管理者。

在20世纪60年代关于现代公司作用的论战中，曼尼（1962）以坚持自由经济为立场，反对伯利关于现代公司要履行社会责任的观点，认为管理效率并不意味着管理者具有履行社会责任的能力。伯利（1962）回应认为，古典的自由市场理论已经不再适用于现代公司，垄断资本主义特征明显，自由市场理论已经失去了完全竞争的市场条件，企业自然应该兼顾其他利益相关方利益。这一时期其他一些学者也对企业社会责任进行分析讨论，不少观点对企业社会责任持否定态度。如列维特(Levitt，1958)认为，企业及经营者对社会责任关注并付诸实践的动机很大程度上还是基于营利考虑，主张企业的本质是不断创造利润。哈耶克(1960)认为，企业唯一的目的是作为出资人的受托者赚取长期利润，认为企业应只对股东尽义务，企业社会责任是有悖于自由的。弗里德曼则是企业社会责任思想最有力的批判者，认为公司是股东的公司，公司的目标是利润最大化，而管理者仅是股东的代理人。

进入21世纪之后，越来越多的企业开始认识到企业社会责任所蕴含的机遇和价值，逐步摒弃了将企业社会责任看作是企业成本的观点，开始积极实施企业社会责任战略，将企业社会责任与创造企业竞争力相结合。迈克尔·波特(2002)认为，企业社会责任其实并不是简单地意味着成本、约束或是慈善行为，而是机遇、创新、竞争优势的源泉。企业社会责任开始进入价值创造阶段，人们逐步认识到企业社会责任不仅是全球化发展带来的挑战，也是解决社会问题的重要工具和企业管理体系完善的有效方法。

我国学者对企业社会责任的研究起步于20世纪80~90年代。张五常(1983)指出，企业"这个契约"发生在要素市场上，而价格机制的"那一系列契约"则是产品市场上的交易，企业无非是以要素市场的交易合约替代了产品市场上的合约。张五常的学术观点被认为是对现代企业理论的一个重要贡献。汪丁丁(1994)通过研究企业发展论述了关于知识和其他人力资本在经济发展中的作用。周其仁(1996)讨论了科斯关于市场里的企业合约的理论，把企业理解成一个人力资本和非人力资本共同订立的特别市场合约，并把"人力资本的产权特征"引入对企业合约及其特征的思考。21世纪之后，国内学者关于企业社会责任的研究逐渐增加，研究方向也逐渐细化。一是关于企业社会责任对企业价值的影响研究，如刘建秋等围绕社会责任投入机理与回报效应展开了一系列研究，构建了企业社会责任战略的静态评判标准及动态履行框架。陈艺妮、李纯青、王楠(2018)分析民营企业在员工、客户及社会三个层面所履行的社会责任活动，发现公司履行的社会责任不仅为企业带来了收益，还引发了涟漪效应。二是对企业社会责任理论的研究，如卢涛(2006)对企业社会责任进行经济学分析，樊慧玲(2012)从法学、经济学角度分析政府食品安全规制与企业社会责任的耦合作用。三是关于企业社会责任与企业经营绩效关系的研究，如温素彬、方苑(2008)，张红凤、汲昌霖(2009)等人针对企业社会责任与企业经营绩效关系开展了实证分析。

(5) 企业社会责任的主要支持理论

随着学术界对企业社会责任理论研究的不断深入,学术成果也逐渐丰富,主要支持理论有利益相关方理论、社会契约理论和企业公民理论等。

① 利益相关方理论

利益相关方理论认为:企业作为一种组织形式,实质上可以看作是其利益相关方相互关系的联结和组合,企业通过各种显性契约和隐性契约来规范其利益相关方的责任和义务,并将剩余索取权与剩余控制权在企业物质资本所有者和人力资本之间进行非均衡地、分散、对称分布,进而为其利益相关方和社会有效地创造财富。企业管理者必须全面考虑企业的决策和行为对企业的所有利益相关方的影响,考虑如何公平对待这些利益相关方,满足他们的利益要求,处理好与他们的关系。利益相关方理论的核心问题就是研究如何处理企业与社会之间的关系。利益相关方理论的发展为企业社会责任奠定了坚实的理论基础,利益相关方理论认为企业经营的目的不仅是股东利益最大化,还应该关注其他利益相关方的诉求,由此清晰地界定了企业社会责任的内涵,解释了企业履行社会责任的动机和原因,并且为企业社会责任的实施提供了一个分析工具,即企业管理的是与利益相关方的关系,依据企业不同的利益相关方为划分对象,设定一些可以量化的指标,对企业社会责任的绩效进行衡量,进而可以明确地判定企业社会责任表现。

② 社会契约理论

霍布斯(1651)最早将社会契约理论引入了企业视角,他以普通契约理论原则证明了国家是社会契约的产物,洛克和卢梭随后对之进行了进一步丰富和发展,形成了经典的社会契约理论。刘建秋、宋建中(2011)构建了企业社会责任契约模型,界定了契约主体类型与企业社会责任的层次与范围,在此基础上论证了企业社会责任履行的效率边界与均衡模式。并在问卷调查的实践研究基础上证实了企业社会责任具有层次性特征,同时指出企业履行社会责任的动因主要是基于企业自身发展和利益的权衡考虑而非其他。社会契约理论一方面从契约的视角为企业履行社会责任提供了原因论证,契约的概念增强了企业对许多社会因素的义务。另一方面,社会契约理论认为各个契约主体都是平等的,在企业这个合约中各个主体也应该能平等地提出自己的利益诉求,这一点与企业社会责任内涵也是统一的。

③ 企业公民理论

卡罗尔(1979)将企业公民概念扩展到经济、法律、道德和慈善四个层面。随着研究的深入,一些学者从企业与社会关系的重新界定层面出发,提出延伸的企业公民观，强调企业公民和个人公民一样拥有权利和义务。企业公民的角色定位使得企业履行社会责任成为一种公民社会义务，它将企业作为社会的一个分子，置于社会的大环境中，强调企业必须处理好企业与社会以及企业内部的良性互动关系，这就使得履行社会责任成为追求企业与社会共赢的必然要求。

④其他理论

企业伦理理论认为企业与人一样在经济社会中具有道德主体资格，因而企业的经营行为不仅是经济行为而且也必须含有一定的伦理动机。夏普·佩因认为，公司是道德的行为人，而不是传统上认为的无道德的纯粹的功能性机构，公司应具有"公司人格"。企业的这种道德属性为社会责任提供了一个解释视角。

社会投资理论把企业社会责任看成一种社会投资。沃德克（2000）认为企业履行社会责任从根本上是出于企业自身利益的一种社会投资，不仅要投向内部利益相关方，也要投向外部利益相关方，对外部利益相关方的投资能够扩大市场份额从而赢得竞争力。

虽然关于企业为什么履行社会责任有许多争论，但值得注意的是，即便反对企业社会责任的自由经济的追随者也认为市场可以将个体的自利转化为社会整体福利的提高，其最终目标也是要服务社会和公众。因此从目标上看，无论是企业社会责任思想支持者还是反对者，在终极目标上是一致的，都认同企业要服务社会和公众，都认为企业的目标是实现整体社会福利水平的提高，只是在实现这一终极目标手段上持有不同的观点。反对企业社会责任的观点认为追求利润最大化可以自觉实现整个社会福利的最大化，而支持企业社会责任的观点则认为，个别企业利润最大化行为并不能自觉实现整体社会价值的最大化，企业在运营过程中就必须管理利益相关方和环境的利益，坚持以实现企业、社会和环境的综合价值最大化为目标。

(6) 企业社会回应与企业社会绩效

企业社会回应与企业社会绩效是企业责任理论的两个重要领域。阿克曼（1973）和鲍尔（1976）提出了企业社会回应概念，该理论的提出将企业社会责任的研究从企业是否应当履行社会责任的争论引向企业的管理过程领域。弗雷德里克（1994）将企业社会责任简称为CSR1，将企业社会回应简称为CSR2，并对企业社会责任与企业社会回应这两个概念做了相对精确的区分。他认为企业社会责任主要回答"为什么？""是否？""为了谁的利益？""根据什么道德准则？"等问题，而企业社会回应重点在于回答"如何？""什么方法？""产生什么效应？""根据什么操作指南？"等问题。

到了 20 世纪 80 年代以后，企业社会绩效(CSP)逐渐成为企业社会责任理论研究领域里面的一个重要研究内容。企业社会绩效的实质是研究企业履行社会责任行为所产生的结果与影响。卡罗尔(1979)首次提出了企业社会绩效的三维概念模型理论：第一维度为企业社会责任(经济责任、法律责任、伦理责任和自愿责任)，第二维度为社会问题管理，第三维度为企业社会回应。卡罗尔的三维概念模型为企业社会责任理论研究从早期的企业社会责任、企业社会回应到企业社会绩效理论研究架通了一座桥梁。沃蒂克和科克伦(1985)认为"企业社会绩效反映了企业社会责任准则、社会回应过程和用于解决社会问题的政策三者之间的相互根本作用"，它将企业与社会领域的主要与社会责任原则相关的理念导向，主要与社会回应过程相关的制度导向以及主要与社会管理问题、管理政策相关的组织导向，这三大主导方向有机融合在一起。伍德对沃蒂克和科克伦模型的三个维度分别进行了修正，并重新表述为企业社会绩效指一个企业组织的社会责任原则、社会回应过程与政策和方案的构成，以及当它们与企业社会关系相联系时所产生的可以观察的结果。李新娥(2010)研究了企业社会回应管理水平与企业绩效之间的关系，构建了企业社会回应管理水平和企业长期纯净关系的理论模型。冯戈坚(2019)等研究认为企业社会责任与创新绩效显著正相关，政治关联对社会责任与创新绩效之间具有负向调节作用；由企业社会责任诱导的创新绩效对企业经济绩效存在显著提升作用。

(7)企业社会责任与财务业绩关系的实证研究

从企业社会责任研究的方法论角度来看，企业社会责任的研究可以分为规范研究和实证研究两大部分。规范研究专注于企业社会责任概念的界定和完善，聚焦于企业为什么要履行社会责任、履行哪些社会责任和如何履行社会责任；实证研究则主要集中于企业社会绩效与企业财务业绩关系方面，目的就是要为企业社会责任思想提供有力的数据支撑。在关于履行社会责任与企业财务绩效呈正相关的关系方面，有一些研究支持结果。马戈利斯和沃尔什(2001)对从 1972 年到 1994 年这一领域中经过同行评审发表的 51 篇研究文献进行了回顾，发现企业社会责任与企业财务业绩负相关结论的论文共 20 篇，其中有 9 篇研究没有得出明确的结论。这 51 篇研究中，部分文章还同时得出正相关和负相关，或正相关和不相关，或负相关和不相关等不一致的结论。罗曼、哈伊伯和阿格(1999)对同样的 51 份研究外加最新的 4 份研究重新进行了分类，得出企业社会责任与企业财务业绩正相关的结论的研究有 33 份，没有发现这两者之间存在关系的研究有 14 份，只有 5 份研究认为企业社会责任与企业财务业绩呈负相关。

我国学者就企业社会责任与财务绩效之间关系的研究集中在实证论证方面。温素彬、方苑(2008)基于利益相关者视角发现多数企业社会责任变量对当期财务绩效的影响为负，但从长期来看企业履行社会责任对其财务绩效具有正向影响作用。符刚(2018)在通过对我国四个重污染行业 12 个典型上市公司 2010~2016 年的数据分析，证实企业环境责任履行对企业经营绩效有积极的影响作用，企业承担环境责任有助于自身经济效益市场竞争力的提升。

由此可见，已经出现不少关于企业社会责任与企业财务业绩关系正相关的支持结论。即便如此，客观地说，目前企业社会责任与企业财务绩效之间的关系还需要进一步研究。

(8)企业社会责任研究评述

通过以上分析，可以看到企业社会责任研究不断向前推进的基本脉络：企业社会责任理念发展过程中的争论更多是为了回答企业是否应该履行社会责任的问题；在此基础上，企业社会责任理论中企业社会回应和企业社会绩效两大主要领域，为全面分析企业社会责任实践提供公民理论等支持理论，分析企业为什么要进行社会责任实践、企业不履行社会责任能够给企业的业务活动带来什么影响，企业履行社会责任能够给企业带来何种收获的问题，从而为企业社会责任理论找到了理论依据；企业社会责任与企业价值、企业社会责任与企业财务业绩关系的研究为企业社会责任理论提供了数据支撑。

从逻辑上看，企业如何更好地履行社会责任，进行企业社会责任实践，应是必须加以深入研究的问题，这有助于提升企业社会责任实践的有效性。同时，原有的企业社会责任研究视角虽然涉及企业社会责任与企业绩效问题，但很少全面分析企业社会责任产生的影响和分配等内容，没有涉及量化企业履行社会责任对社会所产生的贡献程度，这显然也是需要进一步加以研究的问题。从理论和实践的发展趋势看，对企业社会责任实践等问题进行深入探讨，不仅可以推进企业社会责任研究进一步向前发展，也能够为企业社会责任实践模式提供更具现实价值的参考意义。我国关于企业社会责任的研究虽然起步较晚，但近年来也取得了较为丰硕的成果。但从现实性看，企业社会责任实践模式是一个内涵极其丰富的研究课题，在目前研究成果和实践案例还不是很充分的条件下，对企业在特定领域的社会责任实践进行研究具备一定的现实性和操作性。

4.1.1.2 企业履行社会责任参与贫困治理理论

企业履行社会责任和贫困治理之间有一定的交叉点。特别是 2006 年以后，企业社会责任在学术界结束争议开始取得普遍认同，学术界越来越重视企业社会责任所蕴含的价值与机遇，企业在贫困治理中发挥的作用越来越大，国内学者开始对企业社会责任与贫困治理的作用机制进行深入研究，取得了较为丰硕的研究成果。主要成果有：陈锋（2010）分析了企业履行社会责任的行为和方式对减缓贫困的影响，重点探讨了企业履行社会责任行为对减缓贫困的作用机理和效果，并对企业、政府以及非政府组织的减贫模式进行了比较分析。黄承伟（2015）结合当前社会扶贫的实际，认为民营企业参与贫困治理的路径应落实到从内外部环境和制度保障来实现贫困治理中政府—企业—贫困人口的共赢。刘彬斌（2019）等通过156家涉农企业的调研数据，实证分析发现供应链企业社会责任驱动力对供应链社会责任履行及供应链绩效都存在正向影响关系，供应链企业社会责任协同对供应链社会责任履行也存在影响关系，进而影响供应链绩效。为此，政府应对供应链企业社会责任的履行进行干预，采取相应措施鼓励企业积极履行供应链社会责任。岳颂（2007）从构建和谐社会视角探讨了农村贫困问题与企业社会责任的作用机制。邓渝、唐洁（2012）从政策视角分析了企业社会责任对城市反贫困工作的必要作用。王喜、吕凡（2012）从市场结构和发展方式角度阐释了贵州省农产品加工企业对农业发展和减贫脱贫的协同增效作用。林闻凯（2014）从企业参与扶贫开发视角分析了广东本地企业参与脱贫攻坚中存在的问题，提出了企业积极履行社会责任、参与扶贫开发工作的建议和措施。李军（2016）以广西企业为例研究发现企业绩效与减贫效应之间存在持续的正向相关关系。张春敏、赵萌（2018）深入探讨了国有企业在精准扶贫中的角色定位和参与方式，提出了处理好盈利与履行社会责任关系的作用机制。张鲜华、向桂霖（2019）基于增权理论分析了企业参与精准扶贫的创新模式，提出了企业履行精准扶贫社会责任的方式和路径。雷雨辰（2019）基于多案例比较分析了企业参与扶贫工作中履行社会责任的影响因素，总结了具有代表性的企业扶贫模式及特点。综合学术界关于企业社会责任与贫困治理作用机制的主要研究成果，专家学者充分印证了企业履行社会责任参与贫困治理的正向效应和独特优势，但案例研究居多，研究系统性不强，本研究试图弥补这一缺陷，为国家政策制定和可持续脱贫提供借鉴参考。

4.1.1.3 研究述评

综上所述，在企业社会责任与贫困治理领域已经分别取得了较多研究成果。企业社会责任与贫困治理研究的共同特点为多学科、多角度介入，以经济学、法学研究为主，呈现出不同的理论指向和理论风格。

对企业社会责任的研究，国外起步较早。国内研究从对西方社会责任研究的引入和介绍开始，随着中国市场经济的成熟与发展，领域逐渐拓展，研究不断深入，从偏重规范研究向实证与规范并重研究发展，出现了一系列针对中国企业实践的指导成果。贫困治理研究尽管国外起步早，但近年来随着扶贫开发的不断推进，国内研究蓬勃发展，为中国减贫提供了思想指导，并为世界贫困治理贡献了中国智慧。

企业社会责任与贫困治理之间有许多交叉点，绩效评估即是一个很好的切入点。随着脱贫攻坚的胜利与贫困治理新问题的出现，企业因其独特的优势，需要在贫困治理中发挥越来越大的作用。同样，企业参与贫困治理对企业的影响效用也是值得研究的一个重要命题，目前涉及此方面的研究较少，因此企业社会责任与贫困治理的作用机制研究非常必要。

4.1.2 企业履行社会责任参与贫困治理的必要性与可行性

(1) 企业履行社会责任参与贫困治理的必要性

市场是减贫最具活力的因素。充分运用好市场机制，不仅能大幅拓展扶贫资源，而且能有效破解政府减贫的低效率难题。习近平总书记指出"发展产业是实现脱贫的根本之策，要因地制宜，把培育产业作为推动脱贫攻坚的根本出路"。产业扶贫的初衷是将当地优势产业发展导入农村贫困人口的生产活动，希望通过扶贫资源的到村到户配置、产业的精准定位与选择，使贫困人口找寻到其升级改善具有促进作用的支点，参与产业发展，分享产业价值增值。但是，小规模、低强度、分散化的农业产业开发极易陷入传统农业低位循环发展的"陷阱"，其惠农效果往往大打折扣，导致扶贫产业面临自然和市场双重风险的叠加、发展要素短缺、农户参与能力不足、社会化服务不配套等多维困境。这就要求寻求优良的产业扶贫模式与路径，打破传统农业延续发展的"路径依赖"，实现产业增值空间和贫困人口价值分享的最大化。大量的理论研究和扶贫实践表明，由政府直接强势介入产业扶贫活动中，虽然在短期内可以取得明显成效，但其本质属性、组织机制和职责定位决定了其难以最优化资源配置，产业扶贫的效果往往差强人意。产业发展是一个长期的市场行为，产业扶贫归根结底是市场化的扶贫方式，政府主导过度则容易失败，扶贫产业要健康可持续发展必须遵循市场规律、融入市场机制。作为市场主体的企业具备独特的市场资源优势，其参与扶贫可以帮助贫困户有效实现生产与市场的有效对接，在推动区域经济增长和减缓贫困等方面发挥积极作用。基于此，采用市场手段优化配置贫困地区的土地、劳动力、资本等要素，通过企业的带动使扶贫产业具备灵活性和专业性的市场机制，同时确保贫困人口有效参与到产业发展之中，形成一种具有可持续性、能够挖掘最大化利润、稳定分享产业价值增值过程的扶贫模式，成为新时期巩固脱贫成果、形成稳定脱贫长效机制的现实举措。

(2)企业履行社会责任参与贫困治理的可行性

企业履行社会责任的内部动因源于自身的发展战略，外部动因源于法律法规和利益相关方的压力，于国、于民、于己均有益处，可以形成优势互补、实现合作共赢。其实践的重要性表现在：第一，企业履行社会责任参与贫困治理能够促进企业自身发展，提升企业形象和区域影响力，有利于企业的品牌推广和销售以及自身竞争力的提升。第二，企业履行社会责任参与贫困治理可以充分发挥其多样灵活有效的经营机制，撬动社会资源，特别是吸引资本向贫困地区汇聚，在为贫困地区"输血"的同时强化其"造血"功能，弥补政府扶贫资金、人力等要素的不足。这不仅有助于巩固脱贫攻坚的前期成果，也为贫困地区实现可持续发展提供重要保障，从而形成对行政力量扶贫的有效补充，是落实中央扶贫开发战略的重要行动。第三，企业履行社会责任参与贫困治理能够充分利用自身优势，协助政府部门以市场化的措施进行扶贫，解决小生产与大市场的连接问题。企业凭借自身在资本、人才、技术、市场等方面的优势，能够充分有效地挖掘和发挥贫困地区的生态和资源禀赋，将资源优势转化成产业优势和经济优势，实现资源向产品进而向资本的转化。促进资源优势转变为经济优势，确保贫困户抱团稳步增收，是加快贫困地区经济发展的有效途径。第四，企业履行社会责任参与贫困治理可以强化贫困者的主体意识，激发其脱贫的内生动力。与政府主导的救助性扶贫和企业参与的慈善性扶贫不同，产业扶贫将贫困主体视为企业价值链上的重要一环，并参与包括原材料供应、制造、流通与销售等大部分环节，而非简单地被动等待慈善捐赠或救助。企业通过签订契约或者订单等方式，将贫困农户手里小规模、分散的资源进行整合，并为贫困户提供技术支持和拓宽销售渠道等服务，贫困户按照统一的技术、标准生产，有助于企业扩大规模、降低市场成本。贫困主体接受技术培训，主动参与产业分工，嵌入价值链，分享产业链和价值链增值收益，激发了其脱贫的内生动力，实现了扶贫扶志与扶智并举。第五，企业履行社会责任参与贫困治理可以改变贫困地区的生态环境，改善小规模生产的基础设施条件，为贫困地区农民提供生产和生活上的便利。基于优势互补、合作共赢的现实意义，企业履行社会责任参与贫困治理将成为我国新时期扶贫开发的主要形式之一。

(3)企业履行社会责任参与贫困治理可以提升企业竞争力

创新具有高投入、高风险和周期长的特点，这些特点也成为激励创新的难点所在。我国企业创新也存在着缺少资金、承担高风险以及人力资本缺乏的困境。企业履行社会责任参与贫困治理，一方面可以在一定程度上保证内源融资的获取，另一方面可以获得政府扶贫部门的融资资金，通过信号传递效应产生积极声誉影响，从而有效缓解企业融资约束对企业创新的困扰，获得持续竞争优势的基础，有利于企业进行创新活动。此外，企业履行社会责任参与贫困治理正是将政府和社会等相关者纳入企业发展战略体系之中，有利于企业更好地获得发展资源，不仅会获得社会资本层的支持，也会获得人力资本层的认同，使得企业能够从政治关联中获取资源投入企业创新之中，提升企业竞争力。

4.2 企业社会责任与贫困治理的影响途径分析

4.2.1 企业社会责任与贫困治理的时空演变

4.2.1.1 我国企业参与扶贫开发的历程

中华人民共和国成立后，我国不同类型的企业在不同的历史阶段以适应性的方式参与到扶贫工作中，直接或间接地发挥了重要作用，从时间和历史发展的逻辑可分为四个阶段。第一阶段（1949~1977年）为间接减贫阶段，中华人民共和国成立初期我国城市主导的发展模式和重工业化的产业发展方式，使企业在改善民生方面的作用难以发挥对口帮扶的直接减贫作用，但企业创造的价值充分服务于国民经济的发展，为增加居民收入进而推动脱贫工作提供了物质基础，间接地促进了民众温饱问题的缓解。第二阶段（1978~1993年）为探索扶贫阶段，改革开放使我国经济社会发展活力得以迅速释放，其中乡镇企业发挥了创造价值、提供就业、贡献税收等作用，形成了巨大的辐射效应，成为我国"开发式扶贫"的重要力量，企业开始融入国家扶贫体系，探索减贫的模式和路径。第三阶段（1994~2012年）为参与扶贫阶段，西部大开发战略的提出使得东西部对口帮扶不断深化，东部企业对口帮扶成为支持西部贫困地区发展的重要抓手，其对帮助西部贫困地区打破贫困恶性循环起到了极其重要的推动作用。第四阶段（2013~2020年）为精准扶贫阶段，我国企业在精准扶贫战略的指导下积极投入资金、人才和技术等方面参与扶贫工作，从间接提供就业、增加收入、促进生产生活方式转变发展到直接参与到精准扶贫工作中，甚至是主导部分地区和贫困民众的脱贫工作，企业扶贫项目和农村创业成为促进农村脱贫的内生驱动力量，企业参与贫困治理取得了卓越的成效。

4.2.1.2 我国企业履行社会责任的实践探索

企业社会责任理论于20世纪末进入我国学界的研究视野，到21世纪开始大规模研究。在20世纪，我国理论界对企业社会责任的反对占主流，但进入21世纪以后，虽然对企业社会责任的界定和性质仍有争议，但对企业社会责任的认可基本达成了共识。学者们除了重点关注企业社会责任的落实外，还尤其注重对现实问题的回应，企业社会责任与国家重大战略思想的契合性和相关性研究成果大量涌现，开始关注如何强化和推进企业社会责任从而加快经济发展方式。刘连煜博士主张现代公司除追求经济利益外，也应尽对社会之责任。刘俊海博士力倡企业社会责任，认为企业社会责任是建立我国现代企业制度的一项重要内容。朱慈蕴博士探讨了企业社会责任的合法性和对策。同时，陆续出台了关于企业社会责任的实践立法，我国于2005年10月27日修订后的《中华人民共和国公司法》要求公司承担社会责任，2006年8月27日修订后的《中华人民共和国合伙企业法》要求合伙企业承担社会责任。《中华人民共和国企业法》《中华人民共和国税法》《中华人民共和国公益事业捐赠法》《中华人民共和国合同法》等法律法规都有企业履行社会责任的条款。

(1) 我国企业与社会关系的历史演进

我国企业与社会的关系先后经历了企社合一的"单位制社会"(1949~1977年)、企业与社会结构初步分离的"小社会"(1978~1992年)、企业与社会脱嵌下的"脱嵌体"(1993~2005年)、企业与社会再嵌入下的"内嵌体"(2006~2012年)、企业与社会共融下的"共生融合体"(2013年至今)五个历史阶段。在制度逻辑上由社会逻辑、市场逻辑对立割裂向双元制度逻辑转变，企业社会责任实践成为参与社会治理的新方式，共享经济成为企业与社会关系融合的新纽带。我国企业与社会关系的历史演进见表4-1。

表4-1 我国企业与社会关系的历史演进

演化维度	1949~1977年	1978~1992年	1993~2005年	2006~2012年	2013年至今
功能定位	企业大包大揽	对社会承担过度责任	唯赚钱论	工具竞争观 社会回应观 风险防范观	企业社会责任内涵升华
实践主体	政府一元推进	政府主导推进 企业参与	政府主导推进 社会逐步参与	政府与企业主导推进 社会参与	政府、企业与社会协同推进

续表

演化维度	1949~1977年	1978~1992年	1993~2005年	2006~2012年	2013年至今
推进方式	政治控制推进	政治控制推进	强制性制度推进	强制性制度为主、诱导性制度为辅 企业自主社会责任	制度供给推进 评价监督推进 社会激励推进
实践方式	大包大揽	缺乏真正意义上的实践	基于经济、社会与环境性议题式实践	利益相关方参与企业治理与运营管理 企业社会责任披露	企业社会创新平台化履责企业参与社会治理
发展程度	畸形错位	初步矫正	弱化成长	重塑提升	创新强化
实践组织	国有企业	国有企业	国有企业 民营企业 社会组织	国有企业、民营企业 社会组织	混合型组织 共益企业

(2)我国企业社会责任逻辑演化

我国企业社会责任的历史演进分为缺位错位期(1978~1993年)、分化探索期(1994~2006年)、快速成长期(2007~2012年)、创新规范期(2013年至今)四个阶段。我国企业社会责任的逻辑演化见表4-2。

表4-2 我国企业社会责任的逻辑演化

演化维度	缺位错位期	分化探索期	快速成长期	创新规范期
责任认知	过度责任观	唯赚钱论	工具竞争观 社会回应观	综合价值共创与共享观
内容维度	企业办社会 异化的经济责任	经济责任	经济责任为主 社会责任为辅	经济、社会与环境三重责任
企社关系	小社会 边界模糊	企社分离 边界逐步清晰	企业嵌入社会 企业影响社会	企业与社会形成共生融入关系
推进主体	政府主导 缺乏外部力量	政府主导 外部力量初步显现	企业、政府与社会组织三重力量初步形成	企业内源性动力与外源性压力协同推进

续表

演化维度	缺位错位期	分化探索期	快速成长期	创新规范期
制度供给	制度需求和供给严重缺失	制度供给不足	国有企业的强制性社会责任制度供给	强制性与诱导性制度供给结合
驱动逻辑	德行逻辑	市场逻辑主导	市场逻辑与社会逻辑逐步混合	双元制度逻辑价值共创与共享逻辑
管理模式	无管理	少量零星探索	社会责任管理探索多维构建社会责任管理体系	企业社会责任管理模式创新
实践范式	大包大揽	纯粹市场竞争行为	社会责任议题制	平台化履责企业社会创新
价值效应	经济价值与社会价值创造缺乏区分	经济价值创造	经济价值与社会价值创造	基于经济、社会与环境的综合价值与共享价值创造

①企业社会责任理论是经济社会发展到一定阶段的必然产物

企业社会责任旨在建立一种企业与社会的健康和谐关系，已经成为现代企业非常看重的核心竞争力。近 20 年来，我国企业社会责任已经从一个不相关的和被否定的观念转变为一个被社会广泛认可的概念。人们不断探寻企业在追逐利润的同时应该履行怎样的社会责任？该如何保障和改善民生？企业社会责任与企业自身的发展并不是一对矛盾，而是具有正向的联系。这就使得企业需要在更高一个层面上确定自己的发展目标，既维持自身可持续发展，又造福于生态、资源与社会民众，这也正是我国当前国家社会治理的重点目标。当前，国家治理的重要目标是保障和改善民生，而民生问题的解决与现代企业承担的民生社会责任密切相关。两者之间的深层关系可以概括为：国家治理的民生重任构成了企业承担社会责任的社会历史背景，企业承担社会责任是国家治理社会期待的企业与人民生计的和谐健康关系，国家治理的民生本质嵌入了企业社会责任的伦理道义，国家治理的民生建设机制蕴含了未来企业可持续发展的指向。

②企业社会责任与国家社会制度密不可分

企业社会责任与国家社会制度息息相关。在欧洲国家，企业履行社会责任主要通过制度供给、政策激励、监督评价和行为治理实现，但政府推进的成本较高。在美国，企业社会责任主要通过非正式制度供给和监督评价实现，但政府推进的主动性较弱；我国作为新型经济体，企业社会责任主要通过制度供给、政策激励和监督评价等机制实现，但企业社会责任在制度供给方面存在不足与失衡，监督方面存在缺失与缺位现象，且容易出现企业社会责任设租与寻租的弊端。有关企业社会责任与国家制度的关系如表4-3所示。

表4-3 有关企业社会责任与国家制度的关系

主要特征	"强政府—强社会"模式	"弱政府—强社会"模式	"强政府—弱社会"模式
政府角色	协同式治理者	参与式治理者	主导式治理者
公民社会角色	协同参与者	主导式治理者	参与式治理者
主要实现机制	制度供给、政策激励 监督评价、行为治理	非正式制度供给 监督评价	制度供给、政策激励 监督评价
内在动力	企业行为创造公共价值	企业行为符合社会期望	企业行为创造公共价值
典型国家	欧洲国家：英国、丹麦、意大利等	美国	新型经济体：中国
主要缺陷	政府推进成本较高	政府推进主动性较弱 政府元治理功能不足	企业社会责任设租寻租 制度供给不足与失衡 监管缺失与缺位

③企业履行社会责任参与贫困治理

企业作为推进国家治理体系与治理能力现代化的微观市场主体，一方面基于其经济属性助推市场治理的合效性，另一方面作为具有公共社会属性的社会单元与社会组织。在企业社会属性之下，社会责任实践作为企业参与社会治理的基本方式与主要途径，在参与社会治理的过程中发挥越来越重要的作用。当前，中国正处于经济社会转型期，地区发展不平衡与不充分成为区域发展的主要矛盾，必然对宏观经济运行、中观社会形态以及微观企业运营管理产生直接或间接的影响。面对具有长期性的国家发展战略，单纯依靠政府作为治理主体难以有效应对，不论是满足政府治理能力提升需要还是解决社会问题的现实需要，企业在参与社会治理中的作用越来越突出。企业作为微观市场组织，其敏锐的市场嗅觉与较高的动态能力能够有效为政府治理赋能，并发挥其自身专业优势、效率优势以及社会影响力优势。有关企业社会责任与贫困治理作用的要素比较见表4-4。

表 4-4 有关企业社会责任与贫困治理作用的要素比较

区别要素	基于企业为主体的企业社会责任"个体治理"	基于政府为主体的企业社会责任"政府治理"	基于多元治理主体的企业社会责任多中心"网络治理"
治理主体	企业个体	国家与各级政府	企业多元利益相关方主体
逻辑起点	企业个体对自身经济属性与社会属性的认知	政府对市场微观组织的公共治理边界	多元利益相关方构成的"治理共同体"的价值共识
治理过程	单边企业社会责任内部管理企业社会责任议题实践	社会责任正式制度供给强制性制度与诱导性制度	社会责任正式制度与非正式制度
协调方式	企业内部共同认同的社会责任制度安排与价值规范	政府科层权威与命令式协调	自组织式协调
主要机制	市场竞争机制	基于政府公共权力的监督与协调机制	基于价值共创与共享的网络信任机制与声誉机制
价值取向	经济价值主导社会环境价值为辅	公共社会价值主导经济价值为辅	综合价值与共享价值的最大化
驱动力量	工具理性驱动	价值理性驱动	工具理性与价值理性混合式驱动
环境特征	竞争主导、动态性	相对稳定	高度动态性与权变性
典型不足	企业个体市场治理下的社会脱嵌社会责任寻租	企业社会责任寻租	价值协调与共享冲突引发的价值共毁

4.2.1.3 我国企业履行社会责任参与贫困治理的阶段性特征

我国企业参与扶贫虽然发端较早,但履行社会责任参与贫困治理却始于改革开放以后。20 世纪 80 年代,企业社会责任理论才开始随着我国市场经济发展传入国内,受到了政府和学界的广泛关注,国内企业开始借鉴西方企业发展模式,履行社会责任参与贫困治理,其发展阶段可以分为三个阶段。第一阶段(1980～2000 年)为被动承担阶段,国内企业在经济理性的驱使下以创造最大化的价值为主要目标,释放企业活力是这个阶段的主要任务。国家出台的相关法律法规虽然对企业的行为决策产生了一定影响,但由于市场机制、社会监督和法律体系不健全,企业主动履行企业社会责任参与贫困治理的主观意愿比较低。第二阶段

(2001~2012年)为主动承担阶段,中国加入WTO标志着中国企业面临的内外部环境发生了巨大变化,2006年新《公司法》明确提出"公司从事经营活动,必须承担社会责任",将企业社会责任从伦理要求上升到法律规范,我国企业在工具理性的驱使下开始主动履行社会责任参与贫困治理。第三阶段(2013年至今)为引领担当阶段,企业在责任理性的驱使下开始把社会责任当作一种长期投资,把履行社会责任上升到企业发展战略层面,将自身发展与社会利益相关者形成一个利益共同体,不能或不想履行社会责任参与贫困治理的企业将会被社会发展大势所淘汰和遗弃。

4.2.2 企业社会责任与贫困治理的影响途径

4.2.2.1 企业社会责任对贫困治理的直接影响

企业社会责任对贫困治理的直接影响表现为企业以贫困人口或贫困地区为对象,不通过任何机构组织直接参与到减缓贫困过程的方式,主要体现在要素减缓贫困、项目减缓贫困以及观念、思路和政策减贫三个方面。

(1)要素减缓贫困对贫困治理的影响

①方式一:企业捐款

企业捐款是企业直接给予贫困人口或贫困地区金钱帮助,以实现贫困人口或者贫困地区摆脱贫困的目标。一方面,企业给予贫困人口或贫困地区金钱帮助能够迅速实现贫困人口或贫困地区脱贫;另一方面,企业给予贫困人口或贫困地区金钱帮助能够满足不同贫困人口的多样性需求,使贫困人口获得捐款后所得福利最大化。但企业捐款也存在不足之处,其中最重要的一点就是企业捐款属于应急式的,具有减缓贫困速度快的特点,但可持续性不强,它仅能够解决贫困人口一时之需,不能长效解决贫困问题。另外,不同的企业捐款参与方式也有不同的特点,对于企业以贫困人口或贫困地区为对象直接参与捐款而言,如果管理不善可能会出现腐败现象,导致企业捐款到不了贫困人口手中;企业不了解贫困地区的情况、不清楚究竟谁的贫困程度最高,也可能导致企业捐款不能完全到达真正有资格获得捐款的贫困人口手中。此外,企业通过NGO等中介组织间接捐款也有委托代理问题,一定程度上不能完全实现企业捐款本身设定的目标;同时,NGO等中介组织自身也存在运营成本,使到达贫困人口手中的企业捐款数量少于企业最初交给NGO等中介组织的捐款量。

②方式二:企业捐物

企业捐物是企业直接给予贫困人口或贫困地区物质帮助,以实现贫困人口或贫困地区摆脱贫困困扰的目标。与企业捐款相比,企业捐物也具有减缓贫困速度快的优点，但也存在与捐款同样的问题，比如只能暂时减缓贫困、返贫率高等缺陷。并且企业捐物以假设贫困人口具有相同的物质需求为前提，显然与贫困人口具有多样化的需求现实不相符，与企业捐款相比，难以使减缓贫困的效果最优化，最大可能地增加贫困人口福利水平。和企业捐款类似，无论是直接捐物还是间接捐物，都存在不能精确瞄准贫困人口的缺点。不过，企业捐物对于减少企业通过直接方式捐物的腐败问题和降低通过间接方式捐物的委托代理问题方面显然具有一定优势，因为"物"较"款"而言具有更强的专用性，移作他用风险较低。

③方式三：企业人力援助

企业人力援助是企业向贫困地区派出人员，帮助实现贫困人口或贫困地区实现减缓贫困的目标。与企业捐款、捐物相比，企业人力援助显然不能迅速实现贫困人口或贫困地区脱贫。不过，企业人力援助对于长久地解决贫困人口或贫困地区的贫困问题具有优势。企业人力援助可以为贫困人口或贫困地区带来先进的管理经营知识和市场意识，对贫困人口和贫困地区摆脱落后的思想观念、培养先进理念大有裨益。这是贫困人口或贫困地区摆脱贫困的前提和基础，更是保障贫困地区能够长久发展的不竭动力。但人力援助也存在一定缺陷：一方面，企业派遣的人力援助可能对贫困人口或贫困地区不甚了解，在贫困需求和特点识别上存在欠缺，这限制了企业人力援助更好地发挥作用；另一方面，企业人力援助的效果在很大程度上也取决于企业的派遣人力对贫困人口或贫困地区的关心程度，如果对贫困人口或贫困地区漠不关心，即便他们对贫困人口或贫困地区了解甚多，也不能实现最大程度地减缓贫困的目标。另外，帮助贫困人口或贫困地区减缓贫困是一个专业性要求较高的工作，在企业选择直接方式或通过NGO等中介机构的间接方式进行人力援助时，因为中介机构在减贫方面的专业知识技能优势，间接方式可能产生更好的减缓贫困的效果。

④方式四：企业技术援助

企业技术援助是企业给予贫困人口或贫困地区相应的技术培训以使其具有相应摆脱贫困所需要的技能。除一般纯粹意义上的培训援助外，企业进行技术援助（包括技术引进和良种引进等）往往是与企业经营联系密切的地区。当企业缺乏相应技能的人力资源时，可以针对贫困人口或地区进行相应的技术培训，使贫困人口具备企业所需的生产技能；当企业缺乏稳定、安全的生产投入原材料供给时，也可以通过向贫困人口或贫困地区引进生产原材料的技术（比如牲畜良种的引进、高产农产品的引进等）。经过技能培训后的贫困人口不仅具备相应的技能，而且找到了提高收入水平的工作；贫困人口利用新技术和新原料生产，产量和市场竞争力都得到提升,有利于企业的发展。因此,企业对贫困人口或贫困地区提供技术援助对于企业和贫困人口是双赢选择。对企业是采取直接方式还是间接方式进行技术援助,应依据现实情况和良种方式的特点做出决定。一般情况下,当企业需要从贫困地区获取人力时,多是采用间接方式进行技术援助,即通过委托培训或者帮助联系委托培训的居多;当企业需要从贫困地区获取安全、持续的原材料供给时,往往采用直接对贫困人口或贫困地区进行技术培训和提供优良品种的方式。

(2)项目减缓贫困对贫困治理的影响

①企业生产性项目对贫困治理的影响

生产性项目是企业对贫困地区项目减贫的核心,是企业直接减缓贫困的重要方面,主要是指企业在贫困地区开展生产和服务型活动。企业直接参与贫困地区开办生产和服务业务具有多方面的优势:首先,生产性项目能够更好地利用当地的资源,使贫困地区资源优势(包括人力资源和自然资源等)转变为帮助贫困人口或贫困地区的竞争优势,从而保障贫困地区可持续发展,贫困人口不至于返贫;其次,生产性项目增加了贫困地区的就业量,给贫困人口提供了就业机会,从而提高了贫困人口自身的收入水平;最后,生产性项目还可以增加贫困地区的税收,为地方政府减贫提供财力支持。另外,由于企业对贫困地区进行生产性项目投资,将自身的资金、技术和管理优势与贫困地区的资源优势和潜在的市场优势相结合,可以降低企业的成本、扩大企业的市场份额、增加企业的盈利水平,所以对企业也是有利的。由此可见,企业直接减缓贫困的生产性项目实现了企业与贫困人口或贫困地区的双赢。不过,企业直接减缓贫困的生产性项目也可能带来一定的负面影响。一方面,生产性项目投资可能没有能够结合贫困人口或贫困地区的优势资源,可能不符合贫困地区的需求;另一方面,生产性项目投资可能造成贫困地区的资源枯竭,这对贫困人口长久地摆脱贫困显然是不利的;另一种极端情况是,企业在贫困地区进行生产性项目投资可能主要目的不是帮助贫困人口或贫困地区脱贫,而是看重了当地优惠的土地政策等,这种沿着一般性思路进行投资的企业与以直接减缓贫困为目标的企业相比,不仅不会帮助减缓贫困,反倒可能使贫困人口或贫困地区更加贫困。

②企业公共基础设施和社会服务设施类项目对贫困治理的影响

企业对贫困人口或贫困地区开展项目减缓贫困除了生产性项目外,帮助贫困地区改善公共基础设施和社会服务设施也是其重要内容。贫困地区由于财力有限,贫困人口自身的物质生活长期得不到满足,在这种情况下不可能拿出多余的资源用于公共基础设施建设和社会服务设施建设，而基础设施和社会服务设施恰恰是保障一个地区经济发展的前提条件，所以贫困地区落后的基础设施和生活服务设施就成为限制贫困人口脱贫和贫困地区发展的瓶颈因素。这样，企业投入资金帮助改善贫困地区的公共基础设施和生活服务设施显然对于减缓贫困有重要的意义。企业可以通过支持贫困地区修建乡村公路和乡村水利设施，能够为贫困人口更好地开展经济活动提供便利、为农民增收创造前提；企业可以通过支持贫困地区卫生保健事业，不仅能够缓解贫困人口因病致贫状况，而且能够通过提高贫困人口的健康水平而增加贫困人口的人力资本，从而增强他们创造更高收入的能力；企业可以通过捐资助学的方式资助义务教育，为更多的贫困人口提供接受进一步教育的机会，通过捐资助学的方式资助职业学校直接提高贫困人口的技能水平，这些都提高了贫困人口的人力资本。事实上，也正如均衡发展理论所暗示的，贫困地区资本形成不足，唯有外力首先给予一定的大规模投资方能使贫困地区摆脱恶性循环，贫困地区才会进入经济增长的快车道，贫困人口也才能摆脱贫困困扰。显然，在此过程中企业对贫困地区的公共基础设施和社会服务设施的投资，对于贫困地区实行均衡发展并最终走出贫困至关重要，企业通过这种方式进行直接减缓贫困的作用非常显著。

（3）企业观念、思路和政策减缓贫困对贫困治理的影响

①企业观念、思路的引入对贫困治理的影响

观念和思路的引入对贫困人口和贫困地区的影响比较典型的案例主要表现为政府减缓贫困。为了响应国家东部帮西部计划，发达地区一般会派出一些干部去贫困地区工作，随着发达地区干部与当地干部和群众的不断沟通，能够引起贫困地区发展观念的变化、贫困思路的创新，从而打破贫困地区闭塞的农业生产、生活方式，推动贫困地区经济发展，为减缓贫困打下物质基础。与政府减缓贫困的观念和思路的引入对贫困人口和贫困地区发生的影响类似，企业对贫困人口或贫困地区的直接减缓贫困活动也能够影响贫困地区的观念，并通过将一些好的理念和方法引入贫困地区，带动贫困人口或贫困地区脱贫思路的创新。例如，贫困地区一般为落后的农业地区，落后的农业生产效率低下、分工程度低，这种小农经济显然阻碍了贫困地区市场的进一步形成；随着企业对贫困地区直接减缓贫困的不断深入，会逐步影响贫困人口的思维方式、打破农业地区的小农经济，并建立效率更高的市场经济，从而使贫困地区的分工更加合理，使贫困人口更好地脱贫。另外，企业到贫困地区开展直接减缓贫困工作也带来了先进的管理经验，这对贫困人口或贫困地区摆脱贫困起到锦上添花的作用。

②政策对贫困的影响

企业直接减缓贫困影响政府政策的制定,对贫困的影响表现为:企业介入贫困地区后,可能较政府更了解贫困人口和贫困地区的需求,从而可以担当贫困人口利益代理人的角色,或者作为贫困人口与政府之间沟通的桥梁,为政府更好地制定实用性减缓贫困政策提供各种咨询。企业直接减缓贫困影响政府政策的制定主要通过间接组织,即通过NGO等中介组织影响政府减缓贫困政策的制定。例如参与式扶贫和小额信贷等都是NGO影响政府政策制定进而作用于减缓贫困的典范。目前企业通过直接方式影响政府政策制定从而减缓贫困的案例还不多见,这也是值得我们进一步研究和寻求企业直接减缓贫困方式创新的重要方面。

4.2.2.2 企业社会责任对贫困治理的间接影响

企业社会责任减缓贫困的间接作用机制是指在企业经营活动过程中,除企业主观上直接减缓贫困之外的履行社会责任行为对减贫的作用机制,主要是企业在发展过程中通过推动经济增长、吸纳就业、增加税收,以及参与环境保护等途径对减缓贫困产生作用的过程和机制。企业履行社会责任之所以能够产生间接减缓贫困的效果,根本上是因为企业经营过程中的多种经济行为能够产生多方面的正外部性,在客观上能够起到减缓贫困的作用。

(1)企业实现的经济增长与减缓贫困

关于经济增长与减缓贫困的关系,一方面是一定时期内持续、稳定、较高的经济增长率有利于减缓贫困;另一方面是即使经济增长率不高,但经济结构有利于贫困人口,也有助于减缓贫困。企业是国民经济的重要微观主体,一般来说,一国经济体系中企业实现的经济增长占国民经济增长的绝大部分,国民经济的增长实质上大部分依赖于企业创造财富总和的增长。因此,通过企业实现的经济增长与减缓贫困之间的关系就可以分为两个层次,即企业创造的国民经济增长在整体经济增长中所占的比例,以及经济增长与减缓贫困之间的关系。从这个角度看,企业产出的增加所带来贫困人口数量减少和贫困人口收入提高具有减缓贫困的作用,实质也是总体经济增长带来的收益通过向贫困人口的扩散效应达到减缓贫困的重要表现。同时,正如不同的经济增长类型对减缓贫困所起作用的强度不同,不同行业不同特点的企业对于减缓贫困所起作用的强度也不尽相同。一般而言,发展中国家和地区贫困人口在分布区域上主要在农村地区,所具备的知识水平偏低,这就决定了贫困人口从事的主要是传统的农业部门活动,也决定了贫困人口从事知识密集型行业的劳动时并不具有竞争力。因此,能够吸纳大量低素质劳动力的劳动密集型企业和与农业关联度高的企业在减缓贫困过程中更能发挥自身优势,在实现经济增长的同时解决贫困问题的作用更加明显。从机制上看,劳动密集型企业为大量低素质劳动力提供就业岗位,一方面使进入企业就业的原农业劳动人口获得了收入,另一方面也降低了传统农业部门的劳动力数量,使传统农业部门劳动力平均收入提高;农业关联度高的企业的发展提高了对传统农业部门的产品需求,对传统农业部门产品价格的上升有正面促进作用,随着传统农业部门产品价格的上升,传统农业部门劳动力的工资水平也会增加,这对于减缓传统农业部门的贫困问题也有正面作用。

(2)企业吸纳就业与减缓贫困

贫困人口之所以贫困,很大程度上是由于社会没有为其提供相应的足以保障其基本生活的就业机会,而企业提供的就业机会在全社会就业机会中占据绝大多数。从间接作用机制来看,企业社会责任减缓贫困除了上述促进经济增长的途径外,也表现在吸纳就业方面,具体体现在就业数量和就业质量方面。

①就业数量方面

企业在发展过程中要吸纳就业,这无疑也包含了给贫困人口提供就业机会,企业在增加就业数量方面减缓贫困,主要是通过创造更多的就业机会和提供更高的收入水平两个方面实现。

一方面,企业通过创造更多的就业机会,对全社会就业机会增加发挥了积极作用,与减缓贫困之间自然存在正相关关系,这方面的一个集中体现就是在对贫困人口提供就业机会上。贫困问题之所以广泛地发生在发展中国家和地区,原因就在于发展中国家和地区存在严重的二元经济结构现象,传统农业部门存在严重的劳动力过剩,城市现代工业部门就业机会的增加就可以吸纳传统的农业部门的过剩劳动力为其提供足以保证基本生活的就业。由于城市现代工业部门的工资水平要高于传统农业部门的工资水平,传统农业部门贫困人口向城市现代工业部门的转移过程实质上就是贫困人口摆脱贫困的过程。并且由于传统农业部门的边际劳动生产率为零,过剩劳动力向城市现代工业部门的转移并不会对传统农业部门生产造成负面影响,不会使没有转移的传统农业部门劳动者的贫困状况恶化。因此,企业通过创造就业起到了减缓贫困作用。

另一方面,企业吸纳劳动力就业能够提高贫困人口的收入水平。企业对劳动力的吸纳构成了对劳动力的需求,而短期内劳动力的供给是稳定的,所以随着劳动力需求增加,劳动力供给与需求的均衡点必然向提高工资率水平的方向移动。特别是在农业部门,随着农村传统的农业部门劳动力不断向城市现代工业部门转移,农村劳动力总体供给减少。根据劳动力经济学中劳动力供求关系,在传统农业部门对劳动力需求不变的条件下,劳动力供给减少,传统农业部门的劳动者的工资率水平必然提升。因此,企业在对劳动力吸纳的同时客观上提高了贫困人口的收入水平,显然对减缓贫困有正面促进作用。虽然所有企业均可以通过吸纳就业来增加贫困人口的就业数量和提高贫困人口的工资率水平,进而间接起到减缓贫困的作用,但不同类型的企业所起到减缓贫困的程度有所差别。一般而言,与一般意义上的企业相比,农业关联度高的企业通过吸纳就业对减缓贫困的正面作用更大,因为农业关联度高的企业不仅具备一般意义上的企业所具有的减缓贫困的影响,还可以通过增加对传统农业部门产品的购买量而提高传统农业部门的工资率水平,从而增强对减缓贫困的正面影响。

②就业质量方面

人力资本理论认为,贫困产生的重要原因是由于贫困人口本身缺乏相应的技能,不能满足相应产业的技术要求,与贫困人口自身较低的人力资本有重要关系。要解决贫困问题,物质资本的短缺不是主要的,关键是要提高贫困人口所具有的人力资本,只有贫困人口人力资本提高了,他们才有机会走出贫困,并最终解决贫困问题。企业吸纳就业在提高就业质量方面的作用,正是基于提高贫困人口人力资本对减缓贫困问题的重要作用。相对于传统农业部门的生产方式,企业属于城市现代产业部门生产方式,企业就业人员从事的生产经营活动必须具有较高的技能。企业为劳动者尤其是贫困劳动者提供就业机会,一方面能够使他们在工作中不断提升能力,即通过"干中学"的方式熟练地掌握更高的劳动技能;另一方面是企业通过人力资源管理对企业员工进行的在职培训也能够使员工业务素质获得提升。因此,贫困人口进入企业从事现代产业活动,能够带来自身素质的提高,进而增加自身人力资本,为获取更高劳动报酬和从事更复杂劳动创造了条件。

(3)企业缴纳税收与减缓贫困

企业缴纳税收与减缓贫困的关系

企业缴纳税收是政府财政收入的重要来源,而政府财政收入是财政支出的基础,所以企业缴纳税收在政府财政支出中占据核心地位。这样看来,企业纳税与减缓贫困之间的关系与政府通过财政支出减缓贫困的作用机制在本质上是相同的。所以用财政支出这个指标代替企业缴纳税收来探讨企业缴纳税收与减缓贫困的关系就可以得出相同的结论。基于此,我们认为政府财政支出能够从三个方面对减缓贫困发挥积极作用。

首先,财政支出用于经济社会发展方面的公共服务支出对减缓贫困具有正面影响。公共服务产品属于既没有竞争性又没有排他性的资源。由于生产公共服务产品的私人收益小于社会收益，而消费公共服务产品又可以不付费，所以企业没有生产公共服务产品的动力，消费者更倾向于搭便车，这样就造成了公共产品提供的不足。公共服务产品提供的不足对于一般社会大众的福利显然是不利的，对于贫困人口的贫困状态更是雪上加霜。对于一般社会大众，如果教育、卫生等公共服务产品提供不足会阻碍他们整体知识文化水平的提高和身体健康质量的提升；对于贫困人口，人力资本短缺是其贫困原因之一，教育、卫生等公共服务产品提供的不足会阻碍他们人力资本积累，进而对其摆脱贫困产生不利影响。因此，政府针对公共服务产品尤其是社会公众福利方面的财政支出，显然有利于包括贫困人口在内的社会公众福利水平的提高。由于政府财政提供公共服务产品支出分配公平，能够使贫困人口普遍受益，所以政府基于财政支出的这一性质，一般也被看作普惠性减贫。

其次，政府用于目标瞄准型减缓贫困投入对减缓贫困有正面影响。政府目标瞄准型减缓贫困投入是政府最直接的减缓贫困投入，主要表现为政府利用财政资金进行开发式减缓贫困，比如以工代赈帮助农村地区修建基础设施，直接投资贫困地区设立生产企业等。政府进行开发式减缓贫困将自身拥有的财政资金与贫困地区自然资源、贫困人口的劳动力资源相结合，使贫困人口可以依靠自身力量获得相应的收入，从而实现减缓贫困。不过就我国情况看，20 世纪 80 年代以来税收尤其是企业缴纳税收的增长保证了国家具有足够的财力用于开发式减缓贫困投入，但开发式扶贫资金的投入比例却是下降的。

最后，政府通过财政转移支付的形式帮助贫困人口减缓贫困也有积极作用。政府通过财政转移支付，对贫困人群、农村低保等弱势群体提供直接援助，属于救济式扶贫，包括地区转移支付和个体性转移支付两种。地区转移支付以地区为基本转移支付接受单位，个体性转移支付以个体为基本转移支付接受单位。两种转移支付方式都可以暂时性解决贫困人口生活上的困难，但不能从根本上消除贫困。不过，尽管贫困人口大多生活在农村地区，转移支付的目标指向却有明显的倾向于城镇居民的特点，转移性收入占城镇居民家庭收入的比例要明显高于转移性收入占农村居民家庭年收入的比例。

(4)其他企业社会责任减缓贫困间接作用机制

除了通过推动经济增长、吸纳就业和缴纳税收等方式参与减缓贫困，还有许多企业社会责任减缓贫困的间接作用机制，企业进行生态环境保护是其中之一。一般来说，生态环境脆弱的地区往往也是贫困人口分布较为集中的地区，贫困人口之所以贫困其中一个重要原因就是他们所处的生态环境较为恶劣，不能为他们从事基本的生产活动创造必要条件。企业履行社会责任，追求经济效益、社会效益和环境效益的统一，要求企业不仅要有效管理自身运营对环境的影响，还要参与到贫困地区的环境治理中。一方面，企业关注和注重自身运营中的环境保护可以减少由于环境因素导致的贫困。企业自身经营活动具有外部性，除了具有正的外部性外还可能产生如环境污染之类的负外部性问题，对企业员工和企业所处地区周边居民身体健康会产生不利的影响，有时甚至可能导致其身患重症，导致因病致贫现象的产生。因此，企业经营活动的负外部性可能会成为贫困人口摆脱贫困的阻碍因素和增加贫困人口的促进因素，企业在经营过程中履行环境责任可以有效地减少由于环境因素导致的贫困问题。另一方面，企业社会责任也要求企业应该积极投资环保项目，参与贫困地区的环境治理中。企业对生态环境恶劣的贫困地区进行生态治理对企业和贫困人口是一种双赢选择，它既是企业履行社会责任创造环境效益的需要，又能够为贫困地区生态环境的改善做出贡献，从而为贫困人口进行基本的生产活动创造条件。因此，企业履行社会责任，在贫困地区进行生态环境建设可以有效减缓区域贫困。从长远来看，企业注重环境保护有利于人类可持续发展，从而有利于减缓贫困。解决环境污染问题需要耗费大量的治理成本，而治理成本从宏观上看是对人类创造财富的虚耗，环境问题越严重，治理成本就越高，使本可以为人类创造更多福利的财富被浪费。可见，企业在生产经营过程中注重环境保护对减少环境治理方面的成本意义重大，它关系所有人福利水平的提高，影响包括贫困人口在内的所有人的生存发展。

4.2.3　企业履行社会责任参与贫困治理的实践

4.2.3.1　国有企业履行社会责任参与贫困治理

在长期的扶贫实践中，我国探索出了政府主导下的多种主体参与的扶贫路径，除政府之外，参与贫困治理的主体还包括国有企业、民营企业和其他社会组织等，每个主体因其性质不同，决定了其在精准扶贫中的不同地位和不同作用。第一，精准扶贫是社会主义制度优越性的表现，国有企业是我国社会主义建设的物质基础，体现人民的利益诉求；第二，国有企业作为扶贫主体具有政府和民营企业不具有的优势，能弥补政府和民营企业缺位的问题；第三，国有企业之间有着强烈的凝聚力，可以有效地形成扶贫联合体，对贫困地区实施整体的、系统的、有规划的精准扶贫。因此，国有企业的性质使得国有企业在国家贫困治理体系中承担了重要力量。

(1) 国有企业在精准扶贫中发挥的作用

①主体作用。在精准扶贫工作中，国有企业搭建很多精准扶贫工作的框架，提供精准扶贫的设施基础。国有企业通过修建道路为贫困地区打开通往脱贫致富之路，通过建设学校为贫困地区提供智慧课堂，通过建设工业园区为贫困地区的人们提供就业平台。

②靶向作用。在扶贫工作中，政府确定国有企业定点帮扶贫困地区，国有企业利用自身优势"靶向治疗"，为贫困地区输入了资金、市场、技术、理念、经验等新鲜血液，为贫困地区脱贫提供了新动力。

③带动作用。在精准扶贫工作实施过程中，国有企业还承担着带动其他企业发展的作用。在参与精准扶贫过程中，国有企业通过项目建设、方式创新、资金注入等方式激发了贫困地区的市场潜力。在基础设施的建立、公共物品的供给、产业的发展等环节，带动大量民营企业参与进来。因此，国有企业参与扶贫不仅是建设若干项目的范畴，也是打造区域产业链的过程、创造产业聚合体的过程、提升总体竞争力的过程。应充分发挥国有企业的这种辐射带动作用，将精准扶贫工作与区域总体发展有机结合，带动其他市场主体价值提升，实现一举多赢的效果，在广度扶贫的同时实现深度扶贫。

(2) 国有企业履行社会责任参与贫困治理的方式

①国有企业通过产业带动方式参与精准扶贫。很多商业类国有企业在主业的产业链中具有资金、技术、品牌等优势，在组织生产经营中，国有企业需要其他组织来填充产业链，此时国有企业可针对性地与贫困地区的贫困农民实现对接，坚持互惠互利原则，采取提供就业、农产品采购等措施达到扶贫效果。目前的主要模式有"国有企业＋基地""国有企业＋基地＋农户""国有企业＋合作社＋农户"等，其特点是在生产经营中发挥正的外部效应方式参与精准扶贫，企业与农户之间主要依赖市场手段来对接。

②国有企业通过建设扶贫平台方式参与精准扶贫。很多贫困地区自然条件优越，尤其是农产品的品质优良，但苦于没有营销渠道，产品外运成本高，本地又没有发达的物流平台，农产品的附加值不能通过市场体现出来，产业发展受到限制，造成农户收入水平低。国有企业根据自身发展战略，通过企业联合投资等方式、建设物流园区等平台，为贫困地区产品走向市场提供服务。这类平台建成后，涵盖产品交易、餐厨物流配送、餐饮娱乐、综合服务、生产资料供销等功能，提升贫困地区的产业总体价值、延长产业链条、推动农产品进入市场、降低农产品交易的物流成本，带动农民致富。这类参与扶贫的方式，既可以为企业自

身带来利润，也可以为一个地区的脱贫做出贡献。在平台建设中，通过机制创新充实发挥市场机制的功能，建立政府支持、企业联合、市场化经营相结合的扶贫方式，既能使贫困人口依托平台脱贫致富，又能使相关企业增加效益、拓展市场，更能让帮扶工作呈现出深度和效果。在经济信息化背景下，很多国有企业也针对性地通过建立信息化平台系统助力扶贫。甘肃省与中国电信联合推出解决扶贫精准性的大数据平台及App，引领精准扶贫走向"个性化定制"；陕西省在中国移动的帮助下，利用信息化技术手段，开发了"互联网＋移动应用＋业务支撑"的网络服务应用系统，推进了当地的扶贫工作更加便捷精准。

(3) 国有企业通过基础设施建设和提供公共产品方式参与精准扶贫

贫困地区虽然具有自然资源丰富、可开发利用空间大等比较优势，多年来以当地特色为立足点，不断发展特色村镇、特色产业，但产业路径依赖和产业锁定问题非常突出，受基础设施供给不足以及引发的开拓意识差等因素的制约，资源无法整合、产业转变艰难，这使得基础设施建设成为重中之重。而当地政府财力有限、融资模式渠道狭窄，在此情况下，政府会指定国有企业进行大规模基础设施建设和提供公共产品。在很多地区，国有企业尤其是中央企业已经成为该地基础设施建设和公共产品提供的主要力量，这些基础设施建设具有极高的乘数效应，打开了贫困地区长期封闭、孤立的阀门，为当地农户参与现代产业、提升自身素质、脱贫以致走上富裕之路铺就了康庄大道。

4.2.3.2 民营企业履行社会责任参与贫困治理

民营企业参与扶贫工作最早可追溯至国家八七扶贫攻坚计划时期，当时民营企业家将扶贫行动命名为"光彩事业"，这既体现了社会主义的本质要求，也体现了企业家们的精神和价值追求。然而，由于参与"光彩事业"的企业数量有限，并且扶贫的方式也仅限于捐钱捐物的一般性慈善行为，并未引起政府、学界和社会的太多关注。而在精准扶贫攻坚战中，民营企业投入了前所未有的财力、物力和人力资源，并在各省市地方政府的整体扶贫战略框架下，形成了系统参与解决社会问题的机制和行动，其中"万企帮万村"精准扶贫行动就是一个典型的范例。

"万企帮万村"精准扶贫行动起始于2015年，是在政府主导下民营企业参与精准扶贫的新实践，在从中央政府到地方政府的扶贫大框架下，民营企业参与扶贫的方式突破了以往简单的捐钱、捐物，更好地融入政府的扶贫大格局中。民营企业基于自身发展的实力水平和各自行业特点，通过多种途径、多种方式参与到精准扶贫行动当中。

(1) 民营企业促进了贫困地区产业的可持续发展机制

产业扶贫是民营企业参与精准扶贫的主要形式，也是与贫困户收入的增加、生计的改善密切相关的一种扶贫方式。民营企业通过产业渗透到乡村，能够更好地将资本与土地、与农户的人力资源等结合起来，一方面促进贫困户的发展，另一方面也为企业的自身发展提供了更好的社会基础。"农业/制造业企业＋(基地)＋贫困户""电商平台＋贫困户""扶贫车间""扶贫资金入股""光伏扶贫"等方式，将贫困户的利益与企业发展利益捆绑在一起，由此贫困户可以在企业的价值链中获得更多经济收益的同时，提高内生发展动力和尊严。

(2) 民营企业创新了扶贫方式，弥补了地方政府扶贫资源短板

在"万企帮万村"精准扶贫行动中，民营企业对贫困户的帮扶不再是简单地捐款捐物这种"输血"方式，而是针对不同贫困地区不同贫困户的现实需求，提供不同的扶贫资源，包括健康扶贫、教育扶贫、基础设施建设等。其中教育扶贫的方式，有的企业的做法是类似政府"教育脱贫一批"，即对因教育致贫的农户通过减免费用和教育补贴等方式支持贫困户的子女接受教育，而有的企业则是不仅通过给予教育补贴支持学生上学，而且跟踪支持这些贫困大学生毕业后的就业和创业，如培训等，甚至是招贤到自己的企业中任职，以及帮助这些贫困大学生扩展社会网络等。因而，从纵向和横向上拓展了传统的教育扶贫的理念。企业在精准扶贫方面具有比政府扶贫更大的灵活性，因而更好地补充了地方政府扶贫资源的短板。

(3) 民营企业参与精准扶贫极富灵活性，而且扶贫有温度

参与"万企帮万村"的民营企业中，经营规模大小不一，有的企业年产值达数千亿元，位列中国民营企业甚至是中国企业"前500强"，而有的企业是年产值在几百万元的小微企业，名不见经传。尽管这些企业在精准扶贫行动中投入的资金资源规模大小不同、方式存在差异，但他们在参与精准扶贫工作中的初衷和态度是一致的，那就是回馈社会，帮助社会发展中陷入贫困陷阱中的群体能够在基础设施、公共服务以及人力资源的发展等方面得到进一步的提升，实现企业社会责任。正所谓"有钱的出钱，有力的出力"，这些民营企业用自己的行动践行了社会主义价值观。

4.2.3.3　中小企业履行社会责任参与贫困治理

中小型企业相较于大型企业在产业扶贫工作中有其特定优势，是产业扶贫的重要生力军。就扶贫动机看，中小企业在社会责任领域往往能发出比大型企业更强烈的响应。中小企业不仅对就业、创新、减贫等方面越发重要，而且越来越多

的中小企业把社会责任整合到公司发展战略中，积极地承担企业社会责任。相反，因盈利逻辑和社会逻辑之间的矛盾，加之贫困地区自然条件恶劣、经济基础薄弱、扶贫资金有限，许多大型龙头企业为了追求利润最大化，不愿意接受扶贫项目，因而吸引众多中小型企业进驻，也刺激了贫困地区新建本地企业。在经济社会和环境方面开展企业社会责任活动的中小企业能够在提高财务绩效的同时提高市场竞争力，使中小型产业扶贫企业可持续发展成为可能。大型企业进驻贫困地区基数小、难度大、积极性低，中小企业扶贫具有重要战略地位。

不论中小企业还是上市公司，在进入产业扶贫场域时，都会与农村社会文化有所差异，这是产业扶贫多主体协作必须要应对的问题，尤其是"扶富不扶贫"与"精英俘获"等现象。如何有效激励贫困户主动寻求发展就成为一个关键命题。产业扶贫的初衷与本质是要求为贫困地区找到并建立合适且可持续的产业发展模式，促进贫困地区产业与市、县域经济下产业链的有效整合及其与外界市场的协调融合。这当中便蕴含着乡村振兴语境下贫困地区产业重构的问题，其中起决定性作用的仍是地方企业，而这种地方性企业多数是中小企业。中小企业扁平化、灵活性和网络化的优势，能更贴近产业发展基础响应经济发展需求。

4.2.3.4 我国企业履行社会责任参与贫困治理的典型案例

通过梳理我国企业扶贫的发展历程和履行社会责任参与贫困治理的阶段性特征，我们可以看到企业履行社会责任参与贫困治理在我国扶贫开发中有着坚实的实践基础，企业履行社会责任参与贫困治理是我国扶贫系统的重要组成部分，加速了贫困地区的市场经济进程和社会发展变迁，形成了最具中国特色的多元化扶贫方式，涌现出了众多企业履行社会责任参与贫困治理的典型案例（表4-5）。2019年3月，由国务院扶贫办和中国社科院联合发布的《中国企业精准扶贫50佳案例（2018）》中，国有企业案例占比50%，民营企业案例占比44%，外资企业案例占比6%，为我国脱贫攻坚做出了较大贡献。

表4-5 企业履行社会责任参与贫困治理的典型案例

类别	企业名称	企业性质	案例名称
产业类	中国远洋海运集团有限公司	国有企业	万亩茶苗成锦绣，千家茗品慰初心
	广西万寿谷投资集团股份有限公司	民营企业	林下养殖万寿谷土鸡，助农增收惠民生
	益海嘉里金龙鱼粮油食品股份有限公司	外资企业	华侨企业倾情脱贫攻坚

续表

类别	企业名称	企业性质	案例名称
金融类	国投创益产业基金管理有限公司	国有企业	以产业基金探索产业扶贫新路径
	浙商期货有限公司	民营企业	"保险+期货"业务让阿克苏棉农吃下"定心丸"
	北京梅赛德斯-奔驰销售服务有限公司	外资企业	星愿基金助力脱贫攻坚
旅游类	中国石油化工集团有限公司	国有企业	农旅融合,助力脱贫攻坚
	碧桂园控股有限公司	民营企业	助力精准脱贫,开启乡村振兴新征程
	三星(中国)投资有限公司	外资企业	打造美丽分享村庄,聚力脱贫攻坚战
电商类	中国兵器工业集团有限公司	国有企业	开展电商扶贫,助力脱贫攻坚
	京东集团	民营企业	跑步鸡,让老乡在脱贫的路上跑起来
	苏宁控股集团有限公司	民营企业	"12345"战略打造"七位一体"电商精准扶贫模式
教育类	中国长江三峡集团有限公司	国有企业	脱贫先重教,扶贫先扶智
	顺丰速运(集团)有限公司	民营企业	顺丰莲花助学,精准助力教育扶贫
	环旭电子股份有限公司	外资企业	科技助力教育扶贫
健康类	国家能源投资集团有限责任公司	国有企业	兴教助医,志智双扶
	上海复星医药(集团)股份有限公司	民营企业	乡村不病,中国健康
	爱茉莉太平洋中国	外资企业	两癌筛查,助力健康扶贫
其他类	中国南方电网有限责任公司	国有企业	电亮小康梦
	中国平安保险(集团)股份有限公司	民营企业	"三村工程"精准扶贫,共建美丽乡村
	苹果电脑贸易(上海)有限公司	外资企业	推动公益创新,助力精准扶贫

4.3 企业社会责任与贫困治理的作用机制

4.3.1 新时期贫困的特点与治理要求

(1)新时期贫困的特点

2020年打赢脱贫攻坚战,实现精准扶贫目标之后,并不意味着中国贫困问题的终结。就其本质而言,只要存在社会分化与不平等,就一定会有贫困的发生。即便是西方发达国家的美国,2018年仍然存在3810万贫困人口。我国现行的贫困标准虽然高于世界银行为低收入国家划定的1.9美元,但是仍低于中低收入国家和中高收入国家的贫困线。所以,一旦贫困标准提高的话,就意味着会有新的贫困人口产生。贫困的复杂性与建构性决定了扶贫工作的长期性,在消除区域性绝对贫困之后,我国的贫困形势、贫困性质的变化具体表现在以下三个方面:

①目前我国农村低收入家庭、边缘群体与已脱贫人口生计脆弱性较高,存在一定的致贫、返贫风险。这主要是因为绝对贫困即使被消除之后仍然会存在剩余长尾效应,短期内实现贫困户长期稳定脱贫仍然面临一定的难度。第一,我国农村存在大量的低收入家庭,其福利与生活水平仍然远低于社会平均标准。以全国不同地区五等份组居民平均可支配收入来看,西部农村地区的低收入户的可支配收入也仅略高于贫困线。这一部分人应该被纳入下一轮政策保护的范围之内。第二,与农村低收入户类似的是在农村存在一定数量的边缘人口。这一部分人在精准扶贫的过程之中由于某一方面不符合条件没有被建档立卡认定为贫困户,在精准扶贫之前其条件高于贫困户,但是这一轮扶贫政策之后,由于没有享受到扶贫政策的优惠,就导致了这部分群体与受到帮扶贫困户之间福利差距的拉大。第三,对于已脱贫人口来讲,收入来源的构成主要由经营性收入、工资性收入和转移性收入三部分共同构成。目前的情况是一方面在农产品供给普遍过剩的背景下,难以再依靠传统农业经营增加收入;另一方面过去以劳动力转移为主要动力的收入增加机制也在发生改变。这就意味着一旦转移性收入取消的话,很多已脱贫贫困户就会面临返贫风险。

②2020年后中国农村的贫困性质将会从绝对贫困转向相对贫困,并呈现出多维性、分散性、暂时性以及主观性等特征。绝对贫困主要是对人们的基本需求而言,在对基本营养消耗的基础上来确定标准的原发生存性贫困,绝对贫困线肇始于1963年美国政府使用的"奥尔尚斯基标准"。与注重基本需求和强调单一经济维度的绝对贫困相比,相对贫困的表现以及特征更加复杂。第一,相对贫困更

大程度上可以看作是多维贫困,对于相对贫困的界定除了经济收入因素以外,还需要考虑教育、医疗、就业、政治参与、社会地位、基础设施以及公共服务等多维度指标的建构,单一经济条件的改善并不能使其摆脱相对贫困的状态。第二,在空间维度上,绝对贫困往往聚集在特定的地理空间和行政区划之中,比如传统的"三区三州"深度贫困地区以及国家级贫困县中绝对贫困人口比较集中。但是相对贫困并没有空间上的聚集性,相反呈现出很大的分散性与流动性。尤其是在城乡流动的背景之下传统贫困分布格局已经发生改变,城乡之间流动贫困问题开始出现。比如大量农民工群体进城务工,但在城市中并没有享受到应有的教育、医疗、社会保险等社会保障资源,因此心理贫困、代际贫困在这一群体之中特征明显。第三,在时间维度上,绝对贫困由于受到社会结构性的约束,贫困人口难以依靠自身跨越贫困陷阱,所以就具有长期性的特征。但是相对贫困由于仅面临一个或者几个方面的条件阻碍,随着家庭生命周期的变化与社会的发展,很多相对贫困现象就会自然消失,因此相对贫困对于个体来讲更多地是暂时性贫困。第四,绝对贫困具有客观的判定标准,虽然世界各国之间差异较大,但基本上都是基于维持营养需要和基本生存基础制定各自的绝对贫困标准。相对贫困由于参考系不同,界定标准就各有差异,尤其是除了经济维度的考虑外,更加注重相对贫困人口自身的主观感受和主观福利的测量。

③随着中国社会的转型与发展,一些新的贫困形势和贫困问题开始出现,这为我们新时期反贫困工作带来了挑战。第一,与生产性主导视阈下纯粹的物质匮乏不同,越来越多的消费贫困开始出现。这种消费贫困的产生既有农民为追求城市生活水准而引发的结构性贫困,也有包括由于自身消费欲望激发的贫困。如在当下中国农村社会,由于农民攀比以及地方风俗所导致的盖房致贫、因婚致贫等现象仍然比较普遍。第二,由于科技变迁与技术发展而导致的新贫困问题开始凸显。当下社会科技发展日新月异,比如互联网、人工智能、大数据等新技术的发明和广泛应用一方面使得大量劳动力有被技术替代的风险;另一方面由于新技术使用所产生的数字鸿沟将会使贫富分化进一步结构化,尤其是对文化水平低、缺乏信息和技术能力的农村特殊群体来讲,他们在新技术革命之中不仅难以获益,甚至还有可能会使收入差距进一步拉大。第三,生计脆弱与风险因素促使了相对贫困的产生。一方面,随着城镇化速度的加快以及农村社会的市场化,农民的生计系统变得越来越脆弱,农民的生计系统和收入来源日趋单一化;另一方面,在全球化背景下,社会的不稳定和风险因素越来越多,比如市场风险、自然风险、社会风险也都呈现出一个增加的态势。在农民家庭韧性和生计弹性不足的情况

下，一旦遭遇到某种风险因素的冲击，进而导致其陷入贫困的现象在当下农村社会之中也屡见不鲜。

(2) 新时期贫困治理的要求

①在贫困治理理念上，实现从"扶贫"到"防贫""助贫"的转型

绝对贫困具有聚集性和结构性的特征，要想让贫困人口实现摆脱贫困的"关键性门槛"和跨出"贫困陷阱"，除了依靠贫困户自己的努力外，也需要外界力量的专门干预，这是扶贫战略的根本所在。相对贫困难以彻底根除，只能将其减少和对其进行预防，因此对于相对贫困的治理需要防止已脱贫人口返贫和相对贫困人口落入绝对"贫困陷阱"之中，将"防贫"作为贫困治理的主线，并辅之以对于特殊相对贫困群体的帮扶性措施，这样才有助于防止返贫和贫困人口的再生。防贫战略具有双重含义，一方面是要防止已脱贫人口返贫和相对贫困群体重新落入绝对贫困；另一方面需要防止低收入人口和边缘群体转变成为相对贫困。与短期性扶贫工作不同，防贫战略具有长期性和制度化的特征，比如通过提升贫困地区的基础教育水平来从根本上阻断贫困的代际传递。

②在贫困治理目标上，实现从瞄准绝对贫困人口个体到聚焦相对贫困群体的转型

相对贫困不再聚集在某些地区，其分散性和流动性增大，这为瞄准具体贫困个体增加了难度。另外，相对贫困呈现出结构化的特征，以老、弱、病、残为代表的特殊群体贫困成为相对贫困的重要组成部分。相对贫困更大程度上是一个监测性而非瞄准性的概念。因此，不建议2020年后政府在扶贫瞄准上再投入超常规的人力、物力对相对贫困人口进行识别，而是在做好贫困监测的同时将政策注意力从瞄准贫困个体转向聚焦相对贫困群体，诸如农民工群体、留守老人、儿童以及残疾人等，对于这部分相对贫困群体的政策关注与重点帮扶能够起到更好的扶贫效果。

③在扶贫制度建设层面，探索建立城乡一体化的贫困治理体制机制

传统的扶贫体制是城市、乡村之间的二元分割，精准扶贫战略也主要是面向于农村的建档立卡贫困人口，而城市扶贫主要是低保制度与就业政策的结合。但是相对贫困具有很大的流动性，贫困的区域性特征也不再明显，城乡之间的流动贫困问题凸显。因此，在扶贫制度建设上，一方面要探索建立城乡一体化的贫困治理体制机制，尤其是要加强对于低收入流动人口的监测，能够及时回应他们所面临的生计问题。另一方面，城乡之间的扶贫标准、扶贫政策以及基本公共服务供给等方面要逐渐趋向统一，不能使低收入人口因为户籍、区域的不同而受到不

平等的政策待遇。应该缩小城乡之间的收入差距和福利差距，逐步实现城乡公共服务的均等化，尤其是应该在教育、卫生以及社会公共服务方面对欠发达农村地区重点支持，这是相对贫困长效治理的关键所在。

④在贫困治理主体上，实现从政府行政主导转向政府、市场与社会的协同治理

为了实现全面建成小康社会和限期消除绝对贫困，精准扶贫采取的是政府行政主导的方式，通过政府动员，大量扶贫资源和人员投入脱贫攻坚之中。但是相对贫困的性质和特征决定了政府行政主导并不能完全承担所有减贫任务，多维性、流动性、分散性的相对贫困为政府标准化、统一化的减贫工作带来挑战。另外，政府在脱贫攻坚中的过度干预也出现了很多社会治理问题，因此在今后相对贫困的治理过程中亟须多元主体的参与和多层次治理体系的建构。这就需要市场主体、社会力量的多方参与，以弥补政府主导扶贫的缺陷和不足，并与政府的反贫困政策相结合，形成政府、市场、社会多元主体协同起来进行贫困治理的新格局。比如可以提倡政府购买专业化扶贫服务、鼓励社会企业和社会组织参与相对贫困的治理之中等。

4.3.2 企业社会责任与贫困治理的互动作用机制

（1）企业参与贫困治理对减贫的影响

①企业履行社会责任减缓贫困是加快贫困地区发展的有效途径

企业履行社会责任减缓贫困至少能够从三个方面加快贫困地区的发展。首先，企业参与减缓贫困事业能够激发贫困地区市场活力。一方面，企业直接支持贫困地区的基础设施建设，有利于增加贫困地区的投资吸引力，为贫困地区的市场化发展奠定基础；另一方面，企业到贫困地区直接建设生产性项目，通过产业开发、开展贫困劳动力转移培训等方式，直接吸纳贫困人口就业，有利于提升贫困人口的劳动技能。因此，企业进入贫困地区后参与扶贫开发，能够借助于市场机制的作用，在贫困地区逐步营造出市场经济氛围、增添其市场活力，这对贫困地区经济发展至关重要。其次，企业参与减缓贫困事业，有助于提升贫困地区经济的可持续发展能力。和一般性政府投资项目或其他社会扶贫项目相比，企业参与扶贫开发具有自身的特点和优势，可以结合企业的经济组织特点和行业特点，帮助贫困地区开发资源、培育产业、发展经济，其投入项目往往对贫困地区经济开发、产业成长和结构调整产生直接影响，形成对贫困人口增收带动与企业发展紧密相联的互动关系，其辐射范围更广泛、影响效果更持久，更有利于贫困地区的可持续发展。最后，企业参与减缓贫困事业也有助于促进贫困地区发展观念的

转变。企业是现代市场经济组织，其具有的规模化生产、专业化分工、工业化管理、产业化经营等特点都是贫困地区和贫困人群在传统农业社会难以见到的，企业参与扶贫开发过程不仅会给贫困地区带来资金、技术等先进生产力，也会催生贫困地区发育新的经济组织，使贫困人口接受市场经济理念的熏陶和先进管理知识的培训，从而有利于推动贫困地区打破传统观念束缚和封闭状态，拓宽视野，从而提高自我发展能力。

②企业履行社会责任减缓贫困是落实我国政府扶贫开发战略部署的重要行动

21世纪以来，随着"以工促农、以城带乡"方针和统筹城乡发展各项政策措施的全面落实，中国已经逐步形成了国家惠农政策扶贫、政府专项扶贫、行业扶贫和社会力量扶贫多种形式、多元主体相结合的大扶贫格局。企业作为现代市场主体，是经济发展的主力军，也是扶贫开发的重要力量。企业参与减缓贫困事业，有利于进一步丰富开发式扶贫的载体和形式，进一步创新扶贫开发的体制机制，有利于市场开发能力最强的主体进入贫困地区，有利于使发展能力最强的组织与发展需求最迫切的贫困群体相对接，实现共同发展、互利共赢。因此，从这个角度看，企业参与减缓贫困事业也是贯彻落实我国政府关于新阶段扶贫开发战略部署的客观需要和重要行动。

③企业履行社会责任减缓贫困能够改善贫困地区生态环境

企业履行社会责任是追求企业经济效益、社会效益和环境效益的协调统一，追求环境效益是企业社会责任的重要内容。企业履行社会责任，采取多种措施积极保护环境，注重生态发展，比如在水土流失严重地区植树种草，在荒漠化严重地区参与防沙治沙工程等，对改善贫困地区的生态环境能够发挥重要作用。作为贫困问题产生的原因，生态环境的改善对贫困人口更好地脱贫致富创造了重要条件；而作为贫困的基本内容和表现，贫困地区生态环境的改善本身就是贫困人口生态脱贫的重要方面。因此，企业履行环境责任自然也实现了减贫目的。

④企业履行社会责任减缓贫困有利于和谐社会建设

社会主义和谐社会是一个有着丰富内涵的系统工程，安定、有序、和谐是这个系统中的重要要素。从中外历史看，社会不稳定问题的存在与贫困问题的长期存在和恶化有关，经济的发展使贫困问题得到缓解，现代社会渐趋稳定；从现实看，广大发展中国家因为绝对贫困问题更加严重，其社会的稳定程度与发达国家相比差距很大，往往还有一些动荡现象出现。因此，绝对贫困和相对贫困问题是社会稳定的威胁。就中国现实情况看，贫困问题往往发生在老少边穷地区，这些地区的贫困问题如果不能得到有效缓解，对全社会的稳定发展就会产生一定的潜在威胁。企业履行社会责任参与减缓贫困，能够促进经济增长，为贫困人口提供就业机会，使其获得相应的收入，提高自我发展的能力，对我国减贫事业发挥重要的作用，有利于社会稳定和社会主义和谐社会的建设。

(2)企业参与贫困治理对企业的影响

从减缓贫困角度看，贫困人口和贫困地区是社会重要组成部分，一般也是企业的重要利益相关方之一，关注并有效管理贫困人口或贫困地区的利益是企业履行社会责任的重要议题。与企业履行社会责任能够实现企业和社会、生态环境的多赢相似，企业履行社会责任减缓贫困也能够带来相应的社会层面和企业层面的双赢。

①企业履行社会责任减缓贫困有利于提升企业形象和美誉度

在经济全球化背景下，现代企业的竞争越来越多地表现为综合实力的比较，企业社会责任已经成为一个重要的竞争方式。企业履行社会责任，通过自身的发展促进经济增长、提供优质产品和服务、缴纳税收、吸纳就业、保护环境等，间接地会对减缓贫困起到积极促进作用。企业履行社会责任减贫绩效越突出，社会形象也就越好，美誉度也就越高。从直接减贫看，企业参与公益事业不仅有助于增加企业内部员工对企业的认同感、提高企业的凝聚力，也有助于塑造企业良好形象、提高企业知名度、提升企业品牌价值，从而改善企业的发展环境，为企业长远发展打下基础。

②企业履行社会责任减缓贫困能够促进自身发展

企业履行社会责任参与减贫也是企业发展的内生要求。从间接因素看，比如企业通过吸纳就业，通过培养贫困人口的技能，提高贫困群体素质，能够为企业的发展提供充足的劳动供给。从直接减贫看，企业减贫也是扩大市场，实现自身发展的需要。从传统意义上来看，尽管各有关组织对彼此在减贫过程中的角色和定位看法不尽相同，但存在一种共识，即认为贫困群体是经济发展的负担、难以主动地融入到财富创造过程之中、也不会给社会创造价值，因此以市场为基础的减贫战略和方法难以实现减贫。实际上，贫困群体也是有价值意识的消费者，贫困群体也是消费者，必须强调赋权和参与，减缓贫困可以通过围绕贫困群体的需求共同开创市场而实现。就我国的情况看，贫困地区虽然总体发展水平相对低一些，但是地域辽阔，气候条件多样，劳动力资源、自然资源、人文资源各具特色，特别是西部地区无论是工业发展、产业开发还是市场需求都具有巨大潜力和广阔空间。企业参与这些贫困地区的扶贫开发，能够提升贫困地区和贫困人口的自我发展能力，提高他们的消费能力，潜在地也为企业提供了市场机会，从而为企业增加可持续发展的动力。

③企业履行社会责任减缓贫困能够提升企业竞争力

一方面,企业履行社会责任减缓贫困能够优化企业内部管理。企业管理结构的优化与否是企业竞争力的重要来源,具备功能完善、职能协调的管理结构的企业往往更具有竞争优势。企业履行社会责任减缓贫困意味着企业在运营过程中不仅关注企业自身的发展,也兼顾了包括贫困群体在内的社会以及环境目标。多方面目标对企业的管理体系提出了挑战,企业必须建立包括减缓贫困目标在内的全面企业社会责任管理模式,这有助于提升企业的管理能力。另一方面,直接参与减缓贫困也有利于企业竞争力的提升。当前,企业参与公益慈善事业时更多地从策略性慈善理念出发,将单纯的利他型逐步转为互利型慈善行为,即企业将公益事业纳入企业自身的发展规划,在公益活动中不仅关注公益活动本身的目标,也将之与企业的生产经营活动和自身的经济目标紧密结合,通过参与公益事业不仅实现贫困群体减贫等公益目标,也能够优化企业自身的管理体系,实现提升企业知名度、提高生产效率、降低研发费用、推进企业各职能部门的协调发展等目的,这无疑也会提升企业竞争力。

4.3.3 企业履行社会责任参与贫困治理存在的问题及策略选择

(1)存在的问题与不足之处

虽然我国企业在扶贫开发领域做出了较为突出的贡献,但从履行社会责任视角来看,我国企业履行社会责任参与贫困治理的整体积极性不高、投入较少,在选择扶贫方式上各有侧重,还没有形成制度化常态化的长效机制。根据国泰安数据库中关于上市公司精准扶贫的统计数据,从企业参与扶贫的比例来看,我国目前共有1041家上市公司参与精准扶贫项目,比例为30%;从企业扶贫投入金额来看,参与精准扶贫的企业在2017~2018年投入的扶贫资金总额为656.52亿元,仅占利润总额的万分之四;从企业扶贫方式上看,主要从事产业扶贫、兜底扶贫、教育扶贫和社会扶贫的项目较多,而从事健康生态扶贫、转移就业与易地扶贫搬迁项目的较少。究其原因,这与我国关于企业社会责任立法不健全有一定关系,同时与国外的大型企业相比,我国企业在一定程度上还欠缺总体战略规划,企业承担社会责任的意识和能力也与社会期望有一定差距,政府和社会对企业履行社会责任的评价和监督反馈体系也不够完善。因此,我国企业若要提高履行社会责任参与贫困治理的绩效,必须在法律和评价体系上不断完善,在自身发展战略上进行优化布局,这样才能形成对扶贫开发工作的常态支持。

(2) 根据致贫原因选择减贫方式

企业直接减贫能够采取主动性策略，可以根据不同致贫原因采取不同的策略。具体来说，对于生存条件恶劣、资源贫瘠的贫困地区，企业可以安排相应支出支持贫困人口向外转移，比如向外地搬迁、安置；对于资源禀赋较好的贫困地区，企业可以安排相应支出支持开发式减缓贫困；对于缺乏劳动和生活能力的贫困者，企业可以安排相应资金物资采取救济式减缓贫困；对于因灾致贫或返贫的贫困人群，企业可以通过建立扶贫项目来减缓贫困等。在确定减贫策略和方式后，还应根据贫困者的贫困程度来确定具体的措施和力度，以此来提高减缓贫困资源使用的针对性和有效性。

(3) 根据贫困对象确定瞄准方式

我国的贫困对象分为不同的层次，既有县级、村级贫困对象，也有户级、个体级贫困对象。长期以来，中国的减缓贫困政策采取区域瞄准方式，即绝大部分扶贫项目和扶贫投资主要瞄准贫困地区（以贫困县为主），通过各类区域发展项目改善地区的生产和生活条件，从而使贫困地区或贫困人口从中受益，最终实现减缓贫困的目的。然而，由于区域瞄准减缓贫困方式一般适合于贫困人口规模较大且高度集中的情况，只有在此前提下才具有准确、有效、节约成本等优点。随着贫困治理的不断深入，贫困人口的分布呈现出分散化特征，有些贫困地区除生活在边远山区的居民外已经实现了整体脱贫，前提条件的改变使得区域瞄准减缓贫困方式的优点也无从体现。这时，政府通过财政政策来减缓贫困就难以实现预期效果，有些甚至将扶贫资金用在了已经脱贫的群体身上，造成不必要的浪费。对此，中国政府已下移瞄准对象、缩小瞄准范围，以提高瞄准的准确性，同时防止财政扶贫资金的浪费。具体而言，目前我国将瞄准方向逐渐转向乡村，已有14.8万个贫困村被纳入整村推进扶贫规划。在此基础上进一步调整瞄准范围，一是将瞄准对象全面从县确定到村；二是将非贫困县的贫困村纳入整村推进扶贫规划；三是针对贫困家庭和贫困人口进行重点扶助，直接向特困者提供基本公共服务以满足其基本生存和生活需要。在这种情况下，企业直接减缓贫困往往要比政府减缓贫困更为有效，政府也需要借助企业力量来实施减贫战略。对企业而言，尤其在贫困地区发展的企业，他们可能对本地贫困情况更加了解，在制定减贫计划时可以缩小范围，更具有针对性，可以更加有效地支持贫困人群，同时大大减少减贫资金的浪费。

(4) 根据贫困对象的发展能力以"输血"促"造血"

"输血式"减贫也称救济式减贫，是我国一种传统的减贫模式，通过政府发放资金和实物来解决贫困人口的基本温饱问题,即生活救济。这种减贫模式较适于特困群体,可以在短期内使其基本生存和生活需要得到满足,迅速缓解贫困。但这种减贫模式的缺点也较突出,一是只能起到短期缓解贫困的作用,而不能彻底地摆脱贫困;二是贫困人口对救济的被动接受容易产生依赖心理,妨碍其自身发展能力的激发和调动,也会增大财政的压力。因此,应尽早告别单一的"输血式"扶贫,在通过"输血"使贫困群体摆脱"特困"束缚后,根据其自身发展能力,从机制和组织体系等方面积极培养其"造血"功能,从根本上提高贫困对象自我建设和发展能力,实现长期脱贫和遏制返贫。在此过程中,政府和企业都应发挥各自的作用。具体来说,财政应一方面通过发放资金和实物对特困人群实行救济,另一方面根据非特困的贫困群体的具体情况,通过投资相应的扶贫项目、引导社会资金投入、加强市场竞争来带动地区经济发展。在这种情况下,企业的作用就彰显出来了。具体可发展对口帮扶、联系帮扶、定点帮扶、股份合作、"公司+农户""大户+农户""公司+基地+农户"等形式的社会扶贫,并吸引中介组织积极参与扶贫工作。

(5)根据贫困群体的实际需求推广"参与式"扶贫模式

尽管建立在广泛调查的基础上,但是政府部门以及企业在财力、物力、人力等方面的减贫计划与贫困群体的实际需求之间存在着偏差仍然是难以避免的,从而影响到减缓贫困的效果。对这一问题的较好解决方案就是推广"参与式"扶贫模式,也可以称为"生血式"减缓贫困模式。因为该模式最重要的特征就是让贫困者直接参与到减贫项目的设计、实施、监测与评估的整个过程,使企业减缓贫困与贫困群体的经济社会环境、现有的生产和生活经验、接受援助的能力联系起来,有助于援助方采取更有针对性的措施,从而提升减贫的整体价值和财政资源的利用效率。推广"参与式"减缓贫困模式需要立足于贫困群体的基本需求,给予贫困群体一定的发言权、分析权和决策权,同时,政府和企业等援助方应该提供必要的资金、实物以及适当的组织、培训和技术服务,既能够达到有效缓解贫困的目的,也能够强化贫困群体的资金管理能力、适应市场能力、协调组织能力,还可以激发贫困群体的主体意识及脱贫致富的积极性,实现"多赢"目标。

(6)根据宏观调控需要完善企业减贫制度及政策

企业减缓贫困的直接目的是使贫困地区或贫困人口减轻或摆脱贫困状况,但企业减缓贫困除了具有社会功能外也应兼顾效率,其效率取向决定了企业减缓贫困是促进经济增长和发展的重要途径。企业减缓贫困可以推动贫困地区经济发展、促进劳动力自由流动、防止贫困群体不计环境成本地过渡开垦和生产,进而满足国家宏观调控的需要。这便对企业减缓贫困提出了更高要求,一方面履行减轻贫困的相应责任,另一方面需处理好公平与效率的关系,促进经济发展与稳定。因此,完善企业减缓贫困制度及政策不仅是减缓贫困所必需的,也是宏观调控所需要的。

4.4 政策保障机制及未来研究展望

4.4.1 企业社会责任保障机制的构建

(1)加强贫困治理的制度建设

①进一步完善财政转移支付制度,确保减贫公共财政支出的供给,提高资金效率

积极发挥财政扶贫资金的作用。一是发挥财政资金的引导和放大作用,通过财政资金的投入,引导民间资本尤其是企业资本参与减贫。二是发挥财政资金的补缺和填空作用,用于其他部门资金不愿意投入且难以发挥作用的地方。财政扶贫的重点领域应该是城乡一体化的社会保障体系和贫困地区基本的教育、卫生和科技推动等公共服务。在继续利用财政资金进行贫困地区基础设施建设的同时,要重点针对贫困地区人力资本开发,减少直接的生产性投资,将生产领域更多地留给专门金融部门和其他企业部门负责,有利于提高效率。尤其注意在分配体制方面的公平问题,加大财政再分配向贫困人口和弱势群体的倾斜力度。同时,要完善各个宏观政策的协调机制,整合各个政策体系在减贫方面的整体作用,使财政政策、农业政策、土地政策、信贷政策、投资政策、区域发展政策等多方面政策能够形成合力。

②建立健全农村社会保障体系和公共服务体系

随着经济的持续发展,将有更多有劳动能力的贫困人口摆脱贫困,但一些没有劳动能力的致贫人口在贫困人口中的比重会越来越大,着眼于生产的开发式扶贫是难以顾及这部分人群的,必须更加注重建立和健全农村社会保障体系和公共服务体系,以持续有效地保证这部分人的最低生活需要,具体包括农村最低生活保障制度、新型农村合作医疗制度、农村医疗救助制度和农村社区医疗服务体系等一系列制度建设和政策调整。进一步健全城市社会保障体系,应该进一步将城镇非就业人口、非正规部门的就业人员和进城务工的流动人口纳入城市社会保障体系,特别关注城市低保和其他低收入家庭的保险费负担,建立健全覆盖所有城镇居民的基本医疗保险制度。

③进一步完善教育制度

公平的教育制度是增加贫困群体机会和能力的根本途径之一，教育水平对就业和居民收入有着非常显著的影响，建立公平的教育体系对减少贫困、防止贫困的代际相传具有非常积极的作用。

④完善土地、户籍等相关制度和机制

进一步完善农村土地制度。中国的贫困人群主要在农村，必须保障所有农村居民对土地的所有权制度，保障农民对土地的使用权和收益支配权，绝对禁止任何地方政府随意侵占农村土地、获取土地增值差价的行为。

⑤进一步健全推动中小企业发展的制度

实行促进就业的长期战略对减贫有重要的作用。一般来说，中小企业有较高的劳动/资本比率，它们的发展可以直接带动就业增加，尤其能够为贫困人群提供就业机会。积极发展劳动密集型产业，大力支持中小企业发展，从金融等方面给予支持。但同时也要注意一些负面因素，比如中小企业的环境污染问题，对因企业污染排污造成环境污染、损害居民健康的企业，必须强制关闭，并对被污染的环境进行治理，以免造成居民身体健康问题，导致更多的贫困。减缓贫困必须兼顾生态环境建设和贫困群体收入水平的提高。

(2) 建立健全企业社会责任的法律法规

企业履行社会责任不能仅停留在道德层面，必须受国家法律法规的约束而上升到制度层面。目前，我国缺少系统完整的企业社会责任法，现有的关于企业社会责任的立法，都是分散于各部门法之中。因此，国家立法机关应根据现实的迫切需要，尽快建立健全相关的法律法规，将企业履行社会责任参与贫困治理的概念、原则、路径、权利与义务都融入法律体系之中。只有这样，企业社会责任的履行才能在法律的指引和保障下高效运行，形成对扶贫开发工作的常态化、制度化支持。

一方面，要完善我国相关的法律法规。对涉及企业社会责任中的重要议题如公司性质、安全卫生、消费者权益、环境保护、员工的权利保障等方面的法律法规，应根据实际情况不断完善。在企业参与减缓贫困等方面的法律，比如涉及企业直接减缓贫困方面最重要的捐赠方式，现行的法律法规还不够健全。当前，必须在法律上进一步明确慈善组织的各种运行办法，如其性质、主管部门、活动程序、监督机制、评估机制等，以进一步提升慈善组织的公信力，促进企业捐赠的自觉性，更加有利于减缓贫困。在社会责任的整体推进方面，可以制定相关指导性意见，推动企业进一步履行社会责任。此外，对旨在激励企业履行社会责任的政策体系，比如捐赠税收制度、环保信贷制度应该进一步体现出有利于企业社会责任的要求。

另一方面，要加强法律法规的执行力度。当前，我国法律面临的问题不仅体现在相关法律的缺失，还体现在执行力欠缺上。这很大程度上是因为制定的法律标准比较高，与实际不一定符合，从而导致执行的可能性和可实施性太小。同时，不符合实际、没有操作可能性的法律法规，在执行层面往往给执法者可以自己掌握的尺度很大，权力租金就越高，留下了寻租空间。这样的法律对社会进步没有帮助，反而会起负面作用，滋生腐败行为。因此，中国的企业社会责任法律，必须符合国际主流观点，比如在环境保护和劳工领域与国际标准体系相衔接，同时也要符合中国的实际，要具有可操作性。

(3) 制定科学合理的企业社会责任战略

企业发展战略决定了企业发展的方向。作为企业宏观战略的重要组成部分，企业社会责任战略是对企业自身未来发展目标和发展方式的规划，对提升企业自身发展绩效具有重要的市场价值。企业要坚持科学的社会责任观，在追求经济效益的同时，顺应国家发展大势，对利益相关方负责，实现企业发展与减缓贫困、社会进步、环境保护等的综合价值，把履行社会责任参与贫困治理作为企业发展的内生需求，重新梳理企业的使命、愿景和价值观，制定科学合理的社会责任战略，使企业的健康可持续发展具备精神支撑、融入社会发展潮流，从而提升自身的核心竞争力。在全球化背景下，企业社会责任已经成为现代企业的竞争优势所在，企业社会责任战略也已经成为优秀企业的重要选择。为实现减缓贫困目标、实现可持续发展，企业应制定和实施内含社会责任要求的持续发展型战略，把市场环境的改善、自然环境的保护、贫富差距的减少和社会的和谐等作为企业自觉的战略目标，着眼于追求长期利益，从而为社会创造更多的财富。企业社会责任战略把企业的利益与各个利益相关方的利益以及自然环境和社会利益紧密结合起来。在这种战略指引下，企业就会对经济、环境和社会全面履行责任，从而能够更加有效地减缓贫困、促进社会可持续发展。

(4) 完善企业社会责任评价和反馈体系

健全完备的企业社会责任评价和监督反馈体系，是企业履行社会责任的重要保障，对企业自身壮大、经济社会发展和扶贫事业的持续开展都具有重要的现实意义。当前，企业社会责任的理论和实践迫切需要评价和反馈体系的完善，企业社会责任评价标准和指标体系建设将成为推动企业履行社会责任的重要工具和手段，要利用市场机制建立完善一套科学合理、可操作、可衡量的具体量化指标，对企业履行社会责任参与贫困治理的绩效进行跟踪、统计和评价,推动并形成企业履行社会责任参与贫困治理的良好环境。

推动企业树立社会责任意识,实现企业和社会的可持续发展,还必须健全社会责任标准体系、完善社会责任指标评价制度,这对企业自身、减缓贫困和和谐社会建设都有重要意义。与企业社会责任全球发展同步,国际上许多组织如政府、NGO以及政府间机构等发起研究制定了多种社会责任标准,包括与企业社会责任有关的要求、倡议、标准、管理体系等,并且呈现出与企业的管理体系不断融合的趋势,这就使得社会责任拥有了可操作衡量的具体量化指标,社会责任标准和指标体系日益成为推动企业履行社会责任的重要工具和手段。推动企业履行社会责任,从外部力量上要利用市场机制建立一套完善的科学评价指标体系和标准,对企业履行社会责任进行跟踪、统计和评价,以进一步形成推动企业履行社会责任参与减贫的良好环境。

4.4.2 贫困治理未来研究展望

(1)推动防止返贫与乡村振兴战略有效衔接

推动防止返贫与乡村振兴战略有效衔接,是"两个一百年"奋斗目标的战略需求,对于缩小贫富差距和实现共同富裕具有重要意义。防止返贫的目的在于持久消除绝对贫困问题,而乡村振兴战略为初步脱贫的地区和群体巩固脱贫成果,为进一步解决城乡发展不平衡不充分而可能出现的贫困问题提供了坚实的基础,消除了绝对贫困,并不意味着导致贫困现象产生的因素被彻底清除。各地积极开展实现防止返贫与乡村振兴有效衔接的实践探索,通过生计兜底、产业发展、公共服务和文化传承创新等措施来预防已脱贫人口返贫,改善相对贫困群体的生活状况。总体来看,脱贫攻坚战略易于在短期内集中力量实现,而乡村振兴战略以实现乡村可持续性长期发展为目标。未来推动防止返贫与乡村振兴战略有效衔接,应继续发挥党和政府高效率的行政优势,同时又要重视市场机制对资源的调节作用,推动改革创新、激发市场活力、不断培育乡村的自我发展能力。根据脱贫攻坚的成功经验,明确组织机制与责任主体是开展反贫困工作的有效方式。在推进乡村振兴战略中,应续写该经验,以脱贫攻坚的人员组织体系为基础,明确乡村振兴的责任主体,巩固"五级书记抓扶贫"的组织优势。在乡村振兴责任主体的绩效考核中,应注重将防止返贫短期成效与乡村的长远发展相结合。

(2)合理制定相对贫困人口的评定标准

马克思的相对贫困概念,是指无产阶级收入和财富的增长速度赶不上资产阶级。英国学者彼得·汤森最早明确界定相对贫困,即"个人、家庭和组织缺乏获得饮食、生活设施和参与社会活动等资源，使其不足以达到所在社会的平均生活水平，从而被排斥在普通生活模式和活动之外"。不同于绝对贫困强调人民基本生活需求的满足，相对贫困更关注不同社会群体之间的分配公平问题。2020年以后，中国共产党反贫困的重心由绝对贫困转向相对贫困，治理相对贫困成为建设社会主义现代化国家的关键任务之一。百年来，中国共产党消除绝对贫困的历史经验证明，制定合理的贫困标准能够精准识别贫困人口，是开展反贫困事业的首要前提，这一经验对于相对贫困治理具有启示意义。

世界银行将收入低于或等于社会中位收入1/3的社会成员视为相对贫困人口，部分国家将收入低于社会中位收入40%的人口归为相对贫困人口。相对贫困评定标准需顾及未纳入绝对贫困建档立卡的农村边缘贫困人口、农民工、城市低收入者等群体，满足其对美好生活的追求。目前，中国各个产业、区域和城乡的居民财富和收入差异较大，是否设定以及如何设定全国统一的相对贫困标准，是依据收入还是依据收入和财富来设定，如何统筹城市与农村发展水平的差异，如何兼顾不同区域和社会阶层具体的现实状况，仍需进一步探索。

(3)激发相对贫困群众的内生动力

相对贫困群众是相对贫困治理的对象，也是摆脱相对贫困的主体。相对贫困人口的动态性与相对性决定了相对贫困治理的难度，更需要充分发挥相对贫困群众的内生动力。中国共产党反贫困的百年经验表明，贫困群众的内生动力是贫困治理的关键因素。因此，未来调动相对贫困群众的主动性与创造性，继续推进"造血式"扶贫，仍具有重要意义。随着消除绝对贫困目标的完成，贫困人口的特征已发生变化，其关注点与需求也呈现出新变化，需在实践中继续探索激发相对贫困群众内生动力的新举措。其一，尊重并满足相对贫困人口的合理需求。基层党政干部需继续深入调查了解已脱贫人口、潜在贫困人口等相对贫困群众的思想认识，将相对贫困群众的需求与扶贫政策、扶贫项目结合，化解这些群众的顾虑与担忧。其二，建立自下而上的相对贫困治理机制。保障相对贫困人口对政策、项目、资金等扶贫资源的知情权、发言权与监督权，探索嵌入多重激励体系，畅通利益表达、疏导与调和渠道，不断培育相对贫困人口昂扬向上的精神风貌。其三，强化产业发展，创造高质量就业机会。坚持以发展的理念为导向，继续深化"志智双扶"工作，提高劳动力参与率（目前中国只有65%的适龄劳动力参与就业）和全天就业率，发挥大数据、互联网等技术资源来发展产业，培育市场意识，逐步建立发展型的相对贫困治理体系。

(4)促进多元主体协同参与贫困治理的常态化

在脱贫攻坚战中,党和政府高度重视扶贫协同参与机制的顶层设计与制度安排,动员社会各界协同参与,集中优势资源,最终取得了伟大成就。未来仍需警惕返贫风险,继续建立多元共治的常态化机制来推动相对贫困治理。在党政系统内部,将反贫困纳入日常工作内容,进一步发挥协同工作机制的作用。由国务院扶贫开发领导小组统筹跨部门、跨区域协作,不断完善相对贫困的治理结构;地方各级扶贫开发小组在国务院扶贫开发领导小组的指导下,向本级党委与政府负责,协调并落实本级反贫困工作,不断完善相对贫困的垂直治理结构。相对贫困治理更加需要党政系统内各部门的有序配合,加强综合性资源投入,建立常态化的反贫困参与协调机制,为反贫困的长期斗争奠定基础。在党政系统之外,进一步拓展社会扶贫的参与主体,健全相关制度,在相对贫困治理中继续发挥多元共治的优越性。探索调动各类市场主体积极性的激励机制,将社会责任与企业效率相结合,激发社会组织与企业参与相对贫困治理的积极性。

5 秦岭特色小镇建设——寻找乡村振兴的新基点

培育和发展特色小镇既是我国当前区域经济转型升级与创新发展的重要方式之一，也是"十四五"期间巩固拓展脱贫攻坚成果与乡村振兴有效衔接的重大战略任务。在国家政策的指导下，各地特色小镇建设如火如荼，也取得了显著成效。秦岭特色小镇是秦巴山区立足深度贫困地区产业发展实际，依托现有城镇空间格局，重点打造的具有明确产业定位、特殊文化内涵和乡村休闲旅游功能，集生态、生产和生活于一体的实体空间。特色小镇的培育和建设是一项长期工程，秦岭特色小镇在发展过程中也逐渐显现出生态系统脆弱、特色定位不明、产业内生功能不足、内在制度与服务缺乏等短板。2018年中央经济工作会议提出"要引导特色小镇健康发展"的战略目标，如何处理好特色小镇建设发展与生态服务之间的协调关系，从生态服务视角对特色小镇的内涵特征、产业定位、现状及产业类型、发展策略与运营模式等进行系统深入研究，构建秦岭特色小镇生态服务平台，对乡村振兴战略背景下最大化地发挥秦岭生态资源优势、加快推进秦岭生态资源价值的转化与实现、更好地实现其生态服务功能具有重要的理论价值和现实意义。

5.1 特色小镇生态服务的理论基础

5.1.1 特色小镇建设的理论缘起

特色小镇发展的理论来源首先是基于欧美国家小城镇发展情况产生的田园城市、卫星城和新城运动等理论，其次是立足发展中国家小城镇发展状况形成的自中心发展、分享空间和灰色区域等理论，最后是我国学者立足我国小城镇发展状况提出的众多小城镇发展理论。

(1) 田园城市、卫星城和新城运动理论

特色小镇理论的开端可以追溯到1898年英国社会活动家E.霍华德提出的田园城市理论，田园城市直接催生了卫星城和新城运动的理论和实践。在这些理论影响下，欧美等国出现了一批横向蔓延的高度"田园化"的新兴城市，先后规划建设了许多卫星城镇，还纷纷开展自己的"新城"建设。20世纪中后期掀起了世界范围的"新城"建设浪潮。田园城市理论、卫星城理论和新城运动理论都是立足欧美等国的城市发展历程和实践提出的城市发展理论，构成欧美等国小城镇发展的主要形式。在理论和实践两个层面为发展中国家城乡统筹和小城镇发展提供了理论参考和实践借鉴。我国早在20世纪40年代末的上海市城市规划中,就提出在中心城区周围建设卫星城的设想。20世纪50年代末,北京、上海等城市的总体规划中也都考虑了卫星城的规划和建设问题。改革开放后,卫星城在我国实现了大规模的规划、建设与发展。新城建设也取得举世瞩目的成绩,开发区、工业园、新区/城、大学城、生态城、低碳示范区、文化创意产业园区等新型城市不断浮现。但很多卫星城和新城基本上都无法实现工作和居住的平衡,发展面临困局。

(2) 自中心发展、分享空间和灰色区域理论

20世纪70~80年代,很多学者开始对西方主流城市化研究结论进行反思,立足世界城市发展现实提出小城镇发展理论。70年代D.圣海斯和H.埃尔森汉斯提出自中心发展理论,强调小城镇的内生发展机制。1979年,M.桑托斯在《分享空间》一书中提出了分享空间理论,提出欠发达国家或地区打破双循环约束强调自己地位的发展战略。80年代加拿大学者麦吉对东亚、东南亚发展中国家城市和区域发展问题进行多年研究后提出灰色区域理论,描述了大城市周围出现的城乡融合区的特殊空间区域,并总结出这种区域的日本、泰国和中国类型。这些立足于发展中国家的城市发展实践总结出来的理论模型,为发展中国家和后发展地区实现城市发展、谋求实现经济独立和发展特色经济提供了非常宝贵的借鉴。

(3) 我国小城镇发展理论

我国关于小城镇的系统性研究始于费孝通先生。1983年费孝通先后在《瞭望》周刊发表了四篇有关小城镇的文章,系统阐述了他的小城镇理论,主张城市发展应该走"小城镇为主、大中城市为辅"的道路,认为小城镇发展的核心是解决农民问题,目标是城乡一体化,发展模式应该"自下而上",直接推动力是农村工业化和乡镇企业的发展。费孝通的小城镇理论在学术界和社会各界引起巨大反响,明显提升了我国小城镇研究的层次和高度,还得到了中央政策的肯定与支持。之后更多学者关注研究小城镇发展,取得了丰硕的研究成果。我国的小城镇研究主要可以概括为以下几个方面。一是对国外小城镇发展理论和经验的介绍和借鉴。二是对小城镇发展模式的研究。费孝通(1995,1998)总结了小城镇发展的"苏南模式""温州模式"和"珠三角模式",其他学者也结合不同的地域特点提出了"孙耿模式""诸唐模式""大唐模式""侨乡模式"和"晋江模式"等许多各具特色的模式。三是对城镇化发展道路的研究。主要有优先发展大城市、优先发展小城镇以及大中城市和小城镇协调发展三种观点,目前的主流观点是大中小城市和小城镇

协调发展。四是对小城镇发展动力机制的研究。李怀（1999）和王勇（2002）认为自我发展和自下而上的农村工业化是推动小城镇快速发展的主要动力。此外，还有一些小城镇研究关注的是小城镇的发展意义、发展阶段、规划、地位和作用等。这些理论和研究是我国学者结合国内外理论成果和实践经验的重要研究成果，给我国的小（城）镇建设提供了重要的理论和实践支持，具有重要的指导意义。

5.1.2 特色小镇建设的实践探索

（1）缘由：新型城镇化建设

特色小镇的概念出现在国家决策层面始于2015年12月的中央经济工作会议，其时正当以供给侧结构性改革引领新常态的起步阶段。在适度扩大总需求的同时，积极进行产业结构的调整，一方面要清理过剩和落后产能，另一方面是在推动传统产业转型升级的同时加快培育战略性新兴产业，以创新为主要驱动力，提高产业发展质量和效率，实现产业现代化发展。我国很多地方正处于产业结构调整的关口，特色小镇为各地产业发展战略的再选择提供了新思路。特色小镇是我国新型城镇化建设、产业转型升级和供给侧改革的重要抓手。2016年7月住房城乡建设部、国家发展改革委、财政部联合发布的《关于开展特色小镇培育工作的通知》明确提出，到2020年我国将培育1000个左右各具特色、富有活力的特色小镇。不同于传统的产业园区，特色小镇更强调"和谐宜居的美丽环境"和"充满活力的体制机制"，是聚焦特色产业和新兴产业的"创新创业平台"。

当前国内之所以形成特色小镇建设热潮，主要源于以下原因：一是寄望特色小镇能够推动区域产业转型升级，建构和优化区域产业体系。经济功能是特色小镇的首要功能，通过制度创设在特色小镇集聚各类优质要素，形成基于特色产业的创新、生产、销售、服务于一体的新兴产业空间组织形式，以寻求产业空间布局和组织形态的优化与创新，增强区域发展的内生动力和可持续发展能力。二是我国新型城镇化道路的发展选择。在全球化背景下，只有城市群才有足够的规模和实力成为国际竞争的基本单位，参与全球性的竞争与合作，以城市群为地域单元推进城镇化进程成为当前我国新型城镇化发展的道路选择。通过发展特色小镇引导资源要素向村镇地区倾斜，推动当地实体经济的发展，形成与周边城市的交互与共构，形成良好的大中小城市和小城镇分工。发展特色小镇顺应了城市化发展规律，在我国新常态下具有重大意义：第一，有助于提高我国城镇化发展质量；第二，有助于推动产业转型升级，化解污染和资源过度消耗难题；第三，化解过度城市化问题，有助于妥善解决"空心村"问题；第四，顺应逆城市化趋势和需求，吸引大城市人口留处，弥补自然更替不足。

(2) 缘起：浙江的探索

从实践传承看，我国特色小镇建设可以说是城市发展、新型城镇化、"双创"、乡村发展、"互联网＋"和特色产业培育等工作相互融合的新成果。2014年10月浙江省首次公开提及特色小镇，2015年浙江省政府工作报告正式提出"围绕全省七大产业、兼顾历史经典产业，规划建设具有独特文化内涵、休闲旅游等功能叠加的特色小镇"。2015年5月浙江省发布《关于加快特色小镇规划建设的指导意见》，特色小镇建设迅速开展起来，引起各方关注。2016年国家、有关省市先后发文支持各地开展特色小镇建设，期望以此加速城镇化进程并推动产业升级发展。特色小镇建设迅速成为全国发展热点，浙江省的特色小镇作为最成功的范本，吸引了全国多地的考察团。

(3) 发展：政策的推动

浙江特色小镇建设的成功得到中央各部委和各省市地方政府的高度重视。2016年7月1日住房城乡建设部、国家发展改革委和财政部联合发布《关于开展特色小镇培育工作的通知》提出了培育特色小镇的总目标，8月3日住房城乡建设部发布了《关于做好2016年特色小镇推荐工作的通知》，之后特色小镇建设热潮席卷全国各地。2016年年底特色小镇建设进入实质性推动阶段。各地相继推出特色小镇发展指导意见及创建方案，国家各部委也相继出台了多项更加深化、更加具有具体指导意义和支持倾向的政策措施。这些指导或支持政策主要包括三方面内容。一是政策性金融、开发性金融及商业性金融对特色小镇的支持，继中国农业发展银行后，国家开发银行、中国建设银行和光大集团等也加入了支持特色小(城)镇建设的队伍。二是提出特色小镇的建设要求，国家政策中出现明显的纠偏倾向，更加强调特色产业的核心、传统文化的传承、现有格局的保持以及生态环境的保护。三是专业领域对特色小镇建设的细化推进，我国特色小镇建设由住房城乡建设部统筹推进，国家体育总局、农业部和国家林业局也相继结合自身相关领域及产业，分别启动了运动休闲特色小镇、农业特色互联网小镇和森林特色小镇的建设试点工作，并在资金方面给予了一定的支持。

(4) 现状：成就和规范

在各地政府创建方案和各部委指导支持政策的推动下，特色小镇建设在全国如火如荼地开展起来。截至2018年1月11日，全国特色小镇一共有403个，共有20个省份提出特色小镇创建计划，省级特色小镇总计划数量已超过1500个。值得注意的是，我国特色小镇建设是一个新事物，还处于探索发展的过程，出现了概念不清、定位不准、急于求成、盲目发展以及房地产化等不当倾向。2017

年12月，国家发展改革委等四部委联合出台《关于规范推进特色小镇和特色小城镇建设的若干意见》，要求各方、各地对特色小镇建设及时纠偏和规范引导。

特色小镇建设的相关政策从加快、推进、支持、指导到规范推进的关键词变化，说明我国小镇建设的理念愈加理性。起源于浙江的特色小镇建设推广到全国之后，从特色小镇、特色小（城）镇到特色小镇和特色小城镇的用词调整，表明政策制定者对特色小镇建设的认识愈加明确，同时说明了我国特色小镇建设的丰富内涵和不同地区特色小镇建设的不同特点。政府、企业和学术界应共同合作，加强研究，使特色小镇这个新事物能够生存下来并发展壮大，切实确保我国小镇建设取得预期成效，积极推动我国新型城镇化持续健康向前发展。

5.1.3 国外关于特色小镇生态服务的研究

（1）小镇发展研究

国外有大量关于小镇发展的研究。主要观点为：①城乡二元结构。剩余劳动力等生产要素在城乡间自由流动造成了城乡空间的二元结构，导致小城镇自然分化，少部分发展为大中城市，但大部分仍是基层农村的服务中心（W. Lewsi，1954）。②灰色区域理论。灰色区域理论是在中国、泰国和日本等亚洲国家城乡发展实践中提出的。该理论认为城乡一体化区域即城乡交界边缘地带，地理位置处于农村，但具有部分城市的特质，而且同附近的城市关系紧密，是一种城乡融合的空间形态，也是一种全新的发展中国家城市发展的类型（MeGee，1987；1991；1992）。③农村城市化。"自中心发展理论"认为短时期内某一区域中心城市对于乡村地区的辐射和带动作用难以发挥，只能利用当地资源，应用小规模技术，组织劳动密集型生产，满足区域内的自我需求，从而减少外部依赖。提出以小城镇作为周边农村地区发展的中心，带动该地区的市场及经济社会发展（Adalcom，1981）。④分享空间理论。强调中小城镇在发展中具有重要地位，中小城镇中的"低位循环"比重较大，与农村的联系更为紧密，也是大城市与乡村联系的重要连接点。⑤新城市主义。通过规划，改造因为工业化、现代化所造成的城市庞大无度、内城衰落、结构瓦解、文脉断裂、人与人关系隔膜、生态环境不可持续等一系列增长危机（Moran's I.，2008）。

（2）特色小镇研究

国外专家学者对于城市体系以及特色小镇的研究起步较早，研究视角较为全面，取得了一定的理论成果，并把理论付诸实践，建成了一批负有盛名的特色小镇，如美国的格林威治小镇、法国的普罗旺斯小镇、瑞士的达沃斯小镇等。对特色小镇建设的理论研究，瑞典经济学家 Eli F Heckscher 和 Bertil Gotthard Ohlin

(1919)提出了要素禀赋理论,该理论认为不同的国家或地区存在着较大的资源禀赋差异,使不同国家或地区的产业格局不尽相同。区位理论探讨了人类经济行为的空间区位选择及空间区域内经济活动优化组合,该理论由最初 Johann Heinrich Von Thünen 在 18 世纪末与 19 世纪初提出的农业区位理论,逐步向德国经济学家 August Losch(1940)提出的市场区位理论丰富。区域发展理论是特色小镇建设与发展的理论基础。法国经济学家 Francois Perroux(1950)提出了增长极理论,该理论认为区域内经济增长最初是只能在某些具有创新能力的行业上出现,于是便形成了增长极,通过经济增长极的极化效应和扩散效应带动其他产业和周边地区的发展。Michael Porter(1990)提出了产业集群理论,认为特定产业领域内的所有参与者在一定区域内集中起来,进行有效的市场竞争,通过共享区域公共设施与服务、共享市场环境与外部经济,降低交易成本,形成集聚效应与规模效应,提高区域竞争力度。对于特色小镇发展规律的理论研究,Karl Heinrich Marx 于 19 世纪 50 年代提出了城乡融合理论。该理论认为尽管城乡之间存在着巨大的矛盾,但是城乡必然会从分离和对立的关系发展成融合和统一的状态。城乡融合发展有助于生产要素的合理流动与优化组合,有助于区域全面协调发展。美国著名学者 Michael E. Porter(1960)在其著作《竞争战略》中提出了差异化战略理论。该理论认为企业在产品、服务与品牌等方面形成的特性差异,有助于企业在激烈的竞争中占据优势。Adalcmo(1981)提出,发展中国家在进行城镇化时应以小城镇作为周边的农村地区发展的中心,促进区域内社会经济及市场发展。

(3)生态服务研究

主要观点:①生态系统。生态系统是指在一定的时间和空间内,在各种生物之间以及生物无机环境之间,通过能量流动和物质循环而相互作用的自然系统(Eugenius Warming,1935)。②生态服务系统。生态服务系统是基于生态环境而产生的长久性或临时性的系统(Luoma-aho,2010)。由政治子系统、经济子系统、环境子系统、技术子系统和跨组织子系统等构成,各子系统之间相互作用,形成有利的氛围、保持持续增长(Russe,2011)。③生态服务的功能。联合国千年生态系统评估(MA)将生态系统服务分为调控服务、支持服务、提供服务和文化服务 4 类 9 方面(Yang W 等,2013)。④生态服务评估。国外多采用条件价值法(CVM)来估算生态服务的直接经济价值,将评估复杂社会商品价值的适当方法与评估简单个人商品的现有方法一起制度化,是可持续的重要演变(Stoeckl N 等,2018)。也可应用市场价值法、生产功能法(Acharya G 等,2000)、补偿价值法(Torras M,2001)、生态系统健康评价方法(Rapport,2010)等。

(4)区域生态服务影响关系研究

主要观点:①土地利用变化的生态服务影响。土地利用类型包括农地(Polasky S等,2011)、林地、湿地(Turner R K等,2000)、水域、城市绿地等生态环境效应。②区域生态环境影响下的生态服务影响。干旱的增加减少了农业生态系统服务,适当的保护土壤和水资源或环境流等抗干旱管理至关重要(Keshavarz M,2018)。③人类作用下的生态服务研究。一方面,人类遵守生态系统管理和政策,正确感知、获取和使用生态系统服务,促进生态系统服务向着良好有序并利于人类经济社会的方向发展(Asah S T等,2014);另一方面,社会的快速发展导致了生态系统服务的极具恶化,反作用于人类生命生存、财产安全和经济社会的可持续发展,造成了一定的负面影响(Wang S et.,2012)。生态恢复的核心与实质是生态系统服务功能的恢复与提高。

5.1.4 国内关于特色小镇生态服务的研究

(1)特色小镇研究

自 2015 年浙江省率先提出创建特色小镇,并于 2016 年上升到国家层面,由此掀起了关于特色小镇的研究热潮。主要观点:①特色小镇的内涵。国内学者多从"非行政"方面界定了特色小镇的内涵,认为特色小镇是一种可持续创新的产业组织形态,是"产、城、文、旅"功能融合的新平台(马斌,2016;李铁,2017)。②特色小镇的作用。一方面,特色小镇在形成过程中可以优化生产力布局,促进产业转型升级,推动社区或社会治理现代化(周晓虹,2017)。另一方面,特色小镇可以解决区域开发治理模式中存在的困难与问题,促进区域经济社会发展(周鲁耀、周功满,2017)。特色小镇克服了"产业园"等发展载体功能单一的弊端,把生产、生活和生态融为一体,不仅关注产业聚集,而且关注人口聚集以及人口和产业聚集的匹配,是一个特色鲜明、环境优美、功能完备的空间载体(王博雅等,2020)。③特色小镇的创建路径。有学者认为特色小镇的创建与发展需要重视文化软实力的作用,依靠文化特色来提升特色小镇的魅力,依靠创新创业文化提升特色小镇对创新创业者的吸引力(陈立旭,2016)。也有学者认为特色小镇的建设要构建清晰的理论体系,全新的生活方式,营造"小镇如家"的心理归宿感,打造完全型社会生活体系(张鸿雁,2017)。④特色小镇建设的经验做法。国内学者主要以浙江经验为参照,认为浙江特色小镇建设的主要经验是在发展定位上强调产城融合、小镇功能上注重有机导入、运作方式上强调市场为主(苏斯彬、张旭亮,2016)。通过特色小镇的建设与功能提升,强化农村现代化发展和中小企业提升形成有效的契约互动(王天宇,2020)。⑤秦岭特色小镇建设。应因地制宜,紧抓国家政策机遇,发挥自身特色优势,建立秦岭特色小镇健康可持续发展机制,推进农旅、文旅深度融合,实现脱贫攻坚与乡村振兴有效衔接(郭萌、王怡,2020)。

尽管我国的特色小镇建设与发展尚处于起步探索阶段,但是伴随着特色小镇建设在全国范围内如火如荼地开展,学术界也重视起对特色小镇的研究,并已形成了一定的研究成果。对于特色小镇范围界定,姚尚建(2017)认为,国家村镇建设的意志与地方市镇建设的目标的差异会导致特色小镇的动力差异,进而导致难以界定特色小镇在城市政策体系中的角色定位。从城市化政策优化角度分析,特色小镇可以使城市规划的地理空间融合、城市建设的社会空间融合以及城市治理的政策工具融合。王振坡、薛珂(2017)认为,从短期来看,特色小镇与小城镇在提出的背景、目标以及具体措施方面存在一定的差异;从长远角度考虑,两者在功能、规模、布局上又基本相同。相比于特色小镇范围界定,其深刻内涵更值得探讨。周晓虹(2017)认为,特色小镇是一种优化产业布局、注重发展内涵的区域增长模式;是促进产业转型升级以及推动供给侧结构性改革的经济发展模式;是多元主体参与、满足不同群体差异化需求的社会治理模式。并且,特色小镇作为一种新的发展理念与发展模式,与以往传统模式的最大区别在于将文化的创新与塑造摆在了突出位置;特色小镇的文化塑造不但能赋予小镇中生活群体内在的灵魂与社会认同感,还是供给侧结构性改革的重要方式之一。目前我国特色小镇建设仍处于探索试点和路径摸索阶段,陈清、吴祖卿(2017)以福建省特色小镇建设过程中的特点以及供给侧结构性改革为研究背景,认为在特色小镇建设过程中应以特色产业为中心,采取"特色资源+人才竞争+创新驱动"的发展策略;资源、人才、创新三者围绕特色产业的联动作用是特色小镇发展建设的关键。对于特色小镇与新型城镇化相结合的研究,苏斯彬、张旭亮(2016)认为"产、城、人、文"结合的特色小镇是"自上而下"的顶层设计与"自下而上"的基层探索相结合推进新型城镇化的有效途径。曾江、慈锋(2016)认为,特色小镇是新型城镇化的重要载体与发展模式。韦福雷(2016)提出,特色小镇是解决农村人口就地城镇化的路径之一,前提是充分考虑地区城镇化发展的阶段以及发展基础,要合理规划、量力而行。并且通过综合分析认为,特色小镇并非我国现阶段城镇化的主要发展方向,我国新型城镇化仍以特大城市、大城市为中心。王晓玲、安春生(2017)认为,特色小镇发展建设是走中国特色新型城镇化道路的重要抓手。特色小镇作为我国新型城镇化的新突破点,包括基础设施的完善、文化塑造、特色产业发展等多个领域，能够有效补齐以往城镇化过程中忽视的短板，引领城镇化实现提质增效。李柏文、曾博伟（2017）认为，特色小镇是我国未来小城镇建设与中小城市发展的方向，是新型城镇化的重要路径选择，是一种高级的城镇化形态。根据不同的发展动力，可以划分不同的特色小镇类型。

(2) 生态服务研究

主要观点：①生态服务的概念。生态服务的概念被广泛理解为"人类从健康生态系统的自然功能中获得的益处，包括食物和水的供给，精神、娱乐和文化收益以及维持地球生命生存环境养分循环的支持服务（赵士洞等，2006）。②生态服务的功能。利用GEP（生态系统生产总值）概念将生态服务的内涵归结为畜牧产品、土壤积累、截留降水、固沙改土、休闲旅游、文化多样性等8个方面（欧阳志云等，2004）。③生态服务的评估。国内评估方法主要是采用替代市场法评估森林涵养水源、保持水土、固碳、制氧、贮能等效益价值（李婷、吕一河，2018）。也有经济价值评价、生态足迹法、生态系统服务流研究方法、生态系统服务价值链分析框架、生命周期评估中的技术—生态协同（TES-LCA）方法、基于遥感和FORCCHN的中国森林生态系统NPP及生态服务功能评估等（赵俊芳等，2018）。④区域生态服务价值评价与核算。主要参照国家林业局发布的《森林生态系统服务功能评价规范》（LY/T 1721—2008），运用替代工程法、市场价值法、费用代替法等对生态系统各指标功能的服务价值进行定量评定估算（周兴松，2009；罗鹏飞，2015）。

(3) 区域生态服务影响关系研究

主要观点：①土地利用变化的生态服务影响。土地生态是各类生态系统的无机组成部分，与其他物质或环境之间相互作用和相互制约构成开放、动态和可反馈的系统，土地利用变化及生态环境影响对区域可持续发展具有重要意义（杨明兴，2018）。生态服务对土地利用具有调节和影响作用，生态服务的不同脆弱性等级分布对城市中心区域和城郊产生梯度变化影响（顾羊羊，2017）。②区域生态环境影响下的生态服务影响。生态服务受外部生态环境的影响不同，具有正负效应（元媛等，2011）、景观梯度效应（叶丽敏，2016）、辐射效应（韩永伟，2007）等。③人类作用下的生态服务研究。生态恢复其核心与实质是生态系统服务功能的恢复与提高，国内学者利用决策分析的结构化方法应对破坏性环境危机，改善人类福祉（张琨等，2017）。

5.1.5 关于特色小镇生态服务平台建设的经验借鉴

特色小镇源于国外，在国内的发展起于浙江，学者对国外与浙江特色小镇的建设经验进行总结评析，希望在特色小镇理论与实践发展上获得借鉴或启示。在国际经验的借鉴上主要有两种方式，一是对欧美代表性特色小镇进行案例介绍，二是对特色小镇发展经验的综合分析，学者们普遍关注国外特色小镇的不同形成路径，以及在区位、产业、空间、功能等方面的特色所在，基于对欧美城市化与产业化成功融合经验的分析，学者认为国内特色小镇的培育发展应处理好长期与短期、产业与政策、市场与政府、个性与共性的关系。浙江省是国内特色小镇建设的先行者，学者们通过实地调研与观察等方法总结其建设经验、发展成效与问题。郁建兴等学者对浙江省6个特色小镇进行深度调研，指出虽然各级地方政府是特色小镇建设的重要推动力量，但还应尊重市场机制在特色小镇形成、发展中的支配地位，激发社会力量在特色小镇壮大、提升中的主导作用是浙江特色小镇得以较好发展的重要经验。

(1) 建设路径

每个特色小镇特色不同，功能定位也有差异，其发展路径必然也会有所不同。研究特色小镇发展的路径，可以为其他小镇建设提供借鉴。目前，中国特色小镇的发展路径主要有以下几种：第一个路径，从传统建制镇发展而来；第二个路径，从产业园区发展而来；第三个路径，随交通枢纽站场建设发展而来；第四个路径，城市功能分区型特色小镇；第五个路径，由特殊的资源禀赋形成；第六个路径，由市场机制自发形成；第七个路径，特殊的地理区位形成的特色城镇；第八个路径，产业资本投资形成的。

(2) 经营模式

学者们根据对特色小镇本质规定性的理解，主要借鉴城镇化发展规律和产业集聚演进规律，从发展理念、规划、建设、治理等各个维度提出对特色小镇建设发展的建议。在新城市主义理念观下，学者认为特色小镇的建设是渐进、自然的城市发展过程，要尊重城市发展规律，坚持以人为本，注重文化、社会、生态的可持续发展。在特色小镇的规划设计上，以城市规划学科背景为主的学者从规划重点、模式、内容和方法等方面探索特色小镇的规划编制，提出向陪伴、渐进、融合的规划设计方式改良。产业发展是特色小镇的核心，通过产业集聚、产业创新、产业升级来提升小镇的内生发展动力，而产业、文化、社区和旅游功能的叠加，不仅使特色小镇获得内在价值和外在形象的提升，更因宜居而利于吸引人才，孵化创新，其中文化的创新与再造应被赋予前所未有的重要地位。根植性是特色小镇产业发展的依据，是小镇特色的根源，自然资源禀赋、社会资本基础以及市场需求偏好是根植性的三种表现形态。政府不是特色小镇的主导，应回归公共性事务，为小镇提供更宽松、更好、更适宜创业发展的环境，在制度供给上实现突破和创新。优化特色小镇的制度环境需要打破行政垄断，甚至通过"加杠杆"实现对基础设施和公共服务的有效供给。面对不同政府间、政府与市场间治理目标和政策的差异，特色小镇应走向治理合流，用一体化的城市治理消解城市化进程中的路径冲突。特色小镇也是一个多元参与、体制开放、协同共享的社区共同体，需要重塑社区共同体的价值、增加社区居民归属感。还有学者从精准治理的视角提出要实现特色小镇治理主体多元化、智库化，运行机制平台化、网络化，创新体系常态化、本土化，绩效评估精细化、全球化。

(3) 特色打造

一是特色小镇要注重挖掘历史人文类等各类要素资源的潜力，利用现有文化资源、复活历史文化、植入外来文化或特色产业文化等文化塑造方式，打造共同精神信仰和文化认同，赋予小镇独特的文化氛围和文化内涵，并在此基础上衍生出以特色产业为基础的创新创业文化、电子商务文化、时尚旅游文化，使特色小镇成为兼具传统历史文化与现代旅居文化特征的有机融合体。

二是特色小镇建设旨在破解城市病和环境污染等各种困扰，要注重创建和保持一流的生态环境和人居环境，依托生态资源构建水、植被、文化相互融合的小镇景观体系，满足小镇居民的生态休闲需求，实现产业发展与生态保护之间的平衡。

三是特色小镇更加强调以公益性和共享性为特征的公共环境产品和公共服务产品的供给。

5.1.6 特色小镇与新型城镇化

(1) 特色小镇与城镇化发展有着密切关系

特色小镇具有要素调节、结构调节、文化传承等功能，能够较好地解决当前城镇化面临的诸多发展不协调问题。同时，特色小镇可以通过产业修缮、城市修补、生态修复等功能的有机结合，增强城市群内部的经济社会联系，继而破解城市群内部城乡二元对立、区域发展不均衡等问题，推动新型城镇化高质量发展。

(2) 顶层设计和政府推动在特色小镇发展中扮演重要角色

作为供给侧结构性改革背景下政府推动城镇化发展的一种制度安排，特色小镇模式体现了政府引领和优化区域经济社会发展的角色定位。

(3) 特色小镇高质量发展

在形态上打造呈现融合发展枢纽，在业态上培育新旧动能转换，在文态上助力传统文化传承保护，在生态上促进人与自然和谐相处。

（4）特色小镇引领农村产业融合

特色小镇要求延长产业链条，壮大了产业融合主体，稳固了利益联结机制，催生了产业融合服务。

5.1.7 研究述评

通过梳理国内外文献可以发现，国外学者对于特色小镇的研究倾向于从区域发展的角度，而我国学者更侧重于从供给侧结构性改革和产业升级转型入手。除此之外，尽管我国学者对于小城镇建设与发展的研究较为丰富，但是由于特色小镇的相关理念提出较晚，特色小镇发展建设尚处于起步阶段。与此同时，国内学者主要针对特色小镇的概念、内涵进行研究，并重视对浙江模式等各地经验的探讨与总结，对如何将特色小镇的发展理念运用于小城镇建设和新型城镇化发展仍然缺乏普适性的、深入的研究。我国学术界在特色小镇的概念界定、形成机制、存在问题、经验借鉴和建设发展路径等方面进行了较为广泛的探讨，内容涵盖特色小镇的规划、建设与治理，学科跨越城市规划、经济学、公共管理、社会学等，为进一步推进特色小镇的深化研究奠定了基础，同时也为特色小镇建设实践提供了有益的借鉴与指导。但特色小镇的研究尚处于开创阶段，研究视角单一，研究内容和研究方法有待继续拓展丰富。

（1）研究视角

特色小镇是涉及众多学科的研究领域，当前城市规划、经济学、公共管理、社会学和政治学等不同学科的学者们从不同的理论视角和学术取向，基于各自研究偏好对特色小镇进行分析和诠释。基于城市规划视角的研究较为关注创建阶段特色小镇的规划设计，围绕特色小镇的政策规划导向和政府考核验收要求探索特色小镇的规划编制与应对。经济学视角的研究更关注特色小镇的产业发展和市场化运作机制的建立，着眼于产业选择与产业营造，产业与空间的匹配，产业与文化、生态等多元化功能的叠加，创新要素的集聚，以及如何发挥市场的主体作用。公共管理、社会学和政治学的学者多关注特色小镇的治理，关注不同层级区域政府之间、政企社之间的治理协同，将特色小镇作为地方治理精细化的实践模板，寻找经验模式和实现方式，推动地方治理的创新。

由于特色小镇研究缘起于建设实践，研究开展的时间较短，学者试图将对特色小镇的讨论纳入规范的理论体系中，但从总体上看更多集中于对特色小镇现象与问题的经验研究，研究的理论性不足。与此同时，学科之间的交叉融合还未深入，研究成果呈现出单领域、单视角的特征，还未形成系统、多元的理论分析框架。单视角的讨论固然可以期待更为深入和聚焦的研究，但视角单薄，对特色小镇各个复杂面的解释能力不足，期待不同学科论述之间的对话，建立更为开拓、多学科融合的综合理论分析框架，丰富该领域的研究。

未来的研究在既有研究领域理论深化的基础上，应注重不同学科间的理论交叉和方法集成。同时应引进更多学科加入，丰富特色小镇的理论视角。尤其是经济地理学的相关理论将成为解读特色小镇的重要视角，经济地理学将制度、文化、社会和政治等因素作为理解产业集聚和区域发展的重要因素，构建经济地理学理论和政策分析框架来解释特色小镇的空间结构与演化，产业的区域选择与集聚，产业集群与区域经济发展的关系，行动者行为决策、网络关系与制度结构，区域的创新与创意等重要议题，不仅有现实的解释和指导能力，也具有显著的理论支撑能力，应成为特色小镇研究进一步提升理论价值的方向。

(2) 研究内容

特色小镇是一个复杂多面的新兴再造空间概念。从性质上看，它是位于城乡过渡区域的地域空间，名为"小镇"却非镇非区，超出城镇行政体系范畴。从功能上看，它被设定为以特色产业为基础，承载了产业集聚、转型升级的功能，同时又超出单一的产业功能，将文化、旅游、社区等多种功能集聚在一个面积限定的社区。特色小镇这一空间的复杂性给研究带来了挑战。

对"特色小镇是什么"这一问题，学术界还未形成一致、肯定的认识，是都市向乡村的延展，还是乡村的工业化、都市化？是体现官方发展主义欲望的再现空间，还是新都市主义观下的修正？有待于理论上的思辨和不同视角下的对话。

学者们认可特色小镇作为城镇体系协调发展的手段对新型城镇化的价值，但是特色小镇突破了传统的行政界线，既有研究还未明确界定它在城镇体系中的角色，也未整体考虑与讨论它作为城镇体系的组成部分与体系中不同层级单元、相邻区位空间之间的互补、交换、竞合等关系，以及行政资源配置与管理等议题。从全球和地方的不同尺度，立足于城镇群或城市群发展格局，建立特色小镇与周边经济体之间的连接与互动的关系网络将是未来研究的重点。

研究强调特色小镇在产业转型升级、区域创新发展中的地位和作用，使用产业集聚理论、生产力空间布局理论等解读浙江从块状经济到特色小镇的形成与演变路径，以及特色小镇对区域经济发展的作用。当前研究更多集中于中观的区域层面，未来应同时关注微观层面下主体的行为决策与产业选择、产业集聚与空间形成、资源要素的导入与锁定、支持产业创新与升级的制度条件等议题。除经济学视角的解读之外，对特色小镇产业的研究还应当把时间与空间的要素相结合，嵌入地方民情文化、产业氛围、区域政经制度等社会、文化、制度的结构中去。

在对特色小镇空间的讨论上，特色小镇被视为基于产业且聚合文化、旅游和社区等多功能的综合性空间，但对产业与文化、旅游、社区等不同功能如何在有限空间内叠加、嵌入与适配，缺乏具体的讨论。同时，不同区域的异质性问题被忽略或化约，不同的产业类型和发展基础，以及地区在资源环境、社会文化、制度结构等方面的差异，使得特色小镇的缘起、结构、机制和发展路径等并不相同，地域特性和地方化对特色小镇发展的影响将成为未来研究的一项重要内容。

对于特色小镇的治理模式，学者们普遍认同市场主导，政府、企业、居民及其他组织多元共治的模式，将特色小镇作为一个社区共同体纳入研究视野。但对多元化治理模式应如何构建还缺乏具体深入的探讨。如何抑制政府在经济理性驱动下的绩效冲动？如何发挥企业的主体作用？企业的利润目标与特色小镇多元化目标的冲突如何弥合？居民是小镇的主要成员，但在实践和研究中都没有获得应有的重视，特色小镇应如何服务于居民的生活和发展需要？不同主体在地方化网络中的联结与互动、社区共同体意识的建构、社群关系对主体行为以及区域发展的影响等议题都还有待进一步讨论。

对特色小镇这一新兴事物的讨论，大多研究集中于特色小镇对产业发展、城镇化、区域经济社会的正面效应，对特色小镇的负面效应缺乏应有的关注。特色小镇的形成需要一定的基础条件和发展时间，大规模的特色小镇模式快速复制对地方产业振兴和经济重建是否能够产生积极的促进作用，是否可能出现锁定效应甚至失败等问题都需要深入探讨。

此外，特色小镇发展的绩效评估、支持特色小镇发展的公共政策创新等议题或尚未被充分讨论，或未被纳入研究视野，都将成为未来特色小镇研究中不可忽视的议题。

(3) 研究方法

当前对特色小镇的研究主要以经验研究和制度性分析为主，学者基于对某个区域或某一特色小镇的经验认识，结合相关理论和文献研究，从制度性层面分析存在的问题并提出相应的制度性改善措施。在经验研究中以定性研究为主，主要围绕特色小镇的意义、建构过程、现状、模式、机制等内容展开，目前还未见对特色小镇议题的量化研究。在定性的实地研究中，案例研究较为多见，学者研究一个或几个典型特色小镇案例，通过单一或多重个案的外推来获得共性认识或扩大化推理。但既有个案研究中的案例描述多是片段截面式，少有过程化、动态性的案例追踪分析，以及案例之间的经验比较。

随着特色小镇研究的持续推进，案例分析、实地观察、开放式访谈等定性研究方法依然是研究的主要方法，并将更加完善和深入。同时，基于问卷调查或大数据分析的空间计量、模型模拟等定量研究方法也将逐渐成为热点。定性和定量研究方法的结合共同推动特色小镇研究向更深层次发展。

5.2 特色小镇的发展演化

5.2.1 特色小镇的内涵演化

2016年10月8日，国家发展改革委发布《关于加快美丽特色小（城）镇建设的指导意见》（以下简称《指导意见》）明确指出："特色小（城）镇包括特色小镇、特色小城镇两种形态。特色小镇主要指聚焦特色产业和新兴产业，集聚发展要素，不同于行政建制镇和产业园区的创新创业平台。特色小城镇是指以传统行政区划为单元，特色产业鲜明、具有一定人口和经济规模的建制镇。"2017年12月4日，国家发展改革委、国土资源部、环境保护部和住房城乡建设部四部委联合发布《关于规范推进特色小镇和特色小城镇建设的若干意见》，进一步界定了有关概念，明确了特色小镇"几平方千米土地"的面积范围和"生产生活生态空间相融合"的特征，也明确了特色小城镇要占有"几十平方千米以上"的土地面积。

大多数学者以浙江经验为参照，认为所谓特色小镇，是在大城市周边或农村集聚区，以建制镇或现有村庄为基础，逐步形成的一种以特色产业为核心的小镇，它有别于行政区和产业园区，是融合产业、文化、旅游、社区等多种功能的创新创业发展平台或空间形态。特色小镇常常与特色小城镇相提并论，两者都认同产业、生态、文化、旅游等功能的重要性，重视特色和创新，致力于区域内资源要素的综合可持续利用，两者的主要区别在于空间属性不同，特色小城镇是一个以传统行政区划为单位的建制镇概念，而特色小镇非镇非区，规划面积一般在3平方千米左右，不以行政区划为边界，取决于产业的区位选择，是产业发展的空间载体。对特色小镇的界定更多从产业与空间维度，将其视为以特色产业为核心、融合多功能、聚合各种资源要素的创新空间组织形式。

一是特色小镇是经济发展到一定阶段的产物。发展特色小镇需要具备相应的产业技术、资金、文化等基础。二是特色小镇的核心是"新""特""改"。发展特色小镇需要更新理念，突破小城镇建设传统思维，着眼供给侧培育小镇经济，打造政府引导与市场化运作相结合的新模式、企业创新和集聚创新的新平台、产业转型升级和空间布局优化的新形态。三是特色小镇的形态具有演进性和迭代性。目前全国特色小镇已从浙江创建城乡结合部的特色小镇，逐步演进至"市郊镇""市中镇""园中镇""镇中镇"等不同类型的特色小镇,这种演进是符合客观规律的。同时,发展特色小镇既可以"有中生优",即立足现有产业基础提升特色小镇;也可以"无中生有",即导入新的要素资源培育特色小镇。

5.2.2 特色小镇的功能演化

特色小镇的主要功能是疏解城市功能,带动乡村振兴。特色小镇的"节点"角色,一方面意味着特色小镇可以成为集聚吸引要素,特别是高端要素的载体;另一方面也意味着特色小镇可以根据需要,灵活地布局于任何城市和农村地区,从而成为带动城乡发展的政策工具。

小城镇作为新型城镇化发展的新载体与新模式,是新时期我国重点发展的领域。特色小镇作为小城镇发展的有效模式,是实现中国特色新型城镇化道路的重要路径。特色小镇建设有助于激发小城镇发展活力,有助于实现不同规模等级城市和小城镇协调发展,有助于农村地区实施就地城镇化,促进城乡一体化发展。而新型城镇化作为特色小镇发展的重要支撑,能有效推动经济转型升级,为小城镇发展提供重要平台。

特色小镇的定位是城乡空间布局中的"节点"创新。发端于浙江的特色小镇是我国经济社会发展到一定阶段的产物,它克服了"产业园""科技园""工业园"等发展载体功能单一的弊端,把生产、生活和生态功能融为一体,是带动经济发展的"策源地"。它既不是城乡空间布局中任何一级建制单位,也不能简单地把它归为城市或者农村,而是属于我国城乡空间布局中的"节点"创新。

新型城镇化视角下的特色小镇功能定位:特色小镇是推进农业转移人口市民化的有效补充;特色小镇是完善中国城镇规模结构和布局的载体;特色小镇是完善中国城镇化体系的重要载体;特色小镇是推动开发区向城市综合功能区转型的重要引擎。

乡村振兴视角下的特色小镇功能定位:特色小镇是完善城乡空间布局结构的重要载体;特色小镇是推动农村产业深度融合发展的重要平台;特色小镇是构建城乡融合发展体制机制的先行区。

经济高质量发展视角下的特色小镇功能定位:特色小镇是践行高质量发展的新平台;特色小镇是体制机制创新的综合试验区;特色小镇是促进历史文化传承保护的重要载体。

5.2.3 特色小镇的形成机制

当城市发展进入城乡一体化阶段之后,大城市的一些功能和产业、人口开始向周边村镇转移，城市开始将农村发展纳入自己的发展系统，出现了城市与农村的资源和要素优势的双向对流，逆城市化开始出现，为乡村都市化、中小城镇和特色小镇的发展创造新的条件、机遇和动力。

一方面，学界从产业集聚演化的视角讨论特色小镇的缘起，认为特色小镇是区域经济转型升级的工具。特色小镇是浙江在块状经济的基础上，由"一品一镇"的政策转化而来，从块状经济到传统产业集群，再演化到特色小镇的三个阶段，被视为区域产业集聚的1.0到3.0版本，特色小镇是这一演进发展的必然结果，形成了以创新为核心要素的产业空间组织形式。特色小镇这一多元协同的空间组织模式有助于降低空间交易费用，集聚整合高端创新要素，实现产业发展与城镇建设、人文环境和休闲旅游的融合发展，是推动产业转型升级、增加区域发展动力的创新性举措。

另一方面，学者从城镇化发展的演进分析特色小镇的形成以及制度创设的缘由，将发展特色小镇作为新型城镇化的一种新的思路和模式探索。特色小镇是城镇化发展到一定阶段的产物，是小城镇、重点镇的升级版，作为城镇化的"综合试验区"，特色小镇的多维发展理念能有效解决传统城镇化中的发展不协调问题，更好地适应经济新常态对城镇化的发展要求，是协调发展城镇体系的手段。特色小镇是从"强县战略"转入"都市圈战略"之后空间布局优化的重要战略举措，顺应了城市群的发展趋势。

还有学者从公共政策供给创新的维度认为，特色小镇是供给侧结构性改革背景下政府的一种制度创设。当全国上下纷纷仿效浙江经验，培育发展特色小镇，体现出政府引领和优化区域经济社会发展的意志，是地方政府公共政策供给的逻辑深化和创新。姚尚建等学者将特色小镇建设视为地方城市化政策的探索，分析了在特色小镇政策设计过程中国家意志和地方目标的冲突，政府本位与市场本位的博弈。与自然自发的城镇化相比，特色小镇是在政府主导下有意识、有目标、有计划的城镇化过程，其优点是可以实施科学的规划，但政府主导和推动的规划与建设也容易出现"理性的僭妄"。

与传统城镇相比，特色小镇除了注重生产功能外，更加注重生活功能，它追求特色化或主题化发展，追求产业中高端化、人口素质中高端化、生活品质化、生态风景景观化，兼具生产、生活、生态、休闲、文化五大功能，它的形成是由于特定的生产集聚和消费集聚，推动了生产和生活空间的升级与更新，并与大城市形成了良好的沟通与对流，城市功能疏解形成多样化的特色小镇。

(1) 生产集聚催生了产业特色小镇

特色小镇创新了产业空间的组织形式，成为工业化后期城市产业转移和升级发展的第二空间，为产业中高端化提供了机会，产业转向以加工和服务为主导的第三产业为主，有机农业等特色产业、文化创意产业、传统经典产业的升级产业、低污染或零污染的新型工业等以信息科技为基础的产业成为特色小镇发展的动力产业，它通过产业链、创新链、服务链、要素链有机融合优化了产业生态链，集研发、生产、销售、服务于一体，发展专业化、链条化和集群化，形成一个融合文化创意、研发创新、成果转换、体验应用于一体的特色产业链。特色小镇通过对产业的转型升级和集群化发展，进一步推动区域创新能力的凝聚，塑造区域产业生态系统的创新增长，对促进区域经济转型和可持续发展具有重要意义。由于工业化后期更加依赖信息和知识等非物质性智力型生产要素，这就要求特色小镇必须注重创新导向，注重人才、科技、资本和信息等高端要素集聚，要求在小镇范围内构建起由市场主体共同参与的知识或技术共享共创、共进机制，形成企业间知识外溢、技术扩散、收益共享的创新网络，实现持续的技术创新、要素创新、制度创新、组织创新和业态创新，推动特色小镇的创新和特色化，形成特色小镇的品牌价值。

(2) 消费集聚形成了生活型特色小镇

与传统城镇相比，特色小镇除了产业功能外，更加注重文化、生态、休闲、旅游和精神消费功能。随着国民经济、科技、信息和交通的迅猛发展，大大压缩了人们的生活时空，提高了人类异地消费的能力，刺激了异地消费（包括文化消费、旅游消费、教育消费、养生消费和养老消费等）的快速增长和规模化集聚，这意味着以异地消费为主的旅居生活成为当代社会的重要特征，标志着人类已经进入全新的旅居时代。特色小镇主要围绕旅居居民的特色化生活性服务为主，特色小镇的旅居功能和人口结构高端化对特色小镇的建设和发展产生了重要的影响，决定了特色小镇必须兼具城市生活和乡村环境的两个优势，为这些高端人群提供高品质的生活空间、生态空间、旅游空间、文化空间和精神空间。

5.2.4 特色小镇的典型特征

特色小镇是人们为了生活更美好而不断探索人类诗意栖居的新空间、新范式和新组合。它源于逆城市化过程中分流城市人口的需求，源于后工业社会产业升级换代的需求，源于人们疗养、度假、旅游等生活功能的需求，更源于人们的精神文化生活的需求。这些生产和生活需求，通过产业集聚和生活集聚催生了特色小镇。它具有五个方面的显著特征：第一，特色产业取代了传统工业，主要以服务业为主；第二，除了生产功能外，更注重生活功能；第三，产业吸纳人、培养人和发展人，是人口的城镇化；第四，具有开放性，旅居人口是城镇的重要族群；第五，发展方向是主题型城镇，具有旅游或休闲功能。这些本质特征要求特色小镇要避免成为单一物质产品的生产加工基地，而应高水平地建设生产、生活、生态、休闲、文化五大空间，产业上"特而强"，功能上"有机融合"，形态上"小而美"，体制机制上"新而活"，形成产业、居住、旅游一体化和"产城人"有机融合的新型城镇业态。

5.2.5 特色小镇建设存在的问题

作为正处于起步阶段的新生事物，我国的特色小镇刚刚开始在探索中发展，学者们认为特色小镇建设存在以下问题有待解决。

一是顶层设计问题。特色小镇的发展很大程度上受到政府政策目标的指引和约束，政府作为特色小镇制度的主要设计者，对特色小镇产业定位、空间形态、建设内容、投资总量、运行方式与建设进度等设定了要求。如浙江省政府规定特色小镇"原则在3年内要完成固定资产投资50亿元左右"，其他省份参照浙江做法有类似规定。政府计划推动下的特色小镇有浓厚的人为色彩，容易忽略特色小镇资源基础、发展目标和经济社会的发展差异在强烈的绩效动机和强大的行政权力下，设定过于僵硬、急功近利的标准，成为忽视人性的、社会的、文化的、历史传统的乌托邦式规划，特色小镇的顶层设计应当具有灵活性，允许特色小镇立足长远、因地因时进行创新性尝试。也有学者指出有些地方为套取建设专项资金和政绩工程，缺乏科学规划，盲目开展特色小镇项目，导致后续财力不足。同时还存在规划滞后，缺乏整体性、系统性的统一规划，规划质量不高，对本地特色彰显不足等问题。

二是建设运营问题。按照制度设计，特色小镇的建设运营主体是企业，实行"政府引导、企业主体、市场化运作"的运作机制。真正发挥企业的主体作用、遵循市场规律是特色小镇生命力的关键。但实际上，特色小镇建设与投资的主体主要是县一级政府，在利益驱动下政府依靠行政手段推动"造镇运动"，不是以产业集聚资源要素，而是以行政指令代替市场机制配置土地、资本等资源要素。政府使用传统的招商引资模式，以低价供地、承诺税收租金优惠、投入大量基础设施来吸引企业进入。这种产业园区发展模式在既往实践中已被证明是难以为继的，却在特色小镇建设中重现。同样值得警惕的还有房地产商开发模式。地方政府在经济、政治多重利益驱动下越俎代庖，在短期内进行"造镇竞赛"，不仅使特色小镇失去生命力，还可能产生新的恶性竞争。

三是产业发展问题。从形成机理和发展目标来看，特色小镇被视为产业转型升级和区域创新驱动的重大举措。因此经济功能是特色小镇发展的首位和关键功能，孵化、培育、发展特色产业是特色小镇这一平台建设的灵魂，但学者忧虑有些地区的特色小镇产业落后、集聚度低，产值预期有限，政府主导下的特色小镇建设缺乏必要的产业基础和鲜明的特色产业发展方向，延续过去造城式的传统城镇化道路，将因缺乏发展的动力和支撑而无法持续。同时，特色小镇中还存在着突出的主导产业同质化现象，旅游发展型和历史文化型特色小镇占比大，外在形态和发展模式雷同，小镇发展韧性和可持续性令人质疑。

四是功能融合问题。特色小镇是产、城、人、文等多位一体的有机聚合，在发展特色产业的基础上融合社区建设、人文环境、休闲旅游等多种功能。学者们颇为关注特色小镇对区域历史文化内涵的发掘与传承，认为粗放式、运动式的特色小镇运动以产业经济导向为优先，侧重关注经济绩效，片面追求城镇的开发，忽略了文化资源的保护和历史文脉的延续，导致特色小镇有规划无文创，特色小镇规划中缺少对当地人文特色的汇聚凝练。同时，也有学者关注到小镇产业发展与社区建设之间的割裂，发展产业优先于营造社区，社区营造问题还未进入小镇建设的议程。

五是体制机制问题。特色小镇作为一种产业组织和城镇化发展的创新模式，需要体制机制上的突破去激发其发展的活力。有学者认为一些特色小镇不能有效发挥市场机制的作用，依旧遵循政府主导下依托管委会进行规划管理和招商引资的老路，体制僵化、活力不足。同时，受等级化行政管理体制的制约，特色小镇在行政资源配置体系中处于弱势地位，普遍面临资金、人才等要素和基础设施短板，目前还未形成必要的产业发展支撑体系和配套政策，市场化投融资长效机制尚未形成，缺乏产业发展扶持政策成为特色小镇发展的关键性制约因素。

5.3 秦岭特色小镇建设与发展概况

5.3.1 秦岭特色小镇建设的总体概况

秦巴山区地跨陕、川、豫、渝、鄂、甘6个省（市），主体位于陕南地区。片区内地形复杂、产业支撑能力弱、开发与保护矛盾突出，曾是集中连片特困地区扶贫攻坚的主战场。其中，陕南地区（包含汉中、安康、商洛三市）是国家南水北调中线工程的重要水源涵养区，是陕西省政府确定的限制

▶ **脱贫攻坚、乡村振兴与县域高质量发展——基于陕西 11 个国家乡村振兴重点帮扶县的考量**

开发地区。秦巴山区生态系统被生态学界公认为"中国绿心"和"生态龙脉"，是我国"五区两库"特殊叠加区域。秦岭特色小镇是陕南秦巴山区商洛市立足深度贫困地区产业发展实际，依托现有城镇空间格局，重点打造的具有明确产业定位、特殊文化内涵和乡村休闲旅游功能，集生态、生产和生活于一体的实体空间。作为特色小镇种群中的一个亚种群，秦岭特色小镇在推动深度贫困地区实施乡村振兴战略、实现农业转型升级、助力脱贫攻坚等方面，正发挥着越来越大的作用。

为补齐城市化不足发展短板，有效破解"八山一水一分田"空间资源瓶颈，秦巴山区商洛市发掘自身生态、文化、区位等优势，高起点规划建设富有地方特色、产业特色的秦岭特色小镇。尊重城镇发展规律，处理好生态、产业和人口之间的关系，决定了特色小镇建设的成败，特色小镇建设须以生态环境为约束条件，在要素积累和生态承载力约束下产业发展由市场各方力量角逐形成。秦岭特色小镇是具有明确产业定位、文化内涵和旅游功能，集生态、生产、生活为一体的实体空间和"产、城、人、文"相融合的新型社区，是"特色产业＋文化＋旅游"的综合体，既不同于行政区划上的镇，也不同于产业园区和旅游景区，而是"经济上有产业聚集效应、环境上宜居宜业宜游、形态上可创业可旅游可休闲可生活"的特定区域。秦岭特色小镇建设，遵循"特色产业＋文化＋旅游"的发展模式，按照"新、准、深、美"的原则，坚持生产、生活、生态"三生融合"，产业、文化、旅游、社区"四位一体"，工业化、信息化、城镇化、农业现代化"四化同步"的要求，依托现有产业基础和资源禀赋，结合特色小镇各自独特的地形地貌、历史文化和建筑风格，高标准编制特色小镇建设规划。秦岭特色小镇规划面积原则要求控制在 2～3 平方千米，核心区建设面积控制在 40% 左右；在产业定位上，按照"做特、做精、做优"的产业发展要求，紧扣产业升级趋势，突出产业特色，主攻基础最好、优势最强的特色产业，每个特色产业原则上只创建一个特色小镇，避免产业定位雷同。在文化挖掘上，按照文化底蕴浓厚、地域特色鲜明的要求，结合特色小镇独特的地形地貌、历史文化和建筑风格，深入挖掘文化内涵，延续传统历史文脉，要努力形成"人无我有"的独特文化标识；在小镇格局风貌上，按照宜居、宜业、宜游、宜创新的要求，着力打造优美镇区环境，小镇环境要求整体格局和风貌具有典型特征，所有特色小镇按照 3A 级景区以上标准建设，旅游特色小镇按照 4A 级景区标准建设。主要有主导产业、休闲度假、特色农业、特色文化和其他五大类（表 5-1）。

表 5-1 秦岭特色小镇建设现状

创建批次	小镇名称	小镇特色	类别	建设面积（平方千米）	核心区（平方千米）	总投资（亿元）
第一批	山阳法官秦岭原乡农旅小镇	文化旅游与特色农业	特色农业	4.0	1.0	20.0
第一批	商州北宽坪运动休闲小镇	山地运动与休闲度假	休闲度假	7.0	3.0	26.0
第一批	柞水洞天福地·缘梦小镇	文化旅游与地质科普	主导产业	5.0	2.0	30.05
第一批	商南金丝峡旅游小镇	观光游乐与休闲养生	主导产业	2.6	1.46	20.6
第一批	洛南中国音乐小镇	音乐产业与自然美景	特色文化	1.0	1.0	20.0
第一批	丹凤棣花文创小镇	文学文艺创作与演艺	特色文化	3.0	1.0	21.0
第一批	镇安合曼般若小镇	禅意文化与旅游开发	特色文化	5.0	2.3	26.7
第二批	商州区秦岭·温泉养生小镇	健康养生与自然观光	康养度假	9.0	2.0	30.0
第二批	洛南县仓颉小镇	历史考古与文化旅游	特色文化	17.3	2.3	20.0
第二批	丹凤县秦岭飞行小镇	体育探险与休闲娱乐	休闲娱乐	19.0	10.9	138.0
第二批	商南县富水茶坊小镇	文化旅游与特色农业	特色农业	2.0	0.9	19.0
第二批	山阳县天竺养生度假小镇	康养度假与旅游休闲	旅游休闲	10.58	1.0	28.0
第二批	镇安县童话磨石小镇	文化旅游与休闲娱乐	特色文化	3.01	1.2	20.0
第二批	柞水县秦岭·时光康养小镇	休闲旅游与康养度假	休闲度假	18.42	3.1	20.0

5.3.2 秦岭特色小镇的产业发展

（1）绿色农业

秦岭特色小镇地处集中连片特困地区——陕南秦巴山区，生态环境优越、农林特产丰富，其中核桃、茶叶和板栗属于优势产品（表5-2），产量和产值呈现出逐年增长的良好态势（表5-3和表5-4）。

表5-2 秦岭特色小镇地理标志农产品注册情况

登记注册部门	登记注册名称	数量（件）
农业部	丹凤核桃，柞水核桃，洛南核桃，山阳核桃，商南茶叶，镇安象园茶，丹凤葡萄，商洛香菇，柞水黑木耳，山阳九眼莲，孝义湾柿饼	11
国家质检总局	洛南核桃，洛南豆腐，商洛丹参，云盖寺挂面	4
工商行政管理局	商洛核桃，洛南核桃，镇安板栗，柞水大红栗，镇安大板栗	5

数据来源：中国地理标志服务中心官方网站

表5-3 2012～2018年秦岭特色小镇特色农产品产量及产值

年份	核桃		板栗		药材		茶叶		食用菌	
	产量（万吨）	产值（亿元）	产量（万吨）	产值（亿元）	产量（万吨）	产值（亿元）	产量（万吨）	产值（亿元）	产量（万吨）	产值（亿元）
2012	4.06	10.6	1.83	1.2	12.69	22.92	0.19	2.66	12.6	8.4
2013	4.35	12	2.36	1.65	16.1	29.08	0.22	3.2	13.8	10.1
2014	4.72	14	2.29	1.72	16.4	29.62	0.23	4.4	15	12.7
2015	6.59	16.5	2.53	2.15	17.98	32.48	0.27	6.13	15.9	15.4
2016	10.76	21.5	2.55	2.3	17.52	31.65	0.3	8.4	17.2	16.5
2017	12.85	28	3.11	3	18.22	32.91	0.43	10.03	18.3	17
2018	13.13	35	2.16	2.12	18.91	34.16	0.45	12	18.6	17.3

数据来源：根据2012～2018年商洛市国民经济和社会发展统计公报数据整理。

表 5-4　2012~2018 年秦岭特色小镇特色产业收入和产业关联效应

年份	特色产业产值（亿元）	收入关联效应				产业关联效应		
		农民人均纯收入（元）	财政收入（亿元）	社会消费品零售总额（亿元）	GDP（亿元）	第一产业产值（亿元）	第二产业产值（亿元）	第三产业产值（亿元）
2012	45.78	5425	21.50	107.28	423.31	79.43	195.14	148.74
2013	56.03	6223	25.68	121.82	510.88	85.20	258.97	166.71
2014	62.44	7011	29.04	136.92	574.99	90.82	298.39	185.78
2015	72.66	7706	31.79	154.66	618.52	91.75	318.60	208.17
2016	80.35	8358	26.77	174.93	692.13	96.65	364.88	230.60
2017	90.94	9132	21.76	193.73	757.06	98.18	398.43	260.45
2018	100.58	11213	21.83	214.95	824.77	94.57	441.69	288.51

数据来源：根据 2012~2018 年商洛市国民经济和社会发展统计公报数据计算。

(2) 生态旅游

按照"精品景区＋特色小镇＋美丽乡村"的旅游发展模式，秦岭特色小镇积极推进全域旅游快速发展。现已建成各类景区景点 65 处，其中 3A 级以上景区 34 处、4A 级以上景区 10 处、5A 级景区 1 处；国家森林公园 4 处、地质公园 2 处、水利风景区 5 处、湿地公园 3 处；美丽乡村 16 个、中国最美休闲乡村 3 个。2018 年接待游客 5851.36 万人次，实现旅游综合收入 327.68 亿元，同比增长 25.8%，占到商洛市 GDP 的 39.73%，旅游业已经成为秦岭特色小镇增长势头最猛的支柱产业（表 5-5）。

表 5-5　2012~2018 年秦岭特色小镇生态旅游业发展情况

年份	入境旅游人数（万人次）	国内旅游人数（万人次）	国际旅游外汇收入（万美元）	国内旅游收入（亿元）	限额以上住宿业企业数（个）	限额以上餐饮业企业数（个）
2012	1.41	2288	145	102.5	26	11
2013	1.6	2765	172	135.43	27	11

续表

年份	入境旅游人数（万人次）	国内旅游人数（万人次）	国际旅游外汇收入（万美元）	国内旅游收入（亿元）	限额以上住宿业企业数（个）	限额以上餐饮业企业数（个）
2014	1.65	3006	183	153.29	27	15
2015	1.72	3363	194	174.87	30	20
2016	1.82	3734.77	209.6	199.81	30	22
2017	1.92	4780.15	236	260.52	33	27
2018	2.11	5851.36	254	327.68	37	32

数据来源：根据 2012~2018 年陕西统计年鉴数据整理。

5.3.3 秦岭特色小镇的规模特征

(1) 山阳法官秦岭原乡农旅小镇

法官秦岭原乡农旅小镇地处山阳县法官镇南部，涵盖法官庙村、姚湾及大寺庙村部分区域，其中核心村法官庙村荣获"中国美丽乡村百佳范例""国家美丽宜居示范村""陕西省乡村旅游示范村""陕西省乡村旅游十百千品牌十大美丽乡村"等称号。项目以实现"产业绿色化、城镇景区化、田园景观化"为目标，按照"特色产业＋文化＋旅游"发展模式，建设游客服务中心、秦岭原乡门户区、梯田及荷塘观赏区、农耕文化体验区、特色小吃街区、月亮湾文化娱乐休闲、绿道观光运动健身区等"一心六区"，重点实施月亮湾水体景观、绿化美化、梯田建设、民居院落改造、重要节点提升、特色产业、游客服务中心配套建设等九大工程。全面打造集吃、住、购、娱、休闲、度假为一体的小镇旅游产业集群，形成特色鲜明、多产融合的产业发展格局。持续做大做强特色产业，充分挖掘原乡文化内涵，不断完善旅游服务功能，最终将法官秦岭原乡农旅小镇打造成为国家 4A 级旅游景区、国家特色小镇。项目建成后，年可接待游客 50 万人次以上，年旅游综合收入达到 3.5 亿元，利税 5000 万元，带动就业 3000 余人，对加快山阳国家全域旅游示范区、漫川国家旅游度假区的创建具有积极的促进作用。

(2) 商州北宽坪运动休闲小镇

北宽坪·秦岭运动休闲小镇是商州区重点打造的集有氧运动、旅游观光、休闲度假为一体的特色小镇。小镇位于商州区东北部，距西安 129 千米，距商洛市中心 24 千米，紧邻 312 国道，区域内山清水秀、风光秀美、物产丰富、民风淳朴、历史文化底蕴丰厚。北宽坪·秦岭运动休闲小镇总体功能布局可概括为"一带两馆三基地、四街五区一空间"，一带：秦岭骑行"彩虹带"；两馆：崖壁博物馆、秦岭自然体育馆；三基地：体育赛事基地、体育培训基地和体育娱乐基地；四街：健身健美街、体育养生街、体育康复街、体育休闲街；五区：体育用品展览区、极限运动体验区、田园运动度假区、赛事展览观看区、户外营地区；一空间：省级体育创客空间。年可接待游客80万人次，实现综合收入1500万元，3～5年后年可接待游客200万人次，综合收入可达上亿元。

(3) 柞水洞天福地·缘梦小镇

柞水洞天福地·缘梦小镇位于商洛市柞水县城南13千米的下梁镇石瓮子社区，是以喀斯特地质科考、溶洞群地质景观、天然山岳河流等自然奇观、地方民俗风情体验为特色，集旅游观光与乡村休闲度假于一体的综合性景区。交通便捷，距古都西安仅有82千米。包茂高速、西康铁路、S102省道穿境而过。这里分布大小溶洞118个，是为"洞天"；小镇名为"石瓮"为聚气纳福之地，是为"福地"，故此称为"洞天福地"。小镇所在的柞水县历史悠久，临近古都，是秦楚文化的交汇之地，历史上隐士、文人钟爱此地，张良、韩湘子曾在此修行，王维、贾岛等著名诗人都在此留有不朽诗篇。

(4) 商南金丝峡旅游小镇

商南金丝峡旅游小镇位于商南县西部，因境内拥有"峡谷之都、生态王国"之称的国家级森林公园金丝大峡谷而得名，属全国重点镇、国家宜居村庄示范、陕西省特色旅游名镇、省级跟踪指导考核市级重点镇、陕西省生态镇。该镇距离陕西西安、河南南阳、湖北十堰均有2～3小时车程。境内资源丰富，山水相依成就了金丝峡镇独特的自然景致和人文情韵，冬无严寒，夏无酷暑，生态秀美，金丝大峡谷国家级生态旅游风景区得天独厚，被誉为"峡谷之都""生态王国""天然氧吧"。交通网络密布，沪陕高速穿境而过，郭山路横贯东西，开白路和太耀路贯通南北，水泥路村村通达。市场非常活跃，全镇已发展农家乐328家，大中小型宾馆饭店鳞次栉比，建成电子商务中心，打响"金丝十三花"省著名商标。以茶叶、食用菌、蜂蜜、中药材为重点的林果业和以生猪、野鸡为重点的畜牧业蓬勃发展，农副产品购销两旺。按照"旅游特色名镇"的发展定位，瞄准"省级旅游示范区"和"国家卫生镇"两大创建任务，实施"生态立镇、产业兴镇、旅游富镇、城建强镇"的发展战略，围绕"一心(官渡小镇)、两廊(丹江生态画廊和小河流域绿色长廊)、三街(太吉河古街、太子坪美食街、梁家湾商贸街)、四区(梁家湾片区、开河片区、江西沟片区、二郎庙片区)和七个特色农庄"的规划布局，初步构筑了宜居、宜业、宜游、宜商的良好发展环境，构建了"奇山秀水一幅画、城镇村落一体化"的特色城镇体系。

(5) 洛南中国音乐小镇

中国·洛南音乐小镇位于洛南县城西南部，紧邻307省道，距县城中心2千米，距华阳高速出口3千米，项目占地1平方千米。音乐小镇分三期建设，主要包括音乐广场、音乐工厂、音乐风情街、音乐酒店及民宿客舍、万亩花海、花海咖啡、四皓草堂、儿童乐园、温泉酒店、滑雪场、艺术家公社和伶伦文化研究院等板块。2018年被评为4A级景区，已与陕西演艺集团、陕西广电网络传媒、咪咕音乐达成战略合作，已实现"线上+线下"做音乐。能容纳10000余人的专业露天音乐广场已完成美化、绿化、亮化，已经投入运营多场次大型演出；音乐风情商业街256个商铺已投入试运营，音乐酒店及民宿客舍15个庭院已经正常投入运营；通向外界的多媒体窗口音乐工厂已经可以正常使用；以茶道、香道、禅道为基调的四皓草堂5个院落主体已完工，正在室内装修；景区道路、管网、停车场等基础设施建设的美化、绿化和亮化已基本完成。二期儿童乐园和温泉酒店、滑雪场项目正在招商当中。中国洛南音乐小镇的总体战略是立足"一个定位"，发展"三大板块"，突出"五个战略着力点"。依托秦岭优美生态，打造"丝路国际音乐节和丝路国际音乐论坛"两大国家级文化品牌，建设国家音乐产业基地。"三大板块"，即文旅产业板块、艺术类教学科研板块、现代全媒体板块。"五个战略着力点"，即秦岭明珠、丝路国际音乐节(论坛)、旅游脱贫示范基地、走向资本市场、建设"国家音乐产业基地"。项目建成后，将以音乐为主题，打造融观演、吃、住、养生、体验和娱乐等为一体的现代休闲旅游度假区，促进区域产业转型和经济发展，实现全域旅游发展目标。

(6) 丹凤棣花文创小镇

棣花文创小镇项目依托棣花文化旅游4A景区、文化旅游名镇、美丽乡村资源，结合特有的平凹文化、宋金文化、驿站文化以及优美的生态环境，围绕"文化+特色产业+旅游+扶贫"的模式，打造以文艺创作、艺术交流、影视拍摄、研学主创产品开发、实景演绎等文创产业和配套设施等于一体的文创小镇。项目将打造为文化、产业、旅游、度假等功能叠加的文创小镇。项目年可实现产值10亿元以上，接待游客160万人次，新增就业岗位1000个，带动周边400户贫困家庭实现稳定脱贫，并争创5A级景区。

(7) 镇安合曼般若小镇

合曼般若特色小镇项目位于镇安县城东侧，紧邻西康铁路镇安站，距包茂高速镇安出口 2 千米，G211、G345 国道穿镇而过，交通区位优势明显。四面绿山环绕，乾佑、金沙两河怀抱，核心区金台山文化旅游区资源丰富。项目聚焦"产、城、人、文"四大要素高点布局，"文化＋旅游＋产业"的新型服务业综合体，是全域旅游龙头项目，也是经济转型升级、加快脱贫攻坚的示范性、引领性重点工程。整个小镇以金台山为"轴线"，以东侧茨沟和西侧碾子湾、南门坡区域为"两翼"，重点配套建设山下集商业街、金台书院、合曼兰若酒店、金台立体停车楼、金台十方街、碾子湾民俗体验区、南门坡山居栈道、镇安印象文化演艺广场和金沙河滨水步行街等多个单体工程。

(8) 商州区秦岭·温泉养生小镇

商州区秦岭·温泉养生小镇位于商州区腰市镇，距西安市 90 千米、距商洛市区 30 千米，北至庙湾水库，南至洛洪路。该地生态良好、资源富集、底蕴丰厚、交通便利，是未来商州北部旅游环线的重要支点，并将成为城市周边休闲生活的主要目的地，年可接待游客 40 万人次，实现旅游综合收入 15000 万元。商州区秦岭·温泉养生小镇以秦岭温泉资源为依托，以健康养生为目的，规划温泉公园、温泉养老、温泉乡居、温泉森林四大组团，重点建设主题温泉酒店、高端温泉民宿酒店、康养合院、民俗风情街区、汽车自驾营地、休闲农业田园综合体等。

(9) 洛南县仓颉小镇

洛南县仓颉小镇文化旅游景区位于国家级非遗"仓颉传说"遗迹所在地洛南县保安镇，距西安 87 千米，距洛南县城 25 千米。该景区依托仓颉造字、河洛文化及仓圣湖等人文生态资源，融合保安镇易地扶贫搬迁工程，规划建设中华仓颉汉字文化博览园、主题教育拓展基地、康体养生度假区及滨河景观带。立足自有资源，以"仓颉造字"为核心，以仓颉文化博览馆为一点突破，分期实施仓颉造字遗址群、洛惠渠、唐澍殉节处、北斗导航基地等文化生态、红色科技资源的保护和开发。仓颉文博馆以汉字源流为起点，续现当代书法碑刻经典，精心打造谷雨祭仓圣核心地标和汉字源流及现当代书法名作博览中心。景区同步开发文教、文娱、文商、康养四大业态，拓展文教博览、研学培训、红色教育、影视演艺、康养度假等项目，协同农业观光园、兔业基地、手工艺加工基地等本区第一二产业的融合发展。目前，景区建成了仓圣广场、仓颉文博馆、文化商业街、公寓酒店、文教中心、溪乐谷民宿及其他基础服务设施等。景区全面运营后，年可接待游客 50 万人次，实现年旅游收入 4000 万元，带动周边 1500 户群众创业就业。景区实施对仓颉文化挖掘及品牌打造，对构建村镇融合发展新支点和文旅融合产业新模式，具有十分重要的意义。

(10)丹凤县秦岭飞行小镇

中国秦岭飞行小镇位于丹凤县商镇，东起恒大路丹江桥，西至棣花巩家湾，南到南坡山脊，北至丹江北堤，是丹凤县在陕西省列入全国低空开放试点省份的大背景下，依托丹凤商镇飞播机场策划的全域旅游产业项目。该项目按照"突出飞行体验，发展文化旅游，配套建设城市综合体"的思路，产业定位为"中国飞行体验城，秦岭生态养生地"，发展目标为"以飞行为核心的特色旅游小镇"。

(11)商南县富水茶坊小镇

商南县茶坊小镇项目位于出豫入陕第一镇富水镇境内，距商南县城6千米，紧邻312国道，距商南火车站6千米、沪陕高速商南出口12千米，地理位置优越，交通十分便捷。项目以"三味茶谷·五趣茶园·十韵茶事"等创意项目为引爆点，构成特有的文化属性，形成入口形象区、交易集散区、茶园观光区、茶乡体验区、禅茶度假区、产业培育区等六大功能板块。按照"一廊一山三谷"空间布局建设一个集茶科技引领示范、茶产品精深加工、茶市场交易集散、茶元素高端集聚、茶文化休闲旅游、茶生态养生康体于一体的新型旅游特色小镇。

(12)山阳县天竺养生度假小镇

天竺山养生度假小镇位于天竺山脚下僧道关村，项目依托天竺山优越的自然资源和道家思想及新中医理论，采取现代高科技与传统理疗相结合。遵循百分之二十的手法，百分之六十的仪器，百分之二十的物理调养。聚集休闲娱乐、康体健身、养生度假于一体的养生度假小镇。小镇打造高端民宿，建有综合养生堂、舒肝苑、暖胃坊、沁心园等养生功能区，引进世界先进仪器设备，可以很精准地诊断出人体的亚健康状况，从而达到强身健体、美容养颜、延年益寿等目的。

(13)镇安县童话磨石小镇

镇安县童话磨石小镇位于镇安塔云山脚下，依托塔云山景点，以"童话磨石沟"为主题，构成"三味村"(出云村、绿屋村、户隐村)+"中心角城"，建设磨石沟流域美丽的村庄，重点打造的一处美丽乡村的升级版。整个项目集生态、旅游、观光、休闲为一体，强化清山绿水与民居的和谐共存，让绿色成为美丽乡村的主色调、让迷幻成为主题调、让隐村成为一种时尚，以期带动旅游业的上档升级，提升当地群众生活条件。

(14)柞水县秦岭·时光康养小镇

秦岭时光康养小镇位于柞水营盘镇朱家湾村，按4A级景区标准规划"一心一带五组团"的旅游空间格局。一心：中心服务片区——阡陌红尘，一带：乾佑河景观带——似水流年；五组团：脱贫农创片区——雕刻拾光，艺术文创片区——诗茶作乐，山林康养片区——岁月沉香，精英办公片区——光阴漫步，房车露营片区——篝火萤光。主要建设山景公寓、合院、夏令营基地、花溪滨水景观步道、登山步道、体育运动中心、医养中心、特色农庄、房车和汽车及摩托车自驾营地、脱贫致富创业基地、游客服务中心、商务会议中心、花田茶舍、创意集市、东西门户区及其他基础康养服务设施等。

5.3.4 秦岭特色小镇生态服务方面存在的问题

(1) 对生态文明建设重视程度有待提升

内生于旧有发展理念和发展模式的生态环境保护制度在短期内难以实现彻底变革，使秦岭特色小镇在生态文明建设中存在一些问题：一是对生态文明建设及体制改革的认知水平有待提升，对"绿水青山"和"金山银山"的辩证关系缺乏全面理解，少数社会相关主体出于脱贫攻坚的迫切需求对实施最严格的生态保护制度存在抵触情绪，对生态文明体制改革制度的熟悉程度较低；二是生态文明体制改革的推进机制有待健全，地方对党中央关于生态文明建设精神的领会存在难度，"重方案制定，轻方案执行"的现象比较普遍，改革推进的督办和评估机制不健全，各单位选择性改革问题突出；三是生态文明体制改革的支撑条件有待完备，生态文明体制改革所需的资金投入、专业性人才和基础数据供给和支撑不足。

(2) 农业绿色发展方式亟待转变

秦岭特色小镇以绿色农业和生态旅游为主导产业，绿色农业发展面临三大困境：一是生态环境约束趋紧，化学品高投入、资源高消耗的农业生产方式使耕地资源持续被消耗、农村生态环境被污染，制约了农业的进一步发展；二是农业经济效益持续下滑态势难以扭转，农业投入品价格上涨及其利用效率低下叠加拉高了农业生产成本，农产品自身缺乏特色与品牌优势，使农产品市场价格难以大幅上涨；三是农产品质量安全存在隐患，农村生态退化和环境污染导致农产品安全事件频发，对消费者的身体健康构成了威胁。

(3) 脱贫攻坚与乡村振兴的衔接

秦岭特色小镇发展对生态环境表现出较强的依赖性，生态环境保护难以与经济发展实践有机协同，存在的生态环境问题主要有：一是发展中的环保投入资金短缺。农业污染排放大、投入少，农村人居环境底子薄、欠账多。二是生态增收力度不明显。生态扶贫手段单一，公益岗位设置及管理机制不完善，生态产业发展见效慢。三是生产发展缺少生态考量。脱贫攻坚中存在环保让路现象，局部贫困地区资源环境已经超载，缺乏协调机制，生态部门作用难以充分发挥。四是生态环境保护政策在基层执行存在难度。一些环保政策在基层实施的过程中产生了"一刀切"的过度执行现象、"以禁代治"的懒政行为、"发展让路"的监管无力现象。

5.3.5 秦岭特色小镇生态服务调查分析

为深入了解秦岭特色小镇生态旅游服务现状，项目组针对特色小镇工作人员与游客，分别制订调查问卷，采取线下实地调研、访谈的方式，先后前往商州北宽坪运动休闲小镇、丹凤棣花文创小镇、洛南音乐小镇、洛南仓颉小镇、镇安童话磨石沟小镇、镇安合曼般若小镇、商南金丝峡旅游小镇、商南富水茶坊小镇、山阳法官秦岭原乡农旅小镇、柞水洞天福地、缘梦小镇等10多处特色小镇，采集了秦岭特色小镇生态旅游服务的基础数据，共回收工作人员问卷144份、游客问卷75份。

(1)秦岭特色小镇工作人员问卷调查分析

问卷共分为四个部分：基本情况、从业人员专业程度、特色小镇项目开展情况、特色小镇运营管理情况。

①秦岭特色小镇工作人员基本情况

秦岭特色小镇工作人员的学历情况与相关工作年限情况如图5-1、图5-2所示。

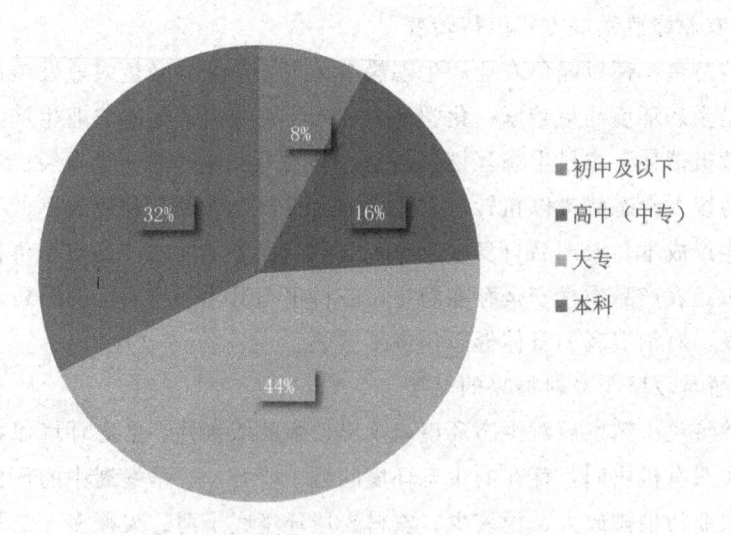

图5-1 秦岭特色小镇工作人员学历情况

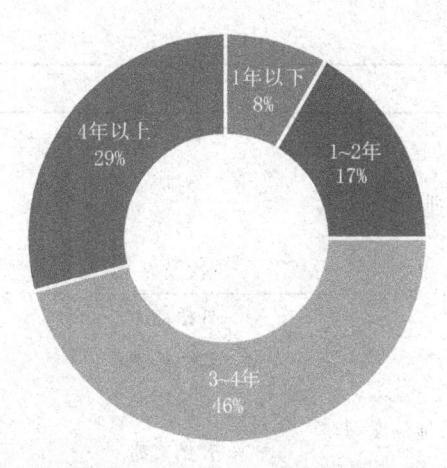

图 5-2　秦岭特色小镇工作人员相关工作时间情况

秦岭特色小镇工作人员中大专学历者占比近一半,32%的人员拥有本科学历,但被调查者中没有硕士及以上学历,可见秦岭特色小镇工作人员学历主要由专科和本科构成,高学历人才比较稀缺。秦岭特色小镇工作人员大部分都拥有较长时间的相关工作经历,被调查者中有3年以上相关工作经历的占75%,说明秦岭特色小镇工作人员具有较为丰富的工作经验。

②从业人员专业程度

秦岭特色小镇从业人员的专业程度如表 5-6 所示。70.8%的工作人员平均每年都是参加三次以上专业岗位培训活动,并且专业程度基本上能够满足日常工作需要。在工作能力提升方面,大部分工作人员认为应该加强旅游产品开发、组织管理、外语能力和营销策略方面的专业技能。

表 5-6　秦岭特色小镇从业人员专业程度情况

题目	选项	百分比(%)
专业程度是否满足需求	非常专业	20.8
	比较专业	58.3
	一般	20.8
	不太专业	0
	不专业	0

续表

题目	选项	百分比(%)
平均一年参加培训次数	没有参加过	8.3
	一次	4.2
	两次	12.5
	三次及以上	70.8
应该加强哪些专业技能的学习	外语能力	41.7
	组织管理	50
	安全培训	16.7
	营销策略	41.7
	社交能力	25
	旅游产品开发	58.3

③特色小镇项目开展情况

经调查统计，秦岭特色小镇项目的鲜明程度较高，大部分特色小镇拥有自己独特的旅游项目。同时，特色小镇每年开展活动次数5次以内的占12.5%，5~10次的占25%，超过10次的占62.5%。说明秦岭特色小镇也较为重视旅游项目、旅游活动的开发。

④特色小镇运营管理情况

秦岭特色小镇运营管理情况如表5-7所示。目前，秦岭特色小镇的主要运营方式为政企联动和政府主导，大部分被调查者认为应该进一步加强小镇特色产业链方面的建设。特色小镇对周边生态环境和居民收入均有积极的正向影响作用，79.2%的被调查者认为特色小镇的建设明显改善了周边的生态环境；当地居民主要通过开办家庭餐厅、小镇内直接就业、开办家庭旅馆、售卖纪念品等方式提高收入，可见特色小镇的建设能够给当地带来较高的生态效益、经济效益和社会效益。秦岭特色小镇大部分都采用多元化的推广方式，主要通过与旅游公司或旅游局进行合作、举办活动吸引媒体关注、外出宣传、运用自媒体制作短片等方式进行推广宣传。

表 5-7　秦岭特色小镇运营管理情况

题目	选项	百分比(%)
小镇的主要运营方式	政府主导	29.1
	企业主导	25
	政企联动	41.7
	其他	4.2
小镇发展应该侧重哪方面建设	文化建设	37.5
	商业发展	37.5
	生态环境	37.5
	特色产业链	79.2
	科技创新	12.5
对周边生态环境的影响	明显改善	79.2
	略微改善	16.7
	没有变化	4.2
	环境恶化	0
给当地居民收入带来的影响	收入显著提高	62.5
	收入略微提高	37.5
	未有提高	0
	收入下降	0
通过何种方式提高居民收入	小镇内直接就业	75
	开办家庭餐厅	83.3
	开办家庭旅馆	58.3
	提供交通服务	33.3
	提供想到服务	29.1
	售卖纪念品等附加产品	41.7
特色小镇推广方式	举办活动吸引媒体关注	75
	外出宣传	75
	运用自媒体制作短片等进行宣传	75
	邀请媒体进行实地考察	41.7
	投放电视广告	29.1
	与旅游公司或旅游局进行合作	79.2

对于小镇目前存在的问题,按选项占比依次为:产品的设计与开发不足、布局与宣传力度不够合理、市场调查与研究不够、基础设施的建设不足、人才数量质量不足、游客体验感差参与度低、生态环境急需改善、交通环境差、政府重视扶持力度不足。

(2)秦岭特色小镇游客问卷分析

游客问卷分为四个部分:客源与认知度情况、特色小镇游客旅游情况、生态环境满意度、改进措施。

①秦岭特色小镇客源与认知度情况

经调查统计,秦岭特色小镇的游客20%来源于商洛市六县一区,60%的游客来自陕西省境内,20%的游客来自陕西临近省份,而被调查者中没有距离陕西较远省份的游客。被调查者中,绝大部分游客都是通过网站广告和微信抖音等平台了解到秦岭特色小镇,有40%的游客去过1~3个秦岭特色小镇,剩下60%的游客去过4~8个秦岭特色小镇,说明随着互联网平台的发展,秦岭特色小镇的认知程度也在逐渐提高。

②特色小镇游客旅游情况

游客在秦岭特色小镇旅游情况如表5-8所示。

表5-8 游客在秦岭特色小镇旅游情况

题目	选项	百分比(%)
特色小镇旅游主要目的	旅游观光	82.7
	走亲访友	17.3
	体验生活	22.7
	运动健身	12
特色小镇旅游的首选因素	交通状况	44
	生态环境	26.7
	餐饮服务	21.3
	民俗文化	8
特色小镇生态旅游形式	家庭出游	42.7
	独自出游	2.7
	结伴出游	21.3
	集体活动	30.6

续表

题目	选项	百分比(%)
出行的交通方式	自驾	92
	公交	5.3
	骑行	2.7
	便车	0
在特色小镇平均花费时间	1~2小时	16
	半天左右	32
	1天左右	30.7
	2天左右	21.3
主要费用支出	餐饮支出	54.7
	旅游纪念品	6.7
	住宿支出	65.3
	交通支出	14.7

旅游观光是游客到秦岭特色小镇的主要目的，旅游的首选因素是交通状况，其次是生态环境与餐饮服务。被调查者中有42.7%的游客选择家庭出游、2.7%选择独自出游、21.3%的游客选择结伴出游、30.6%的游客采用集体活动的旅游形式。出行的交通方式选择自驾的占比达到92%，选择公交方式的占比5.3%，说明秦岭特色小镇的交通条件还不是很便利。超过70%的游客在特色小镇花费时间均在1天以内，而在特色小镇过夜花费两天左右的游客仅占21.3%。在主要支出方面，餐饮和住宿依旧是游客在特色小镇旅游的主要支出，选择旅游纪念品支出的游客仅有6.7%，这也反映出秦岭特色小镇在旅游纪念品的开发上还有待提升。

③生态环境满意度情况

本研究从四个方面调查了游客对秦岭特色小镇生态环境的满意度，可以看出，大部分游客对秦岭特色小镇生态环境方面还是比较满意的，在植物种类数量和日常维护程度上，部分游客认为还有提升的空间，见表5-9。

表 5-9 生态环境满意度情况

题目	选项	百分比(%)
植物种类数量及色彩搭配	非常不满意	17.4
	不满意	9.3
	一般	12
	比较满意	45.3
	非常满意	16
景观元素丰富程度	非常不满意	5.4
	不满意	6.6
	一般	9.3
	比较满意	56
	非常满意	22.7
维护程度(如整洁程度、日常管理)	非常不满意	14.6
	不满意	10.7
	一般	8
	比较满意	52
	非常满意	14.7
总体景色满意度	非常不满意	4
	不满意	8
	一般	16
	比较满意	41.3
	非常满意	30.7

④改进措施

经调查统计，游客对于秦岭特色小镇提升生态服务水平改进的措施按重要度排序为：加强环境保护与生态文明宣传、增加娱乐休闲活动、规范和提升服务质量、改善住宿环境、增加乡土味、丰富旅游产品、改善交通、扩大营销宣传。

5.3.6 秦岭特色小镇建设的生态遵循

(1)生态文明建设

20世纪80年代，我国开始确立了环境保护的基本国策，将资源节约和环境保护纳入国民经济和社会发展计划，资源环境领域的立法体系逐步健全，生态环境保护的基本制度基本建立，生态环境保护的专业化机构开始建立。到了20世纪90年代，我国确立了可持续发展的国家基本战略，提出从粗放型向集约型转变的经济增长方式，国民经济和社会发展计划中关于资源节约和环境保护的内容开始增多，生态环境保护的立法进程不断加快，生态环境保护制度不断完善，生态环境保护的机构保障开始加强。在21世纪前10年，我国提出科学发展观，建设资源节约型和环境友好型社会，首次提出建设生态文明，提出以发展循环经济加快转变经济发展方式，资源环境立法、修法密集开展，生态环境保护的制度体系持续完善，生态环境保护的专业化机构持续升格。党的十八大以来，我国生态文明体制改革力度空前，生态文明法治建设加快推进，生态文明体制改革的重大制度实现突破，生态文明建设纳入目标评价考核制度全面实施，党政同责制度全面实施，环保督察制度开展力度空前，生态环境损害终身追究制度开始实施，生态文明机构改革大幅推进，实施最严格的生态文明制度体系，国土空间格局不断优化，资源节约全面推进，生态环境质量总体改善，重大生态修复稳步推进，逐步遏制住了生态环境质量恶化的势头，生态环境质量总体持续好转，生态文明建设成为新时代我国经济社会发展的根本遵循和重要原则，也是秦岭特色小镇建设和发展必须遵循的重要原则。

(2) 绿色发展理念

马克思强调："不以伟大的自然规律为依据的人类计划，只会带来灾难。"马克思主义生态观的核心内容是人与自然的关系，其从哲学的高度，阐释了人类认识、改造和利用自然的一系列问题，鲜明地揭示了生态危机的根源，深刻剖析了资本主义及其生产方式对生态的破坏，提出了在共产主义社会重新建立人与自然的关系，有效消除生产、科技与消费的异化，实现自然资源的循环利用，加速人与自然本真关系的回归，为推进绿色发展提供了科学的方法论，启示人们关注生态哲学，尊重客观规律，使绿色发展理念有了科学的理论支撑，成为绿色发展理念的重要理论基础。绿色发展是在承认资源承载力和生态环境容量有限性的约束条件下，将生态环境保护作为未来经济增长以及实现可持续发展的一种新型发展模式。党的十九大报告强调"推进绿色发展""形成绿色发展方式和生活方式，坚定走生产发展、生活富裕、生态良好的文明发展道路，建设美丽中国，为人民创造良好生产生活环境，为全球生态安全作出贡献"。绿色发展理念从马克思主义出发，坚持了马克思主义的实践观点，直面改革开放四十年来我国经济社会建设中存在的现实问题，总结了粗放经济发展模式下过度增加生产要素、急于扩大生产规模对生态环境造成破坏的教训，厘清了社会进步、文明兴盛、生态环境的逻辑关系，摒弃了传统发展模式中"竭泽而渔"的破坏式开发，为新时代推进经济社会的发展拉起了"生态红线"，探寻出一条自然环境与经济和谐发展的崭新路径，使实现可持续发展成为经济社会建设的内在需求，是马克思主义生态文明理论的创新发展，扩展了马克思主义生态观的理论视域，绿色发展理念成为新时代我国经济社会发展必须遵循的基本理念，也是秦岭特色小镇建设和发展必须贯彻的重要理念。

(3) 农业绿色发展方式

改革开放以来，我国农业实现了快速发展，农产品产量稳步提高，农业生产条件大幅改善，农业结构不断优化，农民收入持续增长。但与此同时，农业发展引致的资源环境问题日益凸显，农业过分依赖资源消耗、粗放发展，农业面源污染治理成效区域差异性明显，新时代优质安全的农产品供给不足，难以满足人民日益增长的美好生活的需要。2017年中央"一号文件"提出推行绿色生产方式，增强农业可持续发展能力。2018年中央"一号文件"再次提出加强农业面源污染防治，开展农业绿色发展行动，实现投入品减量化、生产清洁化、废弃物资源化、产业模式生态化。2019年中央"一号文件"不但提出强化高质量绿色发展导向，而且提出了创建农业绿色发展先行区。农业绿色发展是农业发展方式从过去的高投入、高消耗向资源节约、环境友好型农业转变，核心要义是统筹协调农业发展的经济效益、社会效益、环境效益和生态效益，实现资源节约、环境友好、生态保育、质量高效，突出强调农业产地环境、生产过程和农产品实现绿色化。农业绿色发展包含了理念、手段和目的三个层次，农业绿色发展是绿色发展理念在农业领域的实践与拓展，农业绿色发展目标是新时代实现农业可持续发展的延续和深化，农业绿色发展方式是对生态农业和绿色农业模式的肯定和融合。农业绿色发展涵盖了低碳性、经济性、安全性三个方面，低碳生产是农业绿色发展的基本特征，经济增收是农业绿色发展的基本原则，安全供给是农业绿色发展的重要目标。农业绿色发展方式成为新时代我国农村经济社会发展的必然要求，也是秦岭特色小镇建设和发展的必然要求。

5.3.7 秦岭特色小镇建设与生态服务的融合机制

(1) 坚持生态振兴战略

全面加强党对生态文明体制改革的领导，不断优化生态文明体制改革的方案设计，扩大改革方案制定的参与主体，完善正向激励性的制度内容，健全生态文明体制改革方案的解读、传达、督办和典型案例推广机制，完善生态文明体制改革的支撑配套条件，加快生态文明体制改革的理论研究，鼓励社会投资进入生态环保市场，完善生态环境监测体系，夯实生态文明建设基础。秦岭特色小镇在发挥生态系统服务功能中应从四个方面做起：一是构建生态环境保护优先的制度保障，必须考虑生态环保因素设置规划，建立组织协调机制，完善监督监管机制，合理设置生态公益岗位，添绿增收两不误；二是以人居环境整治为抓手，在工作对象上从关注人向关注生态环境要素转变，在目标导向上从生态环境治理向发展生态产业转变，在工作范围和对象上由点向面的转变，提升"生态宜居"获得感；三是用好生态资源，做好"小农"大文章，实现适度规模种养循环；四是强化顶层设计，找准发力点，吸引带动社会资本发展生态行业，广泛宣传，发挥群众主体作用，形成多方参与的绿色发展格局。

（2）坚持绿色发展方式

绿色发展的实质就是要解决好人与自然和谐共生问题，是对传统发展方式的辩证否定。秦岭特色小镇在建设和发展中，要全面引入生态学思想，考虑技术对环境、生态的影响和作用，以绿色技术创新提升生态系统服务功能发挥，最终达到协调人类发展和自然环境之间关系的目的。秦岭特色小镇在产业发展中要遵循生态学和生态经济规律，以节约资源和能源、减少或减轻对生态环境的污染和破坏为目的，实现生态负效应最小化、"无公害化"或"少公害化"，充分应用污染控制和预防技术、废物最少化技术、源头削减技术、循环再生技术、净化技术、生态工艺等绿色发展技术，持续推动秦岭生态持续向好，在实现商业价值的同时又创造生态价值。

（3）发挥生态系统服务功能

当前，我国生态文明建设正处于压力叠加、负重前行的关键期，已进入提供更多优质生态产品以满足人民日益增长的优美生态环境需要的攻坚期。生态系统服务功能是人类从生态系统中直接或者间接获取的那部分收益，主要包括供给服务、调节服务、支持服务和文化服务（表 5-10）。

表 5-10 秦岭特色小镇生态系统服务功能

功能	内容
供给服务	食品和纤维、木材、燃料、药品、遗传基因库、淡水、水能、观赏植物等
调节服务	气候调节、水资源调节、侵蚀控制、水质净化、废弃物处理、生物控制、风暴、授粉等

续表

功能	内容
支持服务	初级生产力、固碳产氧气、土壤保持、水循环、氮循环、生境质量等
文化服务	文化多样性、精神和宗教价值、知识系统、教学价值、灵感、美学价值、社会关系、感知、文化旅游等

5.4 秦岭特色小镇生态服务水平评价

5.4.1 评价指标选取

课题组通过梳理相关文献，采用实地调研等方式，详细分析了秦岭特色小镇建设的现状，剖析了秦岭特色小镇生态服务中存在的问题，综合考虑秦岭特色小镇生态服务平台建设的要求、发展特点以及其他因素，评价指标准则层设有产业提升(B_1)、环境治理(B_2)、民生服务(B_3)、文化传承(B_4)、政策支持(B_5)五个维度，指标层是对准备层的五个维度进一步细分，共细分为23个指标。如表5-11所示。

表5-11 秦岭特色小镇生态服务水平评价指标体系

目标层(A)	准则层(B)	方案层(C)
秦岭特色小镇生态服务水平 A	产业提升 B_1	绿色经济发展程度 C_1
		地区生产总值增长率 C_2
		特色产业生产总值增长率 C_3
		主导产业新增投资总额 C_4
		产业链完善程度 C_5
	环境治理 B_2	建成区绿化覆盖率 C_6
		污染物处理率 C_7
		人民舒适度 C_8
		环境美观程度 C_9
		生态格局合理性 C_{10}

续表

目标层（A）	准则层（B）	方案层（C）
秦岭特色小镇生态服务水平 A	民生服务 B_3	居民可支配收入增长率 C_{11}
		新增就业人数 C_{12}
		道路交通建设 C_{13}
		生活服务设施建设 C_{14}
		服务类型多样性 C_{15}
	文化传承 B_4	传统文化保护与传承 C_{16}
		文化设施建设 C_{17}
		文化活动项目开展次数 C_{18}
		文化宣传力度 C_{19}
	政策支持 B_5	环境治理政策 C_{20}
		体制机制创新 C_{21}
		人才引进制度 C_{22}
		投融资环境 C_{23}

产业提升（B_1）：秦岭特色小镇生态服务水平的经济外化就表现在是否有特产业方面的提升，以及是否能形成一定的产业链，并且是否能够带动当地经济发展。因此，将产业提升维度主要划分为衡量产业的相关指标与衡量经济发展的相关指标。

环境治理（B_2）：环境治理能力是秦岭特色小镇生态服务水平的核心，主要体现在秦岭特色小镇及相关各项目建设对地区生态环境的影响，以及特色小镇项目内营造优良生态环境的建设成效。因此，选取生态环境变化、生态宜居程度、生态环境美化等方面的相关指标来代表环境治理维度。

民生服务（B_3）：主要体现了秦岭特色小镇及相关各项目建设对当地产业的经济效益和社会效益。主要体现在对当地居民和游客生活的影响，以及与人民生活息息相关的各种基础设施的建设成效。

文化传承（B_4）：主要是指秦岭特色小镇建设过程中对特色文化的保护与传承、发展和宣传的效果，因为文化建设效果难以量化，所以文化传承维度的指标主要以定性指标为主。

政策支持（B_5）：秦岭特色小镇建设生态服务能力需要相关政府参与并制定相关的政策支持，体制机制的创新与完善、强有力的政策支持在一定程度上能够刺激小镇的经济发展，吸引高素质人才回镇就业，为小镇的发展注入"新鲜的血液"。

5.4.2 评价方法

由于特色小镇生态服务水平部分衡量指标难以量化，或者缺少相关统计数据，为了最大限度地模糊难以确定的相关信息，选取AHP-模糊综合评价法进行秦岭特色小镇生态服务水平测度。AHP-模糊综合评价法组合了层次分析法和模糊综合评价法的原理和过程，首先先使用层次分析法建立评价指标的递阶层次结构，根据重要度计算结果确定评价指标的权重，其次运用模糊综合评价法对各指标进行评价，按照最大隶属度原则确定各指标的评价等级，最后综合指标权重和评价等级得到评价结果。AHP-模糊综合评价法具有系统性强、定量分析与定性分析相结合的优点，评价精度较高，评价结果包含信息丰富，适合分析多目标、多准则、多层次的问题。通过对比AHP-模糊综合评价法和秦岭特色小镇生态服务的特点可以发现，AHP-模糊综合评价法是一种非常适用于秦岭特色小镇生态服务评价的方法。

5.4.3 评价指标权重确定

(1)评价指标权重计算方法

通过建立秦岭特色小镇生态服务水平评价指标体系，需要进一步计算每一层次因素的权重，用以分析特色小镇生态服务平台建设中哪一个指标更为重要。层次分析法主要是通过对同一层次构造成对判断矩阵，通过指标间的两两比较，来计算同一层次不同因素的权重。

层次分析法具体计算方法如下：

①本研究邀请了15位特色小镇相关领域研究的专家，对同一层次同一归属的各个要素的重要度依据1—9标度法进行一对一的比较，经过多轮调查和反馈，再将比较结果通过比例标度进行量化，建立重要度计算的判断矩阵，这是一个将专家对于各个指标重要度的定性判断量化的过程。

②因为判断矩阵是一个n阶正互反矩阵，所以判断矩阵有唯一非零特征根，也是最大特征根λ_{max}，所对应的特征向量为W，对特征向量进行归一化处理即可得到各元素的相对权重值。考虑到高阶矩阵线性代数计算比较复杂，本研究采用方根法计算判断矩阵的最大特征根和特征向量，计算过程如下：

计算判断矩阵每一行元素的乘积M_i

$$M_i = \prod_{j=1}^{n} a_{ij}, \quad i=1, 2, \cdots, n \tag{5-1}$$

计算 M_i 的 n 次方根 $\overline{W_i}$

$$\overline{W_i} = \sqrt[n]{M_i},\ i=1,\ 2,\ \cdots,\ n \tag{5-2}$$

对特征向量 $\overline{W} = (\overline{W_1},\ \overline{W_2},\ \cdots,\ \overline{W_n})^T$ 进行归一化处理

$$\overline{W_i} = \sqrt[n]{M_i},\ i=1,\ 2,\ \cdots,\ n \tag{5-3}$$

计算最大特征根 λ_{max}

$$\lambda_{max} = \sum_{i=1}^{n} \frac{(AW)_i}{nW_i} \tag{5-4}$$

③对判断矩阵进行一致性检验,先计算判断矩阵的一致性指标 $C.I.$

$$C.I. = \frac{\lambda_{max} - n}{n-1} \tag{5-5}$$

引入随机一致性指标 $R.I.$,计算一致性比例 $C.R.$

$$C.R. = \frac{C.I.}{R.I.} \tag{5-6}$$

当 $C.R.=0$ 时,判断矩阵为完全一致性矩阵,具有完全的一致性;当 $C.R.<0.1$ 时,判断矩阵为满意一致性矩阵,具有满意的一致性;当 $C.R.>0.1$ 时,判断矩阵不具有一致性。若判断矩阵具有完全或满意的一致性,则检验通过,判断矩阵的特征向量即为权重向量,若判断矩阵不具有一致性,则检验未能通过,再次进行专家调查,重新建立评价指标重要度计算的判断矩阵。

(2)评价指标权重

依据评价指标权重计算方法,求得秦岭特色小镇生态服务水平评价指标体系权重见表 5-12。

表 5-12 秦岭特色小镇生态服务水平评价指标体系权重

目标层(A)	准则层(B)	一级指标权重	方案层(C)	二级指标相对权重	二级指标权重
秦岭特色小镇生态服务水平 A	产业提升 B_1	0.1909	绿色经济发展程度 C_1	0.2180	0.0416
			地区生产总值增长率 C_2	0.2003	0.0382
			特色产业生产总值增长率 C_3	0.2125	0.0406
			主导产业新增投资总额 C_4	0.1826	0.0349
			产业链完善程度 C_5	0.1865	0.0356

续表

目标层(A)	准则层(B)	一级指标权重	方案层(C)	二级指标相对权重	二级指标权重
秦岭特色小镇生态服务水平 A	环境治理 B_2	0.2629	建成区绿化覆盖率 C_6	0.1877	0.0493
			污染物处理率 C_7	0.2126	0.0559
			人民舒适度 C_8	0.2376	0.0625
			环境美观程度 C_9	0.1745	0.0459
			生态格局合理性 C_{10}	0.1877	0.0493
	民生服务 B_3	0.2394	居民可支配收入增长率 C_{11}	0.2378	0.0569
			新增就业人数 C_{12}	0.2293	0.0549
			道路交通建设 C_{13}	0.1742	0.0417
			生活服务设施建设 C_{14}	0.1821	0.0436
			服务类型多样性 C_{15}	0.1766	0.0423
	文化传承 B_4	0.1226	传统文化保护与传承 C_{16}	0.2933	0.0360
			文化设施建设 C_{17}	0.2193	0.0269
			文化活动项目开展次数 C_{18}	0.2177	0.0267
			文化宣传力度 C_{19}	0.2697	0.0330
	政策支持 B_5	0.1842	环境治理政策 C_{20}	0.3204	0.0590
			体制机制创新 C_{21}	0.2096	0.0386
			人才引进制度 C_{22}	0.2296	0.0423
			投融资环境 C_{23}	0.2403	0.0443

5.4.4 秦岭特色小镇生态服务水平模糊综合评价

(1)秦岭特色小镇生态服务水平模糊综合评价的工作程序

确定评价指标权重之后,通过模糊综合评价法对秦岭特色小镇生态服务水平进行评价,评价的工作程序如下:

①确定评价指标集

从指标体系可以得到秦岭特色小镇生态服务水平的评价指标集如下:
$\boldsymbol{A} = \{B_1, B_2, B_3, B_4, B_5\}$,$\boldsymbol{B}_1 = \{C_1, C_2, C_3, C_4, C_5\}$,$\boldsymbol{B}_2 = \{C_6, C_7, C_8, C_9, C_{10}\}$,$\boldsymbol{B}_3 = \{C_{11}, C_{12}, C_{13}, C_{14}, C_{15}\}$,$\boldsymbol{B}_4 = \{C_{16}, C_{17}, C_{18}, C_{19}\}$,$\boldsymbol{B}_5 = \{C_{20}, C_{21}, C_{22}, C_{23}\}$

②确定评价指标的评语集

本文通过查阅文献资料,结合专家咨询意见,将评价结果划分为五个等级,建立秦岭特色小镇生态服务水平评价的评语集 $V=\{v_1, v_2, v_3, v_4, v_5\}=\{$优秀,良好,一般,较差,很差$\}$。

③确定二级指标隶属度,建立二级指标隶属度矩阵

根据二级指标的评价结果,确定二级指标隶属度,建立第 i 个一级指标对应的二级指标隶属度矩阵 $\boldsymbol{R}_i$

$$\boldsymbol{R}_i = \begin{bmatrix} r_{i11} & \cdots & r_{i1k} \\ \vdots & \ddots & \vdots \\ r_{ij1} & \cdots & r_{ijk} \end{bmatrix} \tag{5-7}$$

其中 r_{ijk} 为第 i 个一级指标所包含的第 j 个二级指标对于第 k 个评价等级的隶属度。二级指标评价结果的确定方式将在下一节中详细介绍。

④确定二级指标权重向量

从表 5-12 中引入二级指标的相对权重,确定第 i 个一级指标对应的二级指标权重向量 $\boldsymbol{W}_i$。

⑤计算一级指标评价结果向量

结合权重向量 $\boldsymbol{W}_i$ 和隶属度矩阵 $\boldsymbol{R}_i$,进行模糊矩阵复合运算,得到第 i 个一级指标的评价结果向量 $\boldsymbol{E}_i$

$$\boldsymbol{E}_i = \boldsymbol{W}_i \times \boldsymbol{R}_i \tag{5-8}$$

⑥确定一级指标隶属度,建立一级指标隶属度矩阵

根据一级指标的评价结果向量 $\boldsymbol{E}_i$ 得到一级指标的隶属度,建立一级指标隶属度矩阵 $\boldsymbol{R}$

$$\boldsymbol{R} = \begin{bmatrix} r_{11} & \cdots & r_{1k} \\ \vdots & \ddots & \vdots \\ r_{i1} & \cdots & r_{ik} \end{bmatrix} \tag{5-9}$$

其中 r_{ik} 为第 i 个一级指标对于第 k 个评价等级的隶属度。

⑦确定一级指标权重向量

从表 5-12 中引入一级指标的权重,确定一级指标权重向量 $\boldsymbol{W}$。

⑧计算总目标评价结果向量

结合权重向量 $\boldsymbol{W}$ 和隶属度矩阵 $\boldsymbol{R}$,进行模糊矩阵复合运算,得到总目标评价结果向量 $\boldsymbol{E}$。

$$\boldsymbol{E} = \boldsymbol{W} \times \boldsymbol{R} \tag{5-10}$$

⑨对评价结果进行分析

通过各层次评价结果对秦岭特色小镇生态服务水平进行分析,得出结论。

(2)二级指标评价结果的确定方式

①定量指标

秦岭特色小镇生态服务水平评价的二级指标中地区生产总值增长率、特色产业生产总值增长率、建成区绿化覆盖率等8项指标属于定量指标,可以按照评价标准计算得到评价结果。结合专家的意见制定了评价标准,评价标准的制定方式如表5-13所示。

表5-13 定量指标评价标准制定方式

定量指标	评价标准制定方式
地区生产总值增长率C_2、居民可支配收入增长率C_{11}	对比秦岭同等级地区同时期的统计数据,按比例确定评价标准,排名10%的数字为优秀,30%为良好,50%为一般,70%为差,90%为很差
特色产业生产总值增长率C_3、主导产业新增投资总额C_4、建成区绿化覆盖率C_6、污染物处理率C_7、新增就业人数C_{12}、文化活动项目开展次数C_{18}	参考陕西省的各项统计数据、政府文件和行业标准,通过与专家的讨论确定评价标准

②定性指标

秦岭特色小镇生态服务水平评价的二级指标中传统文化保护与传承、文化设施建设等15项指标属于定性指标,无法得出合适的量化标准对这些指标进行评价,可以通过咨询专家或社会问卷调查的方式得到评价结果。其中绿色经济发展程度C_1、产业链完善程度C_5、生态格局合理性C_{10}、传统文化保护与传承C_{16}、文化设施建设C_{17}、文化宣传力度C_{19}、道路交通建设C_{13}、生活服务设施建设C_{14}、环境治理政策C_{20}、体制机制创新C_{21}、人才引进制度C_{22}、投融资环境C_{23}这12项指标得出评价结果的方式是收集相关资料然后以资料为依据请专家进行评价,而人居舒适度C_8、环境美观程度C_9、服务类型多样性C_{15}则可以直接通过社会问卷调查的方式得到评价结果。

5.5 秦岭特色小镇生态服务平台建设

5.5.1 秦岭特色小镇生态服务信息平台建设

(1) 秦岭特色小镇生态服务信息平台建设概况

秦岭特色小镇在建设与发展中也存在品牌影响力小、生态产品价值实现程度较低、生态系统服务功能不足、制度与服务缺乏等发展短板，迫切需要各利益相关者整合内外资源，加快信息服务平台建设，充分发挥生态系统服务功能，满足脱贫地区人民日益增长的优美生态环境的需要。

目前，全国各地特色小镇信息服务平台建设相对滞后，学界关于特色小镇信息服务平台的研究也比较欠缺，少数文献的研究内容主要是针对旅游信息服务或科技信息服务等单个方面，还没有形成构建满足特色小镇产业、文化、旅游"三位一体"和生产、生活、生态"三态融合"的综合性信息服务平台。芦楚屹等从特色小镇的职能出发分析了特色小镇信息服务平台面临的"宜业、宜居、宜游"三个方面的信息需求，并以此构建了特色小镇信息服务平台。关海丰通过系统分析行业垂直类相关信息服务平台的发展现状，提出了满足特色小镇建设需要的地理信息系统、行业信息服务和互联网金融服务的综合性信息服务平台。杨珊等以移动互联网和数字化升级为特色小镇可持续化发展提出构建信息服务系统的路径选择。在特色小镇信息服务平台建设方面，由于建设力度不够，特色小镇信息服务平台数量少、服务内容类型单一、平台服务功能薄弱。国家层面只有中国特色小镇网、特色小镇网、特色小镇科技发展中心、特色小镇在线网 4 个信息服务平台，全国各省份仅有浙江、江苏、福建、安徽、广东、广西 6 个省份建立了省级特色小镇信息服务平台，国家级 403 个特色小镇中仅有 6 个具有独立的信息服务平台，其余绝大部分特色小镇信息服务平台挂靠在县政府网站上，且主要以内容简介、信息发布为主，少数独立平台则侧重于小镇风采展示，缺乏基本的检索和数据查询功能，没有形成基本的信息服务体系。作为商洛市重点打造的乡村振兴项目，秦岭特色小镇暂无综合性的信息服务平台，在已经建设的两批 14 个秦岭特色小镇成员单位中，除了洛南音乐小镇有独立的网站和微信公众号外，其余 13 个小镇均挂靠在县政府网站或文旅局网站上。

(2) 秦岭特色小镇生态服务信息平台建设目标

① 以互联网技术推进秦岭特色小镇的形象整合营销

秦岭特色小镇建设按照"特色产业＋文化＋旅游"的发展模式，坚持生产、生活、生态"三生融合"原则，高标准规划和建设实施具有生态系统服务功能的新型特色小镇。借助整合营销理论，突出竞争优势，运用互联网技术，打造统一建设理念和发展模式的秦岭特色小镇全媒体覆盖与多屏融合的信息服务平台，突出展示秦岭特色小镇的产业特色、资源禀赋、独特地貌、历史文化和建筑风格，可以有效规避形象雷同而出现的同质化危机。

②以顶层设计打造秦岭特色小镇品牌效应

建设秦岭特色小镇信息服务平台，有意识、有计划地将小镇的各种特色向社会公众主动展示与传播，使秦岭特色小镇的建设理念、行为方式、视觉印象在社会公众中形成标准化、差异化的认识，以形象识别系统铸造小镇品牌。特色小镇品牌化，是由政府、运营企业、小镇居民和社会公众等责任主体共同参与的系统工程，作为供给侧结构性改革背景下的一种制度安排，政府在特色小镇品牌打造中扮演重要角色，负责规划指导、资源配置、沟通协调和宏观调控，是直接责任主体。特色小镇运营企业承担特色产品的品牌策划、经营协调、宣传推介和地理标志登记与保护，小镇居民负责规范生产、科学经营与信息反馈，是间接责任主体。社会公众负责消费调整、服务监督与品牌绩效评价，是重要补充力量。

③以资源共享提升秦岭特色小镇的生态服务能力

为加快实施乡村振兴战略，推动生态空间治理体系和治理能力现代化，2020年9月，陕西省林业局印发了《陕西省生态空间治理十大创新行动》，提出要全面总结特色小镇建设的有效做法和成功经验，深入挖掘特色的生态产品，构建特色小镇生态服务平台，提升原生态特色小镇生态服务能力。秦岭特色小镇信息服务平台的建设目的就是更好地支持地方特色产业发展，构建区域美好和谐的生态环境，满足特色小镇各参与主体、服务对象等的生产、生活、生态信息需求，为秦岭特色小镇发展提供一条龙的信息服务。

④以信息平台加快秦岭特色小镇生态产品价值实现

秦岭特色小镇以生态服务型经济为发展模式，但在生态产品价值实现过程中还存在理念普及成效大但价值实现程度低、产业特色突出但市场竞争"叫好不叫座"、市场消费需求强烈但消费者购买意愿低等发展矛盾。在历经以政府转移支付为主的建设方式之后，必须由社会多主体共同参与和各利益相关者共同推动，秦岭特色小镇才能走上良性的可持续发展道路。因此，坚持政府主导、市场配置、多方参与的原则，建立统一、规范、开放的秦岭特色小镇信息服务平台势在必行。将生态系统服务进行"市场化"从而使生态产品通过市场交易实现经济价值，既发挥政府"有形之手"的作用、矫正生态环境治理中的市场失灵现象，又用好市场机制，尽量发挥市场在生态产品配置上的决定性作用，从而实现公平交易和效率最大化。

(3)秦岭特色小镇生态服务信息平台体系构建

①平台构建原则

构建秦岭特色小镇信息服务平台，一方面可以为特色小镇管理机构、特色小镇经营机构以及参与民众之间提供合作交流的信息平台，提升秦岭特色小镇的综合管理服务水平；另一方面可以为秦岭特色小镇提供综合展示窗口，发挥示范带动作用，提高其知名度和影响力。因此，秦岭特色小镇信息服务平台的建设须遵循整合资源、品牌打造、生态服务、开放互联、合作共赢的原则，遵循生态文明和绿色发展理念，推进特色小镇"三产融合"，加快推进实施乡村振兴战略。

②平台建设内容

秦岭特色小镇信息服务平台构建的主要内容有：一是对两批14个已经建设的秦岭特色小镇的基本信息、生态产品、加盟企业、生态调查数据进行信息整合，构建秦岭特色小镇网络数据库系统，研究并形成各特色小镇都能解读的数据服务接口。二是依托生态调查数据的挖掘与全面分析，研发秦岭特色小镇生态环境可视化交互，进行生态产品信息展示与生态系统服务评估。三是形成秦岭特色小镇管理方、合作方、参与方进行合作交流与信息共享的互动平台，实时展示秦岭特色小镇的生态环境与产业动态，促进特色小镇健康可持续发展。四是以商洛市发展全域旅游为契机，研发以秦岭特色小镇生态旅游推广、国家森林公园生态保护宣传、生态产品营销、旅游路线私人订制等为主要功能的移动终端App，形成生态保护、产品推广、旅游营销等在线宣传窗口。

③平台功能结构

秦岭特色小镇信息服务平台充分考虑生产、生活、生态"三生融合"的建设需求，在整合现有分散数据资源的基础上，设计构建新型秦岭特色小镇信息服务平台，主体框架如表5-14所示。

表5-14 秦岭特色小镇信息服务平台框架

平台框架	内容要点
主体层	平台管理、成员管理、社区管理、公众管理
平台层	数据采集、数据处理、数据分析、数据存储
应用层	秦岭特色小镇信息服务平台模块

主体层：用户角色。根据秦岭特色小镇经营管理需要，围绕"三生融合"需求，可将系统平台用户划分为平台管理员、成员管理员、社区成员和公众成员四

个层次共同建设秦岭特色小镇信息服务平台。其中：平台管理员具有平台最大的管理权限，拥有管理系统全局的职责，该用户角色一般由政府承担。成员管理员通过系统平台进行信息共享，展示发展动态，该用户角色一般包括特色小镇运营企业、科研机构、中介机构等。社区成员为秦岭特色小镇的社区居民，可以通过系统平台介绍民俗风情、生产生活动态、特色美食、特色民俗等。公众成员可以通过系统平台进行信息浏览、提出诉求、发表评论等。

平台层：数据管理。平台层的设计定位是完成信息服务的生产，主要包含数据采集、数据处理、数据分析和数据存储四个模块。数据采集包含表格数据、矢量数据、栅格数据、多媒体数据四大类。表格数据包括秦岭特色小镇现场调查与历史收集数据整理等，矢量数据包括秦岭特色小镇各成员单位的区划数据、土地利用数据、生态元素数据等，栅格数据包括遥感影像、无人机航测影像等，多媒体展示数据包括现场采集图像、视频素材等；数据处理的主要任务是将抓取到的数据进行统一清晰、集成和分类，从而实现信息资源的结构化、有序化；数据分析可以采用 SWOT 模型、波特五力模型、社会网络分析法、政策分析模型等模型方法，运用 SPSS、Python 等工具进行综合分析，实现"数据－信息－情报"的动态转化，生成符合用户需求的各类信息服务内容；数据存储是在数据采集、数据处理和数据分析的过程中实时更新和保存数据信息，从而保证秦岭特色小镇信息平台服务内容的时效性和安全性。

应用层：信息共享。应用层是秦岭特色小镇各角色用户通过互联网访问并获取信息服务的渠道，用户通过访问不同模块可以搜寻到各自所需的信息，主要包含小镇风采、特色服务、消费专区、文化活动、运营招商五个模块（表5-15）。

表 5-15　秦岭特色小镇信息服务平台——应用层模块

模块设置	栏目名称	栏目内容概要
小镇风采	地域特色	区位优势、资源禀赋、交通条件
	生态特色	气候特征、水文空气、森林覆盖、生态环境
	文化特色	大秦岭生态文化、秦楚巴交融文化
	产业特色	生态农业、生态旅游、大健康产业、加盟企业
特色服务	产品服务	地理标志农产品、旅游文化产品、生态产品
	康养服务	健康指导、养生规划、医疗咨询
	旅游服务	吃、住、行、游、购、娱等咨询与定制
	中介服务	金融、法律、人才、企业合作

续表

模块设置	栏目名称	栏目内容概要
文化活动	民俗风情	非物质文化遗产、民俗传统
	旅游节事	文艺、体育、时尚、传统节事活动
	论坛讲座	生态发展高峰论坛、文化专家讲座
	养生科学	养老、保健、休闲、娱乐活动
运营招商	招商服务	小镇建设与发展的要素引入
	融资平台	PPP 模式的特色小镇开发
	营销天地	生态产品及特色小镇品牌打造，移动终端 App
	预售指南	产业对接与特色产品预售

(4)秦岭特色小镇生态服务信息平台主要内容

①秦岭特色小镇的发展现状、模式和空间分布

基于生态服务的视角，对秦岭特色小镇的产业定位、建设目标和县市资源进行分析，考察其小镇建设的基本情况；从内涵与特征、现状及产业类型、发展策略等多个方面归纳分析秦岭特色小镇的发展模式，并针对其特色产业类型的多样化，对各模式下特色小镇的产业类型进行探讨。同时，通过计量数学和可视化表达，运用最邻近指数、地理集中指数、发展等级指数等研究方法分析秦岭特色小镇的空间分布概况、类型、均衡性以及等级分异。

②特色小镇生态服务水平影响因素分析

基于生态服务系统的"外源性驱动因素"与"内生性驱动因素"，归纳特色小镇生态服务水平的主要驱动影响因素。探析中国社会进入新时代绿色发展新经济的背景下，空间组织形式改变、供给侧结构性改革、"互联网＋"和产业转型升级等外源性因素与环境、资本、人才、科技等内生性因素对特色小镇生态服务水平发展的影响。在此基础上，采用解释结构模型(ISM)分析特色小镇生态服务发展的外源性驱动因素与内生性驱动因素的作用层次结构。

③秦岭地区特色小镇生态服务水平测度

结合秦岭特色小镇发展现状与特色小镇生态服务水平影响因素分析，通过实地调研等方法构建适合于陕西省秦岭特色小镇生态服务水平评价指标体系，并建立一套科学的评价方法，利用 AHP-模糊综合评价法从产业提升、环境治理、民生服务、文化传承和政策支持五个维度对秦岭特色小镇生态服务水平进行综合评价。通过构建陕西省秦岭特色小镇生态服务水平评价指标体系与评价方法，向秦

岭地区部分特色小镇的企业及居民发放调查问卷并进行实证分析，对秦岭地区的特色小镇生态服务水平进行综合测度。

5.5.2 在特色小镇试点生态产品价值实现机制

生态产品作为推动绿色经济高质量发展的重要生产要素，是解决生态资源价值转换、生态资本保值增值以及实现生态经济永续发展的基础。2021年4月26日，中共中央办公厅、国务院办公厅印发的《关于建立健全生态产品价值实现机制的意见》，从制度层面破解了"两山"转化的瓶颈制约，成为首个将"两山"理论落实到制度安排和实践操作层面的纲领性文件。目前，浙江、江西、贵州、青海4个国家生态产品价值实现机制试点省份已经取得了积极进展和初步成效。陕西作为大秦岭祖脉核心区域、黄河流域生态治理关键区域、南水北调中线水源涵养区的西部大省，也在积极开展探索和实践，但由于资源禀赋、地理区位、财政资金、制度建设、竞争激励、市场环境等条件制约，陕西省在生态产品价值实现机制方面尚缺乏成熟的模式和推广经验。

特色小镇是人们为了美好生活追求而探索出的诗意栖息新空间、新组合和新范式，它不仅源于中国在逆城市化过程中城市人口分流和后工业社会产业升级的需求，更兴起于满足人们日益增长的对于疗养、旅游、度假等生活功能的需求，是带动经济发展的"策源地"。2021年9月，陕西省发改委制定了《陕西省特色小镇培育创建方案（试行）》，着力推进特色小镇生产、生活、生态"三生融合"。在国家加快实施乡村振兴战略的背景下，以特色小镇为抓手，试点探索陕西生态产品价值实现机制，对解决陕西生态产品"难度量、难抵押、难交易、难变现"的问题，推进秦岭地区和黄河流域生态环境保护，改善绿色生产生活方式，实现美丽中国建设目标有着丰富的理论价值与现实意义。

（1）试点探索物质供给类生态产品价值实现机制

结合陕西省各地区实际生态系统特征，建立特色小镇物质供给类生态产品质量标准体系，确定物质供给类生态产品范围，采用生态系统生产总值（GEP）测算物质供给类生态产品的市场价值，以"功能价格法"确定物质供给类生态产品价值实现的标准和政策导向。结合物质供给类生态产品价值核算，针对特定地域单元及其不同自然生态系统类型，精准设计价值实现模式，探索物质供给类生态产品的价值实现路径，构建生态产品价值实现长效可持续机制。

（2）试点探索文化服务类生态产品价值实现机制

一是将文化服务类生态产品价值实现机制全面融入特色小镇发展、资源利用等相关规划，发挥规划的统筹引领作用，提高文化服务类生态产品价值实现机制的"融合性";二是制定特色小镇文化服务类生态产品开发指南,综合考虑生态产品的生产能力、空间流转能力以及交通、人文、旅游等多方面因素来探索不同区域、不同类型生态产品差别化管理机制和实现路径,提高文化服务类生态产品价值实现通道的"灵活性";三是探索制定核算技术指南、评价指标体系,为文化服务类生态产品价值实现提供标准规范的核算方法,提高文化服务类生态产品价值转化能力的"有效性";四是探索建立基于文化服务类生态产品的占补平衡机制,借助生态指标或生态信用等实现文化服务类生态产品的市场交易,提高文化服务类生态产品价值实现渠道的"多样性"。

(3) 试点探索调节服务类生态产品价值实现机制

确定生态补偿的依据和原则,建立特色小镇调节服务类生态产品核算指标体系,对特色小镇调节服务类生态产品价值进行核算,测算调节服务类生态产品生态补偿标准,界定调节服务类生态产品生态补偿的主体和客体,选择补偿手段与补偿方式,从直接市场、可交易许可证、科斯式协议、反向拍卖、自愿价格信号等方面探索特色小镇生态产品价值实现的经济政策工具;从支付主题、治理结构、资金来源等特定视角探索特色小镇生态产品价值实现的模式;从产权界定、生态资本化、市场交易体系等方面探索特色小镇生态产品价值实现的路径。

5.5.3 秦岭特色小镇生态服务平台建设保障机制

秦岭特色小镇是立足秦巴山区产业发展实际,依托现有城镇空间格局,重点打造的具有明确产业定位、特殊文化内涵和乡村休闲旅游功能,集生态、生产和生活于一体的实体空间。特色小镇的培育和建设是一项长期工程,如何处理好特色小镇发展与生态服务之间的协调关系,是秦岭特色小镇可持续发展的重点,而从生态服务视角构建秦岭特色小镇生态服务平台,是秦岭特色小镇高质量建设的核心所在。本研究从增强宏观政府制度供给、发展中观生态服务的网络化复合、激发微观内部动力三个层次来提出秦岭特色小镇生态服务平台建设的保障机制。

(1) 宏观层面加强政府制度供给

特色小镇是"小镇+新经济体"的一种表现形式,在特色小镇的创建与发展过程中,政府作为特色小镇最能动的参与主体,其所有的行为活动都将影响甚至决定特色小镇发展的方向、路径和轨迹,且大多特色小镇处于形成阶段或者成长阶段,需要政府构建良好的发展环境,促进发展主体与发展环境之间的配合力度。

①重视政策规划的先导作用

特色小镇是一种新生事物,其发展是一项系统性工程,涵盖了产业、生态、空间、文化等多个领域。特色小镇的这一复杂性要求在全局上要有正确的把握，要坚持政策规划先行，建立多元化、智库化规划小组，从而为科学和可持续的建设特色小镇提供保证。针对秦岭特色小镇的现状，在实施特色小镇政策时要十分注意因人才需求、产业升级改造、生态环境保护、旅游发展、文化培育等引发的要求，将政策规划与小镇可持续发展及小镇治理相结合。

②建立健全特色制度供给

首先，要明确政府管理边界，发挥政府搭建平台、提供服务的作用。坚持深化改革，加大体制机制改革力度，在制度上为秦岭特色小镇生态服务建设提供保障。其次，应突出市场主体，提高运营效率。积极探索由专业的投资公司统一承担秦岭特色小镇的招商引资、开发建设、对外合作、管理服务等工作，保障政府的职能回归到研究并颁布实施能够促进特色小镇可持续发展的政策上来。最后，应强调制度创新。特色小镇的建设涉及到社会各领域的方方面面，这就要求需要设立一个专门的机构来统筹各方的利益和冲突，在制度上为顺利推进特色小镇生态服务建设扫除障碍。

③建立秦岭特色小镇发展软环境

特色小镇生态服务平台建设需要优化土地、人才、资金、交通网络、基础设施等硬要素支撑，但更应该尊重市场机制的主导作用，重视挖掘和提升社会网络、知识学习、经验积累、市场结构、专业分工、历史文化、无形资源等软要素支撑。特色小镇发展软环境的构建需要：第一，重视社会交往的作用。社会交往的产生使特色小镇发展主体之间学习的机会增多，相互之间在学习中得以提升。第二，增强多样的合作。在被隔离的、同质化的或未融合好的特色小镇发展主体间，或者特色小镇核心企业与另外特色小镇核心企业之间增强多样化的联系，使得其在发展演化中获得知识积累。第三，建立社会反馈回路。秦岭特色小镇的发展通过社会反馈被持续加强和重新诠释。社会反馈系统提高了服务、及时、公平和信任等积极的行为，能够降低社会壁垒、促进透明度、推动秦岭特色小镇发展主体之间的沟通。形成秦岭特色小镇的无形资源，使小镇在不断的反馈中螺旋提升自身层次，提高生态服务水平。

④优化特色小镇空间组织

特色小镇成长的过程，会经历小镇率先发展吸引要素进而发挥集聚效应，在小镇成长壮大以后又会通过产业转移、要素扩散等途径带动周边区域的发展，起到生态服务的功能。所以，应该结合秦岭特色小镇所在区域的有利条件和市场的需求来发展合适的特色产业，改善小镇之间的道路状况和供水、供电、供气等必要的基础设施，依托现有产业和发展基础，通过新增产业项目和产业分工协作来优化区域的内部空间组织，提升空间联系的效率。其次，秦岭特色小镇的空间要努力朝着知识空间、众创空间和网络空间等新型空间的方向发展。在之前的传统工业化时代，区域发展空间更多地表现为物质空间，而目前社会经济发展已经进入了知识经济和创新经济的新时期，在这一时期则应该突出创新要素的集聚性，从而形成秦岭特色小镇生态服务创新的必要条件。

(2) 发展中观生态服务的网络化复合

①构建以生态平衡为主导的产业结构体系

无论何时，生态可持续发展的理念都应该落实到特色小镇产业结构优化中，努力打造生态与经济友好的特色小镇生命系统，构建以生态平衡为主导的特色小镇产业结构体系。首先，要提高秦岭特色小镇的环境质量，提升秦岭特色小镇的生态建设，依托乡村田园风光，依山顺水、顺势而为，统筹秦岭特色小镇建筑布局，协调景观风貌，加强环境综合整治，对特色小镇内的特色景观资源重点保护，从而提升秦岭特色小镇的生态环境状况。其次，要按接近或高于4A级景区的标准来建设特色小镇，打造宜居、宜业、宜游的美丽城镇，将美丽资源转化为"美丽经济"。最后，要加强历史文化资源丰富的秦岭特色小镇民俗风情、古代建筑、遗址遗物的保护，以先进的保护理念来保护特色文化，把这些历史文化及民俗资源丰富的村镇打造成特色小镇创新生态系统。

②加大科技投入

秦岭特色小镇在内涵发展过程中须加大科技投入力度，提高农产品深加工能力，持续推动农业产业升级。通过提升地理标志农产品的深加工能力，丰富地理标志农产品的类别，增加地理标志农产品的科技含量，形成具有较大产品深度和关联度的产品体系，延长地理标志农产品的产业链，为农旅小镇地理标志农产品规模化、产业化发展提供内生动力，为品牌营销竞争提供基础条件。地方政府和行业协会应通过整合资源、强强联合等方式，以龙头企业生产基地、品牌专业化农业合作社等形式培育和壮大龙头企业，将秦岭特色小镇特有的历史文化底蕴融入其中，形成以点带面的示范引领效应，使特色产业突破地域的限制，在更广阔的市场环境中得到消费者的认可，获得消费者的品牌忠诚。

③提升内涵发展

秦岭特色小镇需要深入挖掘地域特色产品的文化内涵，提升产品的附加值，延长产品的产业链,开发并打造出具有陕南地区文化特色的农旅、文旅小镇特色产品。采取有效的多样化营销方式,提高地理标志农产品的市场占有率。政府、行业协会和龙头企业须根据职能分别建立品牌营销的战略规划,通过挖掘具有地理标志的历史和文化内涵,开展品牌定位和形象设计,以文化营销、体验式营销、事件营销、网络营销等方式,推广地理标志农产品的品牌形象,形成和健全地理标志农产品市场营销机制,从而有效提升其市场占有率,提高经济效益,推动区域经济社会发展,助力脱贫攻坚。

(3)微观内部动力强化

增强秦岭特色小镇内部各主体之间的联系,促使人力、物力、财力等要素持续提供促使秦岭特色小镇高质量发展的动力,探索新型市场体系,促进特色小镇生态服务平台的构建。

①增强特色小镇内部各主体间的联系

特色小镇的发展主体是企业、政府、科研、教育组织及金融机构、基石组织等。要鼓励和引导秦岭特色小镇的各类发展主体树立开放式创新理念,加强信息沟通与合作交流,通过产学研合作、产业技术创新联盟等多种形式,增强相互之间的联系。一方面,应鼓励与特色产业相关的创新型企业、研发机构以及服务中介等特色小镇主体等入驻小镇。秦岭特色小镇的企业的发展应遵从政府对特色小镇发展的整体规划,并灵活利用政府主导搭建的生态服务平台;另一方面,秦岭特色小镇在发展过程中须大力响应国家的富民帮困优惠政策,积极争取政府、企业和社会其他主体的人力、物力和财力支持,将自身的资源、区位、生态、特色产业等优势切实转化为发展的内生动力,实现规模扩张和产业振兴,吸纳更多的贫困农户加入到特色农业产业的生产、加工、经营和服务中来,以农旅深度融合实现特色小镇健康蓬勃可持续发展,为实现产业脱贫、乡村振兴奠定坚实的基础。

②引进专业人才

秦岭特色小镇作为一种融合经济下的新业态,现阶段先进的思想、知识和技术是秦岭特色小镇在发展的过程中最为紧缺的。而"人"是承载先进的思想、知识和技术的载体,需要大量的复合型人才对特色小镇的发展进行科学规划、商业经营和精细化管理。然而,秦岭特色小镇现有的人才队伍远远不能构成对其发展壮大和深度融合的有力支撑,特色产业中具有硕士及其以上学位的高素质专业人才非常少。因此,大力引进高学历、高素质的专业人才,对解决产业规划不合理、营销策划不科学和管理效率不高等问题具有直接的作用。

③鼓励民间资本参与建设小镇

特色小镇作为推动新型城镇化建设的重要途径之一，在建设过程中需要大量的资金支持，除了单靠政府财政支持外，还应鼓励民间资本积极参与到秦岭特色小镇的建设中，撬动社会资本参与重点小镇建设。在拓宽小镇融资渠道的同时，还应加大对秦岭特色小镇建设项目的包装、策划以及宣传力度，从而起到示范引领的作用，保障秦岭特色小镇生态服务平台的建设。

6 生态产品价值实现——赋能县域发展的新引擎

党的二十大明确要求"建立生态产品价值实现机制，完善生态保护补偿制度"。陕西作为大秦岭祖脉核心区域、黄河流域生态治理关键区域、南水北调中线水源涵养区的西部大省，应积极开展生态产品价值实现的探索和实践，但由于受到资源禀赋、地理区位、财政资金、制度建设、竞争激励、市场环境等条件的制约，陕西省在生态产品价值实现机制方面尚存在困境。研究生态产品价值实现机制一般理论与陕西实现路径，对解决陕西生态产品"难度量、难抵押、难交易、难变现"的问题，推进秦岭地区和黄河流域生态环境保护，改善绿色生产生活方式，实现美丽中国建设目标有着丰富的理论价值与现实意义。

国内外学者从生态产品的概念和内涵、生态产品价值的理论基础、评估与核算、实现路径、典型经验等方面对生态产品价值实现开展了深入研究和探讨，为生态产品价值实现机制研究奠定了理论基础。不足之处在于，从理论层面缺少生态产品价值实现机制的全面系统的研究成果；从实践层面缺乏聚焦陕西省生态产品价值实现方面的研究，更鲜有专题研究陕西生态产品价值实现路径的文献与资料，陕西作为大秦岭祖脉核心区域、黄河流域生态治理关键区域、南水北调中线水源涵养区的西部大省，陕西陕北、关中、陕南三大区域差别较大，不同地区生态系统大相径庭，生态产品价值实现机制复杂且需要分类对待，目前该专题研究尚属空白。

6.1 生态产品价值实现机制理论体系

6.1.1 生态产品的概念和内涵

生态产品是"人类从生态系统中获得的各种惠益"。生态产品商品化和货币化比较困难，交易成本高昂。学术界对生态产品定义有两种类型：一种认为生态产品纯粹由生态系统提供，生态系统的功能为供给服务、调节服务、支持服务、文化服务(表6-1)。另一种认为生态产品由生态系统与人类共同提供，将生态产品划分为公共性生态产品和经营性生态产品两类(表6-2)。

表6-1 生态系统服务功能

功能	内容
供给服务	食品和纤维、木材、燃料、药品、遗传基因库、淡水、水能、观赏植物等

续表

功能	内容
调节服务	气候调节、水资源调节、侵蚀控制、水质净化、废弃物处理、生物控制、风暴、授粉等
支持服务	初级生产力、固碳产氧气、土壤保持、水循环、氮循环、生境质量等
文化服务	文化多样性、精神和宗教价值、知识系统、教学价值、灵感、美学价值、社会关系、感知、文化旅游等

表 6-2　生态产品

功能	内容
公共性生态产品	清新空气、干净水源、物种保育、气候变化调节、生态系统等
经营性生态产品	农林产品、生物质能、旅游休憩、健康体养、文化产品

基于学术界的探讨,将生态产品定义为"在不损害生态系统稳定性和完整性的前提下,生态系统提供的物质和服务产品的总和"。有物质类、调节服务类和文化服务类生态产品三种类别构成。生态产品价值可以界定为区域内生态系统为人类生产生活所提供的最终产品与服务价值的总和。相关概念主要包括:生态系统服务(Ecosystem Services,ES)、生态服务价值(Payments for Ecosystem Services,PES)、生态系统生产总值(Gross Ecosystem Product,GEP)等。

6.1.2　生态产品价值的理论基础

党的十八大以来,我国大力推进生态文明建设,不断推进理论和实践创新,生态环境保护发生历史性、转折性、全局性变化。党的十九大报告强调"推进绿色发展""形成绿色发展方式和生活方式,坚定走生产发展、生活富裕、生态良好的文明发展道路,建设美丽中国,为人民创造良好生产生活环境,为全球生态安全作出贡献"。党的二十大开启了我国生态文明建设的新征程,为我国生态文明建设绘就了新蓝图。我们要坚决贯彻落实党的二十大部署和要求,把保护生态环境摆在优先位置,推动绿色发展,促进人与自然和谐共生。

绿色发展理念摒弃了传统发展模式中"竭泽而渔"的破坏式开发,为新时代推进经济社会的发展拉起了"生态红线",探寻出一条自然环境与经济和谐发展的崭新路径,使实现可持续发展成为经济社会建设的内在需求,是生态产品价值实现的重要理论基础和必须贯彻的重要理念。

6.1.3 生态产品价值评估与核算

(1)生态产品价值特征及其量化评估

生态产品价值具有多维性特征。生态产品因为具有使用价值而可以被生产和交换,但不是所有生态产品都能够进行交换。生态产品不仅具有经济价值,也具有非经济价值。由于生态系统的复杂性,生态产品价值难以精确评估。学术界和政府部门一直在努力探讨建立生态产品价值的评估分析框架。如生态系统和生物多样性经济学分析联合体致力于评估生态系统服务和生物多样性的价值;英国自然资本核算委员会组织的自然资本核算等。主要评估与核算方法有物质量评价法、能值分析法、机会成本法、影子价格法、恢复(重置)费用法、支付意愿法等。

(2)生态产品价值的支付形式

当生态产品可以通过市场进行交换时,支付形式为市场化交易价格和货币化支付手段。当生态产品价值不能通过市场交换实现时,就需要通过政府财政支持、生态补偿等方式,按照评估结果支付给生态产品供给商。当前,价格、财政转移支付、生态补偿是生态产品最重要的价值体现形式。

6.1.4 生态产品价值的实现路径

中共中央办公厅、国务院办公厅2021年4月印发了《关于建立健全生态产品价值实现机制的意见》(以下简称《意见》)。4月30日,习近平总书记在中共中央政治局第二十九次集体学习时强调"要建立健全生态产品价值实现机制,让保护修复生态环境获得合理回报,让破坏生态环境付出相应代价"。《意见》提出的"1个总体要求+6个机制"总体框架,从制度层面破解了"两山"转化的瓶颈制约,成为首个将"两山"理论落实到制度安排和实践操作层面的纲领性文件,对于推进经济社会发展、全面绿色转型具有重要意义。

生态产品价值是一种外部经济,无法直接通过市场交易体现,需要通过一定的机制设计,让生态产品潜在的隐性价值在市场上显性表现出来。学界对生态产品价值实现探索主要是探讨生态产品价值实现的经济政策工具、实现路径研究,以及基于某一特定视角归类生态产品价值实现模式。

学术界对于生态产品价值实现机制的研究主要有三种模式:一是对物质类生态产品采用品牌化方式实现价值。二是对文化服务类生态产品主要通过生态产业化经营开发实现价值。三是对调节服务类生态产品采用生态补偿方式实现价值。

6.1.5 生态产品价值实现的典型经验

通过不断探索实践,许多地方形成了一批具有一定示范意义的典型模式。

(1) 依托丰富生态资源和优质环境质量，推动物质供给类生态产品价值实现

物质供给类产品是自然生态系统提供不需要特别处理可直接将生态产品的价值转化为商品价值的物质产品。如西藏自治区山南市隆子县依托高原优良生态特色资源，大力发展黑青稞生产，增加产品附加值。浙江省丽水市打造"丽水山耕"品牌，成为全国首个覆盖全品类、全区域、全产业链的地市级农业区域公共品牌。

(2) 发展生态旅游和特色文化产业，深化文化服务类生态产品价值实现

文化服务类生态产品是生态系统中体现文化服务功能价值的产品，可以附着于相关生态产业，转化为产权明晰、可直接交易的商品。如广西壮族自治区金秀瑶族自治县依靠得天独厚的生态优势和瑶族文化资源，培育瑶族民俗村、特色瑶族民宿群、药茶产业示范园等生态产业，推动生态与文化、旅游深度融合；贵州省黔东南州西江千户苗寨依托民族文化遗产发展乡村旅游；井冈山长路村"红色旅游＋特色生态经济"双轮驱动，实现三产结构优化调整。

(3) 探索资源权益出让和生态补偿，促进调节服务类生态产品价值实现

调节服务类产品是生态系统中体现生态调节服务功能价值的产品，具有纯公共物品特性，在价值实现方面往往缺乏有效的市场化手段，难以找到具体商品化载体。需要通过政府购买、以空间规划和用途管制促确权、绿色金融等市场化为主的方式，将生态产品的非市场价值转化成市场价值。如甘肃省石羊河流域水权交易，利用市场机制实现水资源的高效利用和优化配置；福建省顺昌县通过项目收益、抵押贷款、资本运作等方式将森林资源转化为资金，实现青山变"银行"、林农变"储户"、资源变"资金"。

6.1.6 陕南三市生态文明建设水平测度

党的二十大报告提出，要"建立生态产品价值实现机制，完善生态保护补偿制度"。生态产品价值实现就是对"绿水青山就是金山银山"理念的积极实践，是打造人与自然和谐共生新方案的理论基石，是实现共同富裕的绿色引擎，同时也是产业绿色转型升级的关键步骤，对我国生态文明建设具有极其深远的意义。在探讨生态产品价值实现之前，本章节先对生态文明建设的整体情况进行阐述，以秦巴地区的陕南三市为研究对象，使用投影寻踪模型对陕南三市生态文明建设水平进行评价测度，总结分析近些年陕南三市在生态文明建设水平上的变动及差异，为我省生态文明建设提供参考，为生态产品价值实现提供依据。

6.1.6.1 生态文明建设评价指标选取

生态文明建设是一个复杂多样的系统概念，包含多个子维度，所以必须结合

秦巴地区发展的特殊性来构建多维度、多指标的评价体系。根据指标选取的科学性、权威性和可操作性等原则，结合秦巴地区生态文明建设发展目标，从经济系统、社会系统、环境系统、公共服务系统四个维度，构建一个生态文明建设发展水平指标体系（表6-3）。经济系统反映区域的经济发展水平，包含产业结构和经济质量两个方面；社会系统反映区域的社会发展质量，包含人口就业、消费水平和科技创新三个方面；环境系统反映环境建设发展情况，包含污染排放和生态治理两个方面；公共服务系统反映提供公共服务的能力，包含教育文化和医疗卫生两个方面。其中4个一级指标，9个二级指标，31个三级指标，既有正向指标，也有逆向指标。

表6-3 生态文明建设评价指标体系

一级指标	二级指标	三级指标	单位	属性
经济系统	产业结构	地区生产总值	亿元	正向
		第二产业占比	%	逆向
		第三产业占比	%	正向
		工业总产值	亿元	正向
	经济质量	人均GDP	元	正向
		固定资产投资	亿元	正向
		进出口总额	亿元	正向
		地方财政收入	亿元	正向
		地方财政支出	亿元	正向
社会系统	人口就业	就业人数	万人	正向
		第二产业从业人数	万人	正向
		第三产业从业人数	万人	正向
		城镇登记失业率	%	逆向
	消费水平	人均可支配收入	元	正向
		社会消费品零售总额	亿元	正向
		国际互联网用户数	万户	正向
	科技创新	R&D经费支出	亿元	正向
		专利申请量	件	正向

续表

一级指标	二级指标	三级指标	单位	属性
环境系统	污染排放	工业废水排放总量	万吨	逆向
		工业二氧化硫排放总量	万吨	逆向
	生态治理	人均公园绿地面积	平方米	正向
		城镇污水处理率	%	正向
		工业固体废物综合利用率	%	正向
		生活垃圾无害化处理率	%	正向
公共服务系统	教育文化	普通高校	所	正向
		普通中学	所	正向
		小学	所	正向
		公共图书馆个数	个	正向
	医疗卫生	医院、卫生院个数	个	正向
		卫生机构床位数	张	正向
		卫生技术人员数量	个	正向

6.1.6.2 计量模型

(1)投影寻踪模型

投影寻踪(Projection Pursuit，PP)是处理和分析高维数据的一种新兴统计方法，基本思想是将高维数据投影到低维子空间上，并在该子空间上寻找出能够反映原高维数据结构或特征的投影，从而达到研究和分析高维数据的目的。

投影寻踪评价模型的建模过程如下：

①样本评价指标集归一化处理

设各指标的样本集为 $\{x^*(i,j) | i=1,2,\cdots,n, j=1,2,\cdots,p\}$，其中 $x^*(i,j)$ 为第 i 个样本的第 j 个指标值，n 和 p 分别为样本的个数和指标的数目。归一化处理是为了消除各指标值的量纲和统一各指标值的变化范围。

▶ 脱贫攻坚、乡村振兴与县域高质量发展——基于陕西 11 个国家乡村振兴重点帮扶县的考量

本节所构建的绿色经济发展指标体系中具有正向影响的指标,也有具有逆向影响的指标,因此采取极值标准化方法对指标数据进行标准化处理。

正向型指标数据标准化处理方法如公式(6-1):

$$y = \frac{x - x_{\min}}{x_{\max} - x_{\min}} \tag{6-1}$$

逆向型指标数据标准化处理方法如公式(6-2):

$$y = \frac{x_{\max} - x}{x_{\max} - x_{\min}} \tag{6-2}$$

②构建投影指标函数 $Q(a)$

投影寻踪法就是把 p 维数据 $\{x(i,j) | j=1,2,\cdots,p\}$ 综合成以 $\boldsymbol{a} = \{a(1), a(2), \cdots, a(p)\}$ 为投影方向的一维投影值 $z(i)$:

$$z(i) = \sum_{j=1}^{p} a(j) x(i,j), \quad i=1,\cdots,n \tag{6-3}$$

其中 $\boldsymbol{a}$ 为单位长度向量。为了使局部投影点尽可能密集,最好凝聚成若干个点团,整体上投影点团之间尽可能散开。因此,投影指标函数可以表达成:

$$Q(a) = S_z D_z \tag{6-4}$$

$$S_z = \sqrt{\frac{\sum_{i=1}^{n}[z(i) - E(z)]^2}{n-1}} \tag{6-5}$$

$$D_z = \sum_{i=1}^{n}\sum_{k=1}^{n}[R - r(i,j)] \cdot u[(R - r(i,j)] \tag{6-6}$$

其中,S_z 为投影值 $z(i)$ 的标准差,D_z 为投影值 $z(i)$ 的局部密度。$E(z)$ 为序列 $\{z(i) | i=1,2,\cdots,n\}$ 的平均值;R 为局部密度的窗口半径。根据试验来确定,R 取值既要使包含在窗口内的投影点的平均个数不太少,避免滑动平均偏差太大,又不能使它随着 n 的增大而增加太高,一般可取值为 $0.1S_z$;$r(i,j)$ 表示样本之间的距离,$r(i,j) = |z(i) - z(j)|$;$u(t)$ 为一单位阶跃函数,当 $t \geq 0$ 时,其值为 1,当 $t < 0$ 时其函数值为 0。

③优化投影指标函数

当样本集给定时,投影指标函数 $Q(a)$ 只随着投影方向 a 的变化而变化。最佳投影方向就是最大可能暴露高维数据某类特征结构的投影方向。因此,可以通过求解投影指标函数最大化问题来实现,即:

$$\begin{cases} \max Q(a) = S_z D_z & \text{(最大化目标函数)} \\ \text{s.t.} \sum_{j=1}^{p} a2(j) = 1 & \text{(约束条件)} \end{cases} \quad (6-7)$$

实际上这是一个求解复杂非线性优化的问题，优化变量 $\{a(j)|j=1, 2, \cdots, p\}$ 用传统的优化方法很难处理，因此需要引入相关算法来进行求解优化问题。本文通过改进优化遗传算法和粒子群算法来解决高维全局寻优问题。

④综合评价

把上一步求得的最佳投影方向 a^* 代入式（6-3）后可得各样本投影值 $z^*(i)$。根据值 $z^*(i)$ 可以进行分类或优劣排序。

(2) GA-PSO 混合算法优化

粒子群优化算法（Particle Swarm Optimization，PSO）是一种群人工智能算法，其主要思想是模拟鸟类捕食过程，捕食过程即寻找全局最优解的过程，所有粒子都有记忆功能，一次寻找过程中每个粒子通过平衡自身寻找过的最优位置 pbest（局部最优位置）和粒子群分享信息得到的最优位置 gbest（全局最优位置）来决定本次寻找的方向和运动的速度，再通过预先设置的适应度函数来判断本次寻找位置的优劣，通过有限次寻找得到全局最优解。

遗传算法（Genetic Algorithm，GA）是一种模拟方法，使用数学模型来模仿生物的一系列进化过程，生物进化是通过染色体作为遗传基因的承载体，遗传算法则用一串数组来模拟染色体，并通过不断地选择、交叉、变异等遗传操作，对问题进行优化以获得相对最优解。

粒子群算法具有收敛速度快、参数设置少、结构简单和易于实现等优点，不过其在运算过程中也存在一定的局限性，由于缺乏速度的动态调节，容易陷入局部最优，导致收敛精度低和不易收敛。遗传算法中的交叉操作体现了全局搜索能力，变异操作体现了局部搜索能力，使遗传算法在运算过程中不易陷入局部最优解，不过遗传算法往往收敛较慢，或是容易过早收敛。

因此，可以将遗传算法的思想融入粒子群算法中，引入遗传算法的交叉操作以提高粒子的全局搜索能力，预防陷入局部最优；当陷入局部最优时，利用遗传算法中的变异操作改变粒子结构，从而跳出局部最优状态。所以，利用遗传算法中交叉操作和变异操作的思想对粒子群算法进行优化改进，可以弥补粒子群算法容易陷入局部最优和收敛精度低的缺陷，最终获得精度更高的解。

GA-PSO 混合算法实现流程如图 6-1 所示。

▶ 脱贫攻坚、乡村振兴与县域高质量发展——基于陕西11个国家乡村振兴重点帮扶县的考量

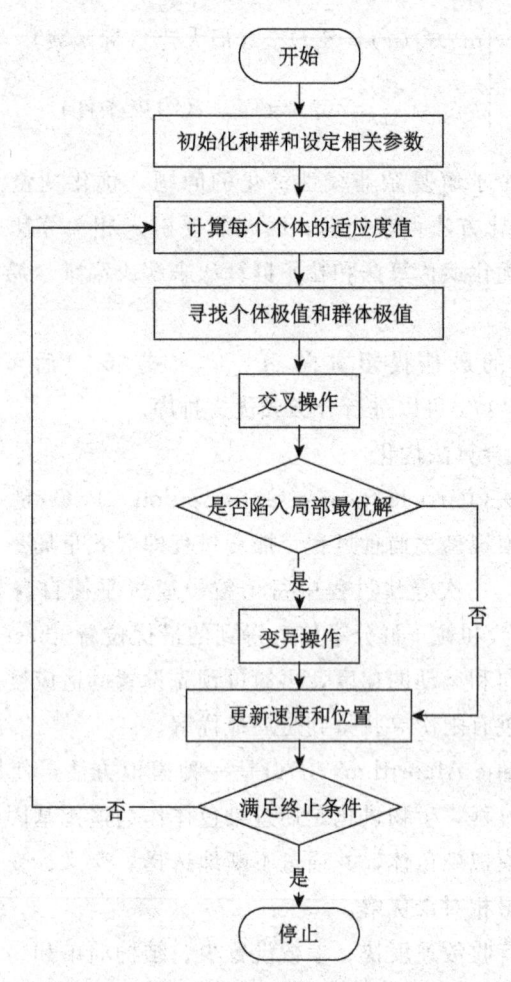

```
                    开始
                     │
                     ▼
           初始化种群和设定相关参数
                     │
          ┌──────────▶▼
          │    计算每个个体的适应度值
          │          │
          │          ▼
          │    寻找个体极值和群体极值
          │          │
          │          ▼
          │       交叉操作
          │          │
          │          ▼
          │    ◇是否陷入局部最优解◇─── 否 ──┐
          │          │                      │
          │          是                     │
          │          ▼                     │
          │       变异操作                  │
          │          │                      │
          │          ▼                      │
          │     更新速度和位置◀─────────────┘
          │          │
          │          ▼
          └── 否 ◇满足终止条件◇
                     │
                     是
                     ▼
                    停止
```

图 6-1 GA-PSO 混合算法实现流程图

6.1.6.3 实证分析

(1)数据来源及参数设置

本文基础数据是取自于 2010~2019 年《陕西省统计年鉴》《安康市统计年鉴》《汉中市统计年鉴》和《商洛市统计年鉴》的经济统计公报。根据上文所确定的生态文明建设评价指标体系,应用 GA-PSO 混合算法优化的投影寻踪模型对标准化后的数据进行评价分析。依据图 6-1 所述的 GA-PSO 混合算法实现流程图,利用 MATLAB2013a 软件进行编程计算,采用混合算法来求解投影指标函数的最大值,解决投影向量的优化问题。

MATLAB 参数设置如下:指标数 $p=19$、学习因子 $c_1=2$、$c_2=2$、交叉率 $Pc_1=0.6$、$Pc_2=0.7$、变异率 $p_m=0.2$、最大迭代次数 $T_{max}=1000$。

(2)分地区纵向生态文明建设水平评价
①汉中地区
汉中地区2010～2019年生态文明建设评价结果如表6-4和图6-2所示。

表6-4 汉中2010～2019年生态文明建设水平投影值表

年份	经济系统投影值	社会系统投影值	环境系统投影值	公共服务系统投影值	综合投影值
2010	−3.6486	−3.3923	−2.2680	−4.5906	−6.0083
2011	−3.0673	−2.1505	−1.1453	−1.4547	−3.3345
2012	−2.2185	−1.5427	−0.8929	−0.0808	−2.7144
2013	−1.5530	−1.0875	−0.3213	0.2846	−1.2639
2014	−0.4093	−0.9579	−0.7497	0.5412	−0.8635
2015	0.3395	−0.0456	−1.2662	0.6928	0.0763
2016	1.1225	1.4639	0.3738	0.7083	1.6773
2017	2.0663	1.6721	0.9208	0.7916	2.4687
2018	3.3903	2.6393	2.9467	0.9042	4.2848
2019	3.9782	3.4011	2.4021	2.2035	5.6775

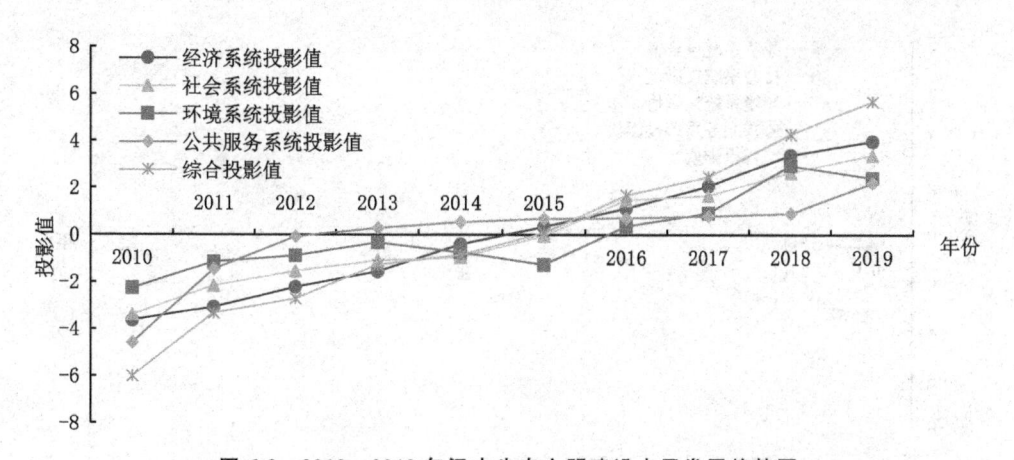

图6-2 2010～2019年汉中生态文明建设水平发展趋势图

从表6-4和图6-2可以看出,汉中地区的生态文明建设水平随着时间的推移都有着不同程度的增长。其中,经济系统发展水平的增长幅度最大;社会系统增长与公共服务系统增长几近相同;而环境系统发展相对较慢,并且在2014年和2015环境系统发展水平还略有下降。不过从综合投影值可以看出,2010～2019

▶ 脱贫攻坚、乡村振兴与县域高质量发展——基于陕西 11 个国家乡村振兴重点帮扶县的考量

年汉中生态文明建设水平呈现稳步增长的趋势。

②安康地区

安康地区 2010～2019 年生态文明建设评价结果如表 6-5 和图 6-3 所示。

表 6-5　安康 2010～2019 年生态文明建设水平投影值表

年份	经济系统投影值	社会系统投影值	环境系统投影值	公共服务系统投影值	综合投影值
2010	−3.3364	−3.7502	−0.5925	2.1599	−5.9523
2011	−2.8196	−3.0009	−0.2429	1.1235	−4.3540
2012	−2.0067	−2.0645	−1.6487	0.6219	−3.1472
2013	−1.2029	−0.9908	−1.1425	0.3016	−1.6929
2014	−0.3531	−0.3830	−0.8030	0.1283	−0.4008
2015	0.1933	0.0608	−1.6467	0.4444	−0.0339
2016	0.7483	1.8230	0.3234	0.3360	2.0336
2017	1.5392	2.3618	0.2771	−1.0656	2.9708
2018	2.9956	2.4357	2.1339	−2.0200	4.4954
2019	4.2422	3.5083	3.3419	−2.0300	6.0813

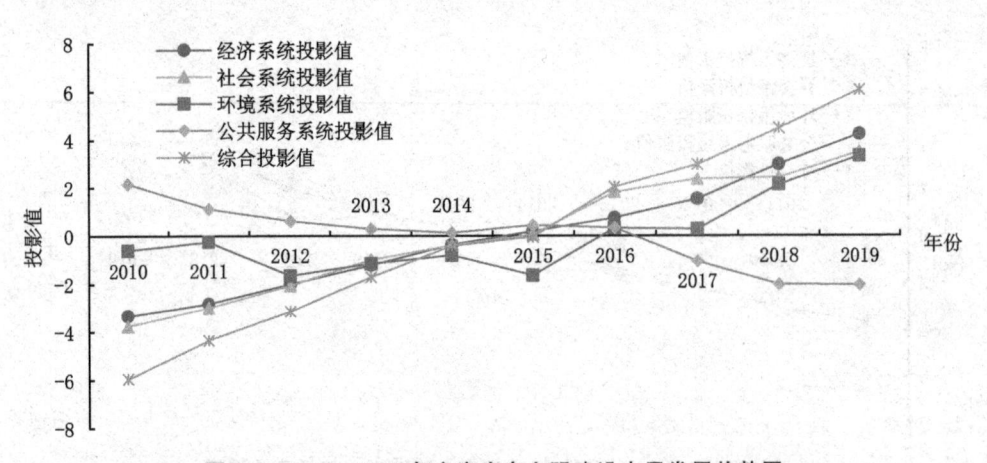

图 6-3　2010～2019 年安康生态文明建设水平发展趋势图

从表 6-5 和图 6-3 可以看出，安康地区的生态文明建设不同的子维度呈现不同的发展趋势。其中，经济发展水平的增长幅度最大；社会系统次之；环境系统虽有波动，但在 2015 年之后也呈快速上涨态势；公共服务系统方面总体来说呈下降趋势。公共服务系统下降的主要原因：第一，小学数量在不断缩减，2010～

2019年小学数量减少了50%；第二，医院、卫生院数量在2015年之后也有所减少。不过从综合投影值可以看出，在2010～2019年安康生态文明建设水平依旧呈现稳步上涨趋势。

③商洛地区

商洛地区2010～2019年绿色经济发展评价结果如表6-6和图6-4所示。

表6-6 商洛2010～2019年生态文明建设水平投影值表

年份	经济系统投影值	社会系统投影值	环境系统投影值	公共服务系统投影值	综合投影值
2010	－3.3263	－3.3329	－2.0074	2.6387	－5.7090
2011	－2.7236	－2.6887	－1.5710	2.0316	－3.6415
2012	－1.9112	－2.2175	－1.3463	0.7925	－2.5517
2013	－1.1974	－0.6481	－1.1681	0.3736	－1.5570
2014	－0.4114	0.2163	－1.3665	－0.8557	－0.1205
2015	0.2864	－0.3180	0.9514	－0.7943	0.4239
2016	0.8530	1.5995	－1.2575	－0.9013	1.0098
2017	1.6818	2.2778	2.5200	－0.9118	3.1692
2018	3.1235	2.7316	2.2671	－1.0146	4.3188
2019	3.6252	2.3800	2.9783	－1.3588	4.6581

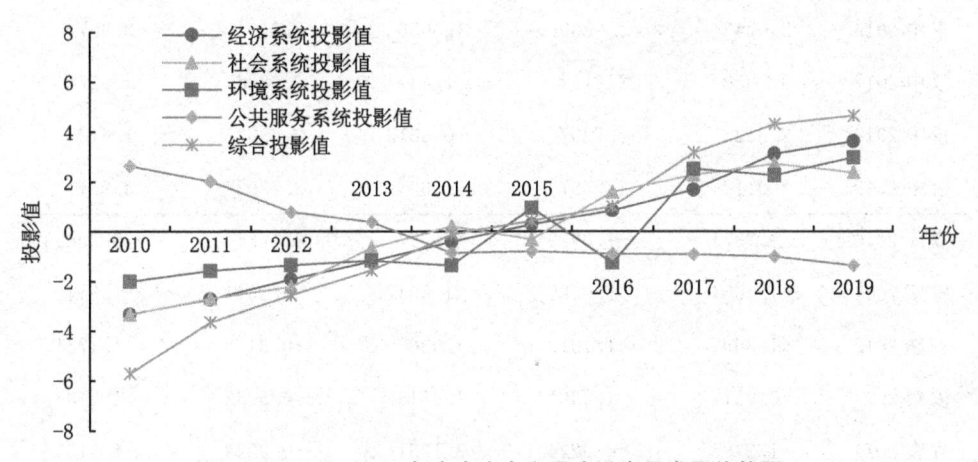

图6-4 2010～2019年商洛生态文明建设水平发展趋势图

从表6-6和图6-4可以看出，商洛地区的生态文明建设的发展状况与安康类似，不同子维度呈现不同发展趋势。经济系统的增幅最大；社会系统紧随其后；

环境系统虽然在 2014~2016 年有所波动,但总体上呈现上涨趋势;公共服务系统总体呈下降趋势,究其原因主要在于小学数量的极度锐减。商洛市自 2010 年开始推进县域义务教育均衡发展,进行了学校布局调整,农村小学逐步向乡镇和中心行政村集中,使得小学数量从 2010 年的 1306 所下降至 2019 年的 387 所。不过从综合投影值可以看出 2010~2019 年商洛的生态文明建设呈现稳定上涨趋势。

(3)分指标横向生态文明建设水平评价

将陕南三市横向进行对比,运用本文构建的投影寻踪模型,评价结果如表 6-7 和图 6-5 所示。

表 6-7 综合 2010~2019 年生态文明建设水平投影值表

地区年份	经济系统投影值	社会系统投影值	环境系统投影值	公共服务系影值	综合投影值
汉中 2010	2.8277	2.5672	−0.3103	1.9249	3.0482
汉中 2011	3.1565	2.5846	1.6342	2.2069	4.7958
汉中 2012	3.1252	2.8348	−0.8990	2.4374	3.9386
汉中 2013	3.0504	2.5728	−0.8649	2.7067	4.4924
汉中 2014	3.2468	2.4159	−1.0625	2.5904	4.7333
汉中 2015	3.1340	2.5997	0.6572	2.3723	4.3021
汉中 2016	3.0743	1.9839	1.5938	2.3464	3.9072
汉中 2017	3.0050	2.2194	−1.4474	2.6886	4.6278
汉中 2018	2.6322	2.7307	−0.3816	2.6387	4.6135
汉中 2019	2.0118	2.5587	0.5904	2.7202	3.9511
安康 2010	−0.7371	−1.0929	1.6597	0.1854	−0.2065
安康 2011	−1.4054	−1.0580	−1.6947	−0.2641	−1.8446
安康 2012	−1.3697	−1.1913	1.9267	−0.3178	−1.1731
安康 2013	−0.9517	−1.2361	1.9113	−0.5082	−1.3138
安康 2014	−1.2725	−0.9224	2.1251	−0.2229	−1.3139
安康 2015	−1.0238	−1.0053	0.9332	−0.0981	−0.9121

续表

地区年份	经济系统投影值	社会系统投影值	环境系统投影值	公共服务系影值	综合投影值
安康 2016	−1.0504	0.4173	0.6181	−0.1164	0.2723
安康 2017	−0.7274	−0.0180	1.5137	−0.5243	−1.0039
安康 2018	−0.3149	−0.9336	2.0155	−0.4015	−0.5975
安康 2019	0.4543	−0.1325	−1.5302	−0.4754	−0.1352
商洛 2010	−2.0906	−1.4743	−1.3495	−2.1103	−2.8417
商洛 2011	−1.7512	−1.5266	0.0605	−1.9428	−2.9512
商洛 2012	−1.7555	−1.6435	−1.0278	−2.1196	−2.7655
商洛 2013	−2.0986	−1.3367	−1.0464	−2.1985	−3.1786
商洛 2014	−1.9742	−1.4935	−1.0626	−2.3676	−3.4194
商洛 2015	−2.1102	−1.5944	−1.5905	−2.2742	−3.3900
商洛 2016	−2.0239	−2.4012	−2.2119	−2.2300	−4.1795
商洛 2017	−2.2775	−2.2014	−0.0663	−2.1643	−3.6239
商洛 2018	−2.3173	−1.7971	−1.6339	−2.2371	−4.0160
商洛 2019	−2.4662	−2.4263	0.9397	−2.2448	−3.8159

(a) 2010~2019 年经济系统趋势图

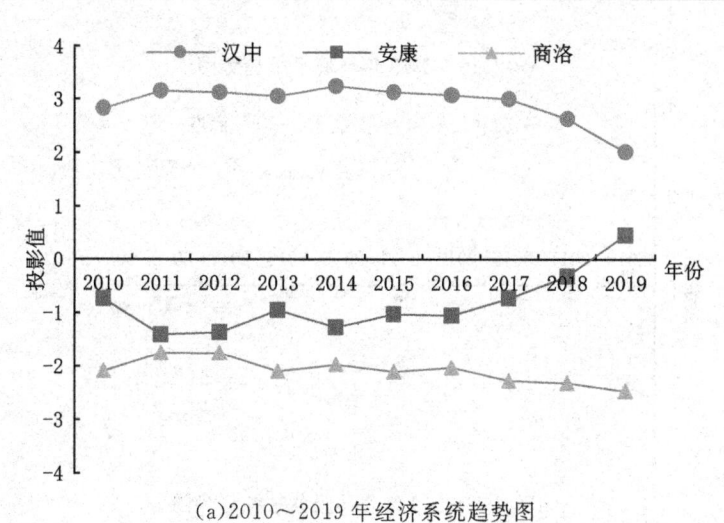

图 6-5

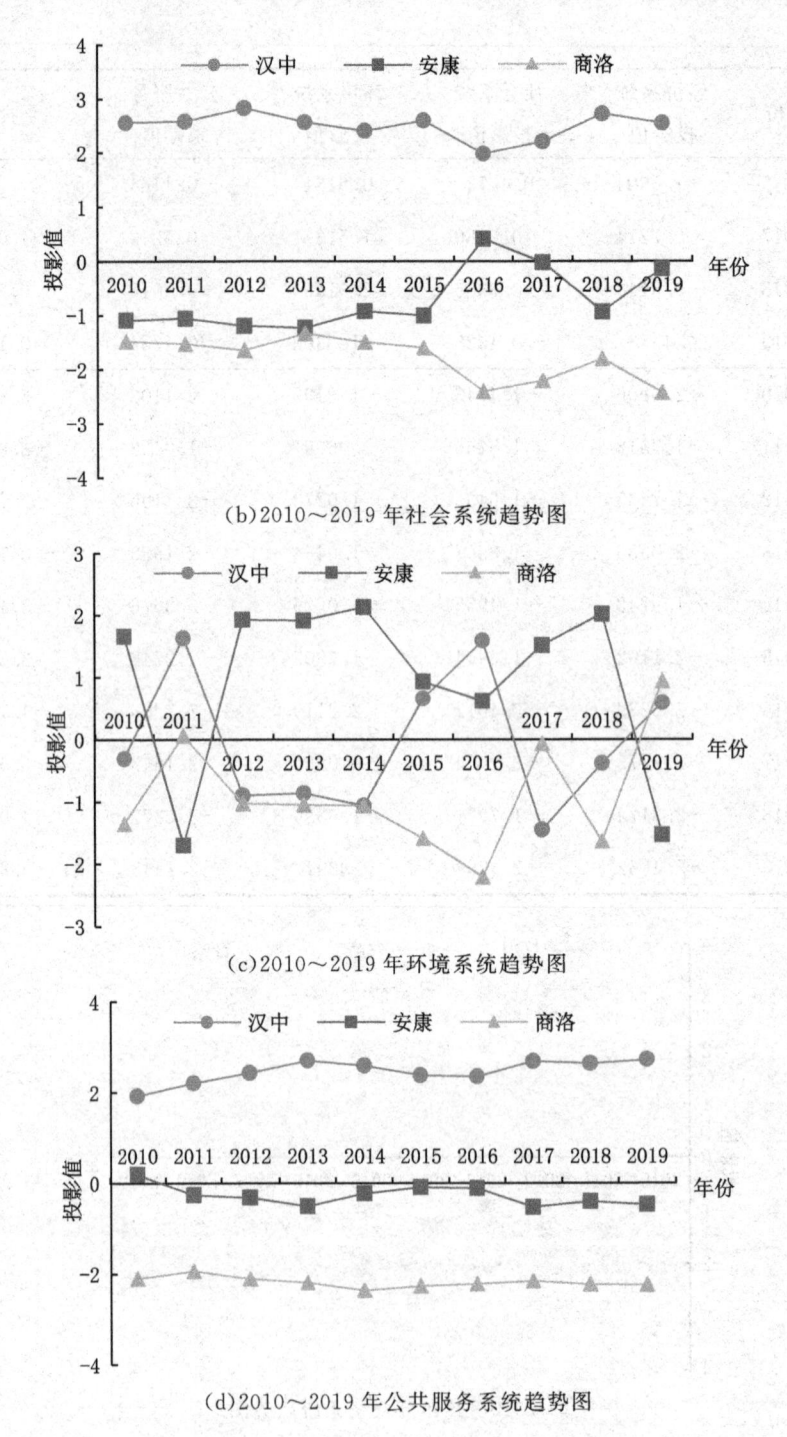

▶ 脱贫攻坚、乡村振兴与县域高质量发展——基于陕西 11 个国家乡村振兴重点帮扶县的考量

(b) 2010～2019 年社会系统趋势图

(c) 2010～2019 年环境系统趋势图

(d) 2010～2019 年公共服务系统趋势图

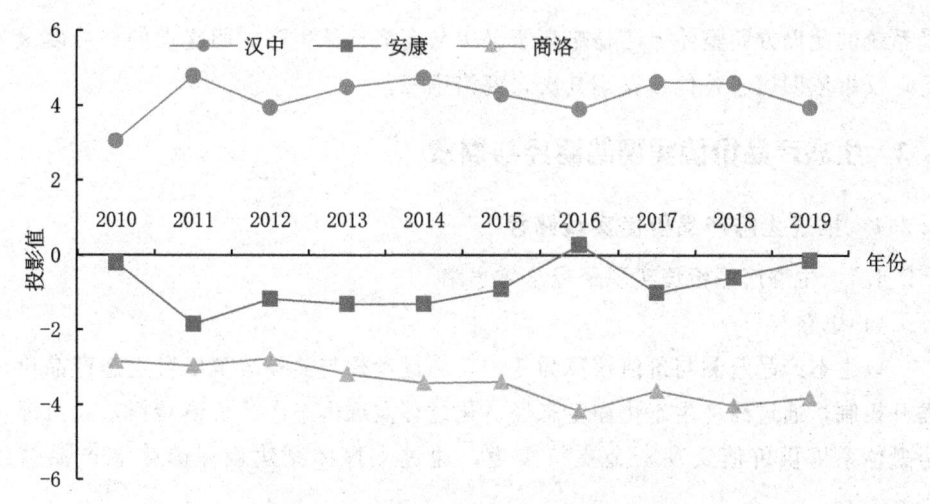

(e) 2010～2019 年综合生态文明建设趋势图

图 6-5　2010～2019 年陕南三市分指标生态文明建设趋势图

从表 6-7 和图 6-5 可以看到，2010～2019 年在经济系统、社会系统和公共服务系统方面，均是汉中领先于安康，安康领先于商洛。在环境系统方面，三座城市在不同年份的排名均在变动，在近 10 年里有 7 年安康都居于首位，同时商洛有 7 年都居于末位，总体来说安康在环境系统的建设方面整体上还是略高于汉中与商洛，而在 2019 年商洛的环境系统位于首位，说明近两年随着生态文明建设的不断推进，商洛在环境治理方面取得了不错的成效。从生态文明建设的综合度量来看，汉中依旧居于首位，安康其次，商洛第三。

6.1.6.4　研究小结

研究从经济发展、社会发展、环境建设发展、公共服务发展等四个方面构建了生态文明建设水平评价指标体系，对位于秦岭地区的陕南三市 2010～2019 年生态文明建设水平进行了实证分析。结果表明：从分地区的纵向视角来看，2010～2019 年汉中、安康、商洛三市的综合生态文明建设水平呈稳步增长态势，但是不同地区的发展特征也各有特点。2010～2019 年汉中在经济发展、社会发展、环境系统发展、公共服务发展等方面总体上均保持上升态势，其综合值也在三市中遥遥领先；安康在经济发展、社会发展、环境发展方面呈现上升趋势，公共服务发展总体呈下降趋势；商洛与安康情况类似，经济发展、社会发展、环境发展方面呈现上升趋势，公共服务发展总体呈下降趋势。从分指标的横向视角看，在经济系统、社会系统和公共服务系统方面，均是汉中领先于安康，安康领先于商洛。在环境系统方面，三座城市在不同年份的排名均在变动，总体来说安康在环境系统的建设方面整体上还是略高于汉中与商洛。从生态文明建设的综合度量来看,汉中依旧居于首位,安康其次,商洛第三。

6.2 生态产品价值实现的路径与探索

6.2.1 推进生态产品价值实现路径

6.2.1.1 生态产品价值实现路径总体思路

(1)思路与目标

以生态产品监测与价值核算为基础,通过考核与奖补政策培育生态产品价值提升机制,通过经济生态化和生态经济化过程实现生态产品价值转换,通过绿色金融体系提供价值实现资金支持渠道,通过支撑体系建设保障生态产品持续供给。

生态产品价值实现的短期目标(2023~2026年)为建立较为完善的生态产品价值实现机制并开始实施,包括生态产品价值核算体系与核算平台、绿色发展奖补机制、生态产品市场交易体系、生态产业实现路径、生态产品质量认证体系以及生态价值实现支撑体系;长期目标(2027~2035年)为生态产品价值实现机制长期稳定发挥作用,生态产品价值实现程度显著提高,形成富有活力的绿色生产生活方式,实现绿色发展与美丽中国建设目标。

(2)建立七大体系

①建立生态产品价值核算体系

构建生态产品与服务的核算框架,确定生态系统提供的最终产品与服务类型,建立符合陕西生态产品核算的指标体系与计算方法,形成生态系统价值核算"陕西模式"。

②建立生态产品价值核算平台

集成生态产品价值核算基础数据库与专题数据库,基于生态产品核算方法体系,研发地方生态产品价值核算平台,开展市、县、镇(办)、村(社区)等各级行政单元生态产品价值核算与结果可视化展示。建立生态产品价值核算结果发布制度,适时评估生态保护成效和生态产品价值。

③建立生态产品价值核算评估应用机制

在市域范围内按行政区划探索和试点绿色发展财政奖补机制,探索建立生态产品价值考核体系、差异化生态补偿制度与生态修复激励制度等。

④建立生态产品市场交易体系

鼓励生态产品与生态资产经营使用权流转,鼓励与推进集体林地使用权、宅基地使用权、部分河道资源经营权、碳汇使用权流转，探索建立"生态银行"、生态贷、绿色债券融资等市场交易体系。

⑤打造生态产业体系

基于当地自然资源条件与产业发展基础，以山地生态、高原特色、高效、循环立体农业为特点，发展精品农林业；结合精品旅游点和特色旅游线形成点线带动的全域康养旅游业；以新型资源与能源型工业与智慧服务业为特点发展新兴生态工业。

⑥构建生态产品质量认证体系

基于区位优势与秦岭生态优势，将各类生态产品纳入品牌范围，提升生态产品溢价，培育特色农产品、大健康、大旅游等生态产品区域公用品牌。建立生态产品标准体系与认证体系，打造国际化生态产品区域公用品牌。

⑦构建生态价值实现支撑体系

推进生态保育与生态修复工程实施，积极开展矿山修复与尾矿库治理，推进气候适应型城市建设，开展与周边城市群交通线路建设，加快内部旅游交通体系建设，深化开放合作，引进科技人才，促进科研项目成果转化，构建生态价值实现支撑体系。

(3) 总体路径

生态产品价值实现总体发展路径为：明确生态产品清单—生态产品监测与核查—生态产品价值核算—发展精品农林业/全域康养旅游/生态工业—考核奖补机制构建—绿色金融体系构建—支撑体系构建—品牌建设与质量认证—全面构建生态产品价值实现机制。

6.2.1.2 建立生态产品调查监测与价值核算机制

(1) 生态产品调查监测与价值核算目标

短期目标是解决生态产品价值"度量难"问题。长期目标是解决生态产品价值"交易难，变现难"问题，为干部离任审计、干部绩效考核、绿色财政奖补、绿色债券、矿山修复生态效益评估、流域生态补偿、碳交易等提供科学数据。

(2) 生态产品调查监测与价值核算路径

针对生态产品价值"度量难"问题，以调查、监测和评估大数据为支撑，建立生态产品价值自动核算平台，以可视化方式及时掌握和监控各市区生态产品的供给水平。构建覆盖全域、全行业、所有人群的生态资产账户，成立实体化的生态产品交易服务中心，解决生态产品价值"交易难，变现难"问题，为生态产品的全面市场化奠定基础。

①路径一：建立生态产品价值实时监测系统与自动核算平台

第一，建立生态产品价值实时监测系统。在已有生态观测基础上，实现各部门各类生态环境监测体系的统一规划、统一标准、统一监测、统一信息发布，构建生态环境信息大数据库，对生态环境进行实时、快速、准确的动态跟踪和监测。

第二，建立覆盖各级行政单元的生态产品价值自动核算系统。在已有"生态产品价值和碳汇评估平台"基础上，完善基础数据库建设，以试点县、镇、村自动核算系统为模板，建成覆盖各级行政单元的自动核算系统，利用图斑功能形象地展示数据的空间变化特征。

第三，建立覆盖各地市各级行政单元的生态系统碳汇实时评估系统。在已建立的"生态产品价值和碳汇评估平台"基础上，建立空间分辨率为30米的气象、土壤、植被的生态本底空间数据库，基于国际领先的区域碳汇评估算法，精确计量各地市每年的碳汇量，同时评估各镇、村和不同类型生态系统的碳吸收量，并进行可视化展示，基于界定清晰的产权边界，为碳汇项目开发和交易提供数据支撑。

②路径二：建立实体化的生态产品交易服务中心

第一，建立生态产品交易服务系统平台。在路径一构建的生态产品价值与碳汇评估平台基础上，构建生态产品与碳汇交易服务系统，以数字化、可视化方式为我省生态产品交易提供全流程电子服务，实现生态产品登记、确权、定价、审定、核证和交易等流程的自动化和信息化，并发布和共享生态产品信息，为生态产品项目开发和交易提供信息共享和交易平台。

第二，建立生态产品交易服务中心。建立实体化生态产品交易服务中心，开展生态产品交易服务，负责生态产品公用品牌运营、生态产品认证、培训、咨询等业务，为陕西省境内、跨境和跨流域的生态产品交易提供服务。

6.2.1.3 建立健全绿色发展奖补机制

(1)建立健全绿色发展奖补机制的目标

建立地方特色的绿色发展奖补机制，引导政府部门、企业与个人积极推进生态产品价值实现机制。长期目标是形成稳定的绿色发展奖补机制，生态产品质量与价值全面提升，形成区域绿色发展新格局，养成居民绿色生活好习惯。

(2)建立健全绿色发展奖补机制的发展路径

通过绿色考核审计、差异化生态补偿以及生态修复激励等财政政策激励与约束作用，促进生态产品价值实现。

①路径一：提高生态产品价值考核比重

借鉴"浙江丽水生态信用评价制度"，通过制定企事业单位与个人评绿星赋能指标体系和评价标准。企事业单位从生态环境保护、生态经营、社会责任、一票否决项等方面进行绿星评价。个人从生态环境保护、生态经营、绿色生活、生态文化、社会责任、一票否决项等方面进行绿星评价。通过开展绿色企业、绿色机关、绿色校园、绿色医院、绿色景区、绿色家庭、绿色交通等以及生态县、镇、村的绿色评星，并将绿星等级与企业单位或个人银行存贷款利率、享受政策资金扶持、财政转移支付、绿色发展考核等方面挂钩，实现绿星赋能。

②路径二：实施差异化生态补偿制度

第一，建立差异化生态公益林生态补偿机制。可借鉴《广东省省级生态公益林效益补偿资金管理办法》，将补偿资金区分为特殊区域补偿资金和一般区域补偿资金两部分。对于生态公益林补偿应积极利用生态产品价值核算平台的核算结果，以村或乡镇为单元确定生态公益林调节服务价值，确定补偿调整系数、林种系数等参数，根据单位面积调节服务价值与系数，确定不同行政单元生态公益林生态补偿标准。生态补偿资金中60%直接分配给农村集体经济组织成员，40%作为森林健康经营管理资金，由区县政府统筹组织实施森林健康经营项目。通过"划分生态公益林生态补偿区域—确定补偿标准—明确补偿资金用途（包括损失补偿金）"的实施路径，体现公平并激励生态保护区继续开展公益林保护。

第二，建立"南水北调"跨流域横向生态补偿机制。陕西省是南水北调中线工程的核心水源地，以陕南三市为供水区，基于地区断面水质与水量监测数据，确定供水区水质与供水量。依据生态产品价值核算平台核算出水源涵养结果，确定供水区各乡镇等行政单元水源涵养量，用以计算各行政单元"南水北调"供水量相对大小。以北京市和天津市为受水区，明确北京和天津实际获得"南水北调"水资源量，根据陕西供水量占"南水北调"总供水量比例计算京津获得的陕西供水量。基于国家南水北调水源地支持政策，根据京津用水量中陕西部分水量计算生态补偿金额，以资金直接补偿或项目资助形式向陕西省内的"南水北调"供水区提供生态补偿，补偿资金按照不同行政单元水源涵养量相对大小进行分配，建立基于受水区用水量与供水区水供给能力的横向生态补偿机制。

③路径三：积极引入社会资本构建生态保护修复激励机制

第一，积极引入社会资本参与陕西省水土流失综合治理。在小流域水土流失综合治理工程、生态清洁小流域工程、坡耕地水土流失综合治理工程、坡面强风化区水土流失治理工程实施区域中筛选适合开展水土流失综合治理项目的区域。

在地方政府与水土保持部门的指导与监督下，通过土地流转、代管等多种方式，引入社会资本，开展水土流失流域综合治理与土地开发经营。

第二，积极引入社会资本参与矿山与尾矿库生态治理与土地复垦。开展待修复治理矿山与尾矿库综合调查，编制待修复治理矿山与尾矿库清单，在汉中、安康、商洛筛选适合社会资本参与的待修复治理矿山与尾矿库项目。在地方政府监督与指导下，通过矿山区域土地使用权流转，引入社会资本参与矿山修复。将矿区修复项目建设权、林地经营权、产业项目开发权等权益统一，通过明晰产权、明确修复范围和厘清收益归属，激励市场主体积极参与废弃矿山和尾矿库治理修复，形成"生态治理修复＋旅游/文化/生态农林业"的发展模式。

6.2.1.4 健全生态产品市场交易体系

(1) 健全生态产品市场交易体系的目标

为缺乏市场的生态产品交易创造市场，引导市场主体开展生态产品市场交易。逐步构建完善生态产品交易体系，为农林产业、生态工业、旅游康养等产业发展提供融资渠道，促进生态产品价值实现。

(2) 健全生态产品市场交易体系的发展路径

通过完善自然资源制度、构建生态产品交易市场以及建立"一站式"生态产品价值实现金融体系，解决生态产品交易中缺市场、缺资金、融资难等问题，为生态农林业、康养旅游和生态工业发展提供资金支持。

①路径一：鼓励经营使用权流转，盘活生态资产

第一，继续推进集体林地经营权流转。继续推进集体林地所有权、使用权、经营权的"三权分置"，确保所有权明晰与承包权稳定。按照森林类型进行分类经营，以股份制、租赁或林地经营权流转等方式灵活制订森林经营策略，促进森林生态产品价值实现。

第二，鼓励宅基地使用权流转。借鉴浙江宁波象山农村宅基地"三权分置"改革，通过设置宅基地使用权证、资格权证和所有权证将宅基地三权分置，分离出的宅基地和农民房屋使用权可适度放活，形成"闲置农房—引进项目—签订协议—拆建改建—颁发三证—抵押贷款—开启运营—共同致富"的具有现实特色的农村宅基地和闲置农房开发利用新路径，依托我省康体养生建设项目等，鼓励以转让、出租、抵押、入股等方式流转宅基地使用权，通过集体经济开发或引入社会资本，结合乡村特色开发精品康养旅游项目，盘活乡村资产，助力乡村振兴。

第三，探索部分河道经营权承包或流转。探索部分河道资源所有权、承包权、经营权"三权分置"，通过试点汉江、丹江、嘉陵江等河流重点河道经营权承

包或流转，鼓励个人与社会资本参与河道资源管理，实现河道整治与乡村振兴协同发展，推进美丽乡村建设。

第四，探索碳汇交易机制。通过人工林经营与碳汇林建设等提高森林碳汇量，引入第三方评估机构对碳汇量进行核证签发，形成碳汇产品。

②路径二：建立生态产品价值实现金融服务体系，保持生态产品价值实现资金渠道通畅

第一，探索生态产品抵押贷款。确立生态产品所有权、使用权、经营权"三权分置"，在产权明晰基础上探索"两山贷""绿色贷""生态贷""GEP 贷"等金融形式。以各行政单元生态产品价值中的调节服务类和文化服务类生态产品使用经营权为抵押物，推动中央或省级金融机构，向县（区）、镇（办）、村（社区）等授信，为生态保护、生态产业培育与品牌经营、生态惠民与帮扶等提供资金。

第二，探索建立"生态资源资产经营有限公司"。通过租赁、转让、托管等方式将分散闲置的生态产品与资源资产进行整合，对生态资源进行整合与提质，形成单个的生态资源资产项目。"生态资源资产经营有限公司"以混合所有制、股份合作、委托经营等形式招引个人、集体经济或社会资本进行生态资产项目开发运营。生态资源开发运营者可以通过抵押担保等方式从"生态资源资产经营有限公司"获得资金支持，持续投入促使生态资源资产进一步开发、盘活生态资源资产。

第三，鼓励绿色债权融资。鼓励符合条件的企业发行绿色债券募集资金，用于支持生态友好型、生态环境修复等产业发展。通过生态价值实现金融服务体系的构建，为生态产品价值实现提供资金保障。

6.2.1.5 创新生态价值产业实现路径

立足土地资源立体分布特点，以"生态＋市场"的发展模式，通过发展生态、特色、高效、循环立体农业，精品生态旅游、康养产业和生态工业，解决生态产品价值低廉或难以实现的问题。

①路径一：发展特色精品小农产业和适度规模化生态农业

第一，发展特色精品小农产业。立足土地资源立体分布现状，发挥农业"品种特、生态优、种类多"的比较优势，通过走山地生态、特色、高效、循环立体农业之路，发展特色精品种植业、生态精品畜禽养殖业（"作物—畜牧业—沼气"与"畜牧业—养殖业"相结合的循环特色农业）和特色林果产业，培育"精品农家乐""精品休闲农业""精品文化农庄"等特色新型农产业，形成多品类小农特色精品，提升生态农产品的市场竞争力，实现生态农产品增值。

第二，发展适度规模化生态循环立体农业。保持生态底色，以"公司＋合作

社＋基地＋农户"或"基地＋协会＋股份合作社"的产业发展新模式，适度规模化发展绿色有机的农特产业、中药材产业，并培育林下种植业（中草药）；联合相关科研机构或平台，持续提升生态农产品的附加值和供给能力，实现生态、特色、高效立体农业。

第三，开发高端定制农产品市场。通过比较各地同类农产品的口感、外观、营养成分、生产过程等，筛选质量出众的有限产量农产品，开展产品形象建设，打造高端礼品类产品。引导品质优势不明显的有限产量农产品走健康生态路线，鼓励有条件的农户或企业开展定制化种植、托管式农业等互动式农产品经营模式，通过直播农业活动、加工过程等形式获得消费者信任。引导农户或企业建设扁平化销售途径，直接与消费者或社区商超建立联系，满足预定式、定制式消费需求，提升产品流通效率与经济收益。

②路径二：旅游业遵循区域整体规划思维，走差异化发展路线，以点先行，连点成线，强力打造以生态康养为招牌的全域旅游产业

第一，开展旅游发展空间规划。以现有资源为基础，明确旅游发展整体布局，明确不同区域的开发定位，避免同质化，形成全域、全年的旅游吸引力。通过旅游资源的类别差异化（观光类、度假类、康养类、体验类、学习类等）、项目差异化（观景、品茶、赏花、徒步、极限运动等）、元素差异化（古朴、现代；山、水、林、田；茶、鹿、花等）、季节差异化（通过不同元素在时间上的组合配置延长旅游期，如春茶—夏花—秋食—冬雪不同元素组合配置）等进行区域整体规划，丰富区域旅游形式，吸引不同消费人群，实现不同旅游资源的空间带动和项目带动，体现整体布局的优势。

第二，打造旅游特色精品点。挖掘各地旅游资源的特色优势，集中力量先行支持资源基础好的地区进行环境、项目等质量提升，引导旅游项目开发主体发展"吃—住—行—娱—购"全要素体系，实现"点上开花"。

第三，精心培育线状特色廊道精品旅游线。在旅游精品点建设的基础上，依据旅游发展空间整体规划，沿旅游线路延伸多点发展，以点连线，形成不同主题的精品线路。如培育地方特色的生态文化旅游廊道、风情休闲走廊、沉浸式旅游体验走廊等线状生态旅游产品。

第四，培育特色"生态旅游与康养＋"的生态小康养产品。利用好秦巴地区高质量生态环境，培育特色生态小康养产品（如特色民宿养老），形成独特的"生态旅游与康养＋"的康养产业，立足"小康养"，拓展"大康养"。做精做深、做长做强全龄康养、气候康养、高端休闲、大健康等康养产业链，推进全龄康养、全域

康养、全链条康养，不断放大康养品牌效应，打造中国康养之都。

③路径三：发展绿色新型资源型工业和新生态智慧服务业，促进传统工业向生态工业转型发展

第一，发展绿色新型资源型工业。以"矿山+矿区+工业园"的绿色矿业开发模式，发展绿色生态新型矿业；以文化遗产带为线索、山水生态通廊为骨架的工业文化旅游产业复合发展模式，多元化开发"智慧型"矿业遗产，实现矿业遗产高质量增值。推广商洛洛南环亚源有色金属循环利用产业"接二连三"发展模式，深度挖掘"城市矿山"资源，最大化促进资源再生和废弃物综合利用，推进城市减污降碳、废弃物零排放。

第二，培育战略型新能源工业。重点发展"规模集约化"风能、氢能、水电储能等战略型绿色新能源产业，全力推进太阳能光伏发电产业项目，推动能源转型和绿色可持续发展培育形成新生态工业增长极，进一步提升生态工业的科技含量，促进生态工业产品的价值增值。

第三，发展新生态智慧服务业。依托"关中平原城市群""中原城市群"优势，培育发展生态智慧服务业与物流业，实现优质特色生态产品物流全过程可追溯，为优质农林产品与新兴工业产品打通"关中平原城市群""中原城市群"、进入"长江经济带""一带一路"提供支持。

第四，积极建设智慧生态产品交易中心。充分利用智慧生态产品交易中心，定期举办生态产品推介博览会，组织开展生态产品线上云交易、云招商，推进生态产品供给方与需求方、资源方与投资方实现高效对接。积极参与"一带一路"上的生态产品展览展销等活动，积极推动生态产品输出。

第五，推动生产过程清洁化转型。引导鼓励企业通过技术革新、过程改进、管理升级等措施开展生产过程的低能耗、低污染转型，利用"碳中和""零污染"等标签式表达提升产品软实力，应对国家"双碳"目标对工业低碳提出的更高要求。

第六，强化废弃物资源化利用。强化企业延链化生产，发挥"产—学—研"协同优势，创新发展废弃物资源化利用新途径，提高资源利用率与价值转化率。

6.2.1.6 健全生态产品质量认证体系

通过区域公用品牌挖掘建设，形成一批高质量生态产品；通过高标准的生态产品质量管理，保障产品的优质内核，保护产品在高端市场上的竞争力和声誉；通过多途径的产品形象建设，丰富产品的文化内涵，提升产品市场活力与知名度，形成内外兼修的高质量知名产品集群。

①路径一：以区域公用品牌建设为抓手，通过品牌建设带动优质产品挖掘，

形成优质产品体系和产业规模

第一，壮大区域公用品牌的单品类体系。通过行业协会注册品牌、政府或国企运营管理品牌以及企业或集体申请使用品牌的基本发展方式，继续壮大安康富硒茶、商洛香菇等单品类区域公用品牌，发挥单品类区域共用品牌发展速度快、营销效率高的优势，形成优质农产品先锋队。

第二，建设区域公用品牌运营管理体系。成立生态产品品牌管理运营办公室，建立区域公用品牌使用与退出机制，筹建品牌研究院，编制生态产品区域公用品牌发展规划。

②路径二：走高标准的生态产品质量管理路径，保障生态产品在高端市场上的竞争力和声誉

第一，建设高标准生态产品质量认证体系。制定高标准的生态产品质量认证管理办法，培育第三方生态产品质量认证机构，实现生态产品信息可查询、质量可追溯、责任可追查。

第二，建设全过程农产品质量追溯体系。完善农产品管理信息平台，制定农产品质量追溯制度规范与技术标准，选择柞水木耳等特色优势产品开展农产品质量追溯试点工作，推进企业上线国家农产品质量安全追溯管理信息平台。

第三，建设严格管控的产品质量监管体系。制定生态产品质量监督管理制度，建立区域公用品牌使用主体监管目录，加强和规范线上线下产品营销平台监管，降低低质产品破坏市场秩序的风险，推进企业注册、产品销售、市场监管等相关平台互联互通和数据共享，提高监管的精准性和有效性。

6.2.1.7 健全生态价值实现支撑体系

通过生物多样性保护与生态修复，提高生态价值，确保区域生态安全；完善基础设施建设，为生态产品贸易、康养旅游发展提供支持；通过人才引进与开放合作，为生态农业、康养旅游、生态林业等生态产业提供智力支撑，确保生态产品价值实现机制长期持续稳定发展。

①路径一：持续推进生物多样性保护与生态修复，提升生态服务价值，确保生态安全

第一，持续推进生物多样性保护，提高生物多样性价值。开展生物多样性保护现状评估，确定生物多样性保护目标，制定生物多样性保护方案，持续推进牛背梁、金丝峡等国家级自然保护区、水产种质资源保护区、森林公园、湿地公园、地质公园地质遗迹保护区、风景名胜区和饮用水源地一级保护区的生物多样性保护，提高生物多样性价值，保障生态安全。

第二，持续推进生态保护修复，提升生态价值。在生态系统质量评估基础上，制定生态保护修复规划方案，对水土保持、水源涵养等重要生态功能区、天然林、湿地等进行保护修复，实施人工林提质增效工程，提升生态价值。

第三，推进气候适应型城市建设。在全面气候灾害调查评估的基础上，制定气候适应型城市建设规划，通过调整与优化城市山、水、林、田、湖、草格局与结构，疏通河道，提升城市生态系统质量与生态功能，降低城市热岛、内涝、滑坡等灾害风险，建设生态宜居城市。

②路径二：构建生态价值实现基础设施支撑体系，实现生态产品快捷消费

第一，补齐基础设施短板，服务生态产品价值实现。推进生态产品储藏、加工、交易与物流中心、旅游集散中心、公共厕所、宾馆、民宿、文化广场、景观大道、廊道、盲道等建设，弥补基础设施短板。相关区域遵循"可以朴素但不脏乱"的原则开展环境整治工作，营造整洁优美的旅游环境。推动停车场、客货集散与咨询中心、应急服务中心、汽车租赁等数字化与智能化改造升级。

第二，打造"快进、慢游、快出"旅游交通支撑体系。推进旅游航线、专列和专线等交通建设，实现中心城、机场、高铁/铁路站到重点景区交通无缝衔接，同时加强重点景区间旅游专线等交通建设，构建"快进、慢游、快出"旅游交通网络，吸引更多的旅游人群来消费生态产品。

第三，畅通主动脉，打通微循环，促进生态产品销出去。以航空快运、高铁快运、农产品专列、国省干线及乡村公路、客货（水）运站场（码头）和智慧交通信息化中心等建设为重点，构建近接"两群"、远承"两圈"、融入中国主要城市群与经济区和"一带一路"的综合物流枢纽，促进生态产品区域外消费。

③路径三：强化人才科技支撑，深化开放合作，为生态价值实现保驾护航

第一，建设"生态研究院"，培育"两山"价值转换创新人才。加强校地合作，共建"生态研究院"，开展生态价值实现机制研究，定期开展深度融入中国主要城市群与经济区和"一带一路"生态价值实现机制的高峰论坛，培育绿色发展高端人才。

第二，搭建生态产品价值实现科技服务平台，指导生态产业化。建立以企业为主体、市场为导向的生态产品价值实现科技服务平台，完善"基础研究—应用开发—成果转化—科技服务"链条，提高科技含量，促进生态产业集群发展壮大，促进生态价值实现。

第三，深化开放合作，促进生态产业健康发展。"请进来、走出去"开启开放合作共赢模式，与"两群""两圈"等中国主要城市群与经济区及"一带一路"沿线国

家政府、科研院所、企业等，就生态产品投资、贸易、生态价值核算、监测与利用等，开展全方位、多层次、宽领域的开放合作。

6.2.2 物质供给类生态产品价值实现探索——以柞水木耳发展为例

物质供给产品是指自然生态系统提供的物质产品，生态农业生产的物质产品，如有机农产品、中药材、原材料、生态能源等。这里以柞水木耳为例，运用AHP-SWOT研究方法，立足柞水县农村发展特色农业与农村经济发展的内在联系入手，对物质供给类生态产品价值实现面临的优势与劣势、机遇与挑战进行深入的研究，以"小木耳大产业"为发展契机，提出发展的策略方向，为生态产品价值实现提供决策参考。

(1) 基于AHP-SWOT模型的柞水县木耳产业发展战略定量测定

商洛市柞水县有着美丽的自然景观和丰富的木耳栽培历史，当地民众自明清时期就有从事木耳生产。柞水以其优质的菌类栽培而闻名，由于其资源丰富、气候湿润、温差大、日照高，完全适合栽培木耳。木耳品质优良，种植规模稳步扩大，产量逐年增加。2012年，柞水木耳获得了国家地理标志保护和农产品的保护。但商洛市柞水县的木耳产业发展存在资金不足、产业规模小等特征，因起步较晚存在栽培技术薄弱等问题。当前我国面临的发展难题如真菌品种的市场秩序等问题亟待从理论上进行战略性地剖析，基于SWOT的描述性分析，采用AHP-SWOT方法，对定性化的策略作出定量的评价。

① 构建SWOT矩阵

采用SWOT方法，对商洛市柞水县木耳产业进行了内外两方面的研究。通过问卷调查和文献资料的收集，对商洛市柞水县木耳产业进行调查，构建了商洛市柞水县木耳产业发展战略SWOT矩阵（表6-8）。

表6-8 商洛市柞水县木耳产业发展战略SWOT矩阵

要素	优势(S)	劣势(W)
内部要素	S_1 种植历史悠久	W_1 管理水平不足
	S_2 木耳产量较高	W_2 品牌意识不强
	S_3 种植规模较大	W_3 栽培技术薄弱
	S_4 柞树资源丰富	W_4 销售渠道不畅
	S_5 木耳质量较好	W_5 菌种市场混乱

续表

	机会(O)	威胁(T)
外部要素	O_1 政府政策支持	T_1 行业竞争加剧
	O_2 市场需求增加	T_2 自然灾害风险
	O_3 木耳附加值高	T_3 产业链条较短
	O_4 延长产业链条	T_4 市场经济衰退
	O_5 科技创新刺激	T_5 发展资金不足

②计算因素力度

应用 AHP 方法，通过李科特五级量表，以专家评分的方法，得到要素的评估结果，并将各个要素的相对重要权重乘以各个要素的估计强度值得出因素战略强度。

在构建 SWOT 矩阵的基础上，用 Yahhp7.0 软件建立层次结构模型，将由来自于商洛市农村农业局干部、农林高校专家、木耳营销企业负责人和木耳种植农户的 7 位专家对两两因素相对重要性进行比较打分的数据结果输入判断矩阵，进行一致性检验，$CR<0.1$ 一致性检验通过，最后使用专家数据进行计算得到层次因素权重。因素的估计强度由专家按照李科特五级量表打分的加权平均数算得，优点和机遇因子估算的强度在 $(0,5)$ 范围内；劣势和威胁因子的估算强度在 $[-5,0)$ 区间。计算结果见表 6-9。

S 战略强度之和为 1.3358，W 战略强度之和为 -0.8052，O 战略强度之和为 1.6126，T 战略强度之和为 -0.8937。

表 6-9 柞水县木耳产业发展战略因素强度

要素	各组权重	组内要素	CR	组内权重	总体权重	因素估计强度	战略强度
S	0.2963	S_1 种植历史悠久	0.0263	0.1099	0.0326	4.3672	0.1424
		S_2 木耳产量较高		0.2217	0.0657	4.5892	0.3015
		S_3 种植规模较大		0.1712	0.0507	4.2756	0.2168
		S_4 柞树资源丰富		0.2352	0.0697	4.4892	0.3129
		S_5 木耳质量较好		0.2620	0.0776	4.6678	0.3622

续表

要素	各组权重	组内要素	CR	组内权重	总体权重	因素估计强度	战略强度
W	0.1723	W_1 管理水平不足	0.0061	0.1950	0.0336	−4.5792	−0.1539
		W_2 品牌意识不强		0.1711	0.0295	−4.6928	−0.1384
		W_3 栽培技术薄弱		0.2294	0.0395	−4.6231	−0.1826
		W_4 销售渠道不畅		0.2065	0.0356	−4.8392	−0.1723
		W_5 菌种市场混乱		0.1980	0.0341	−4.6328	−0.1580
O	0.3431	O_1 政府政策支持	0.011	0.2440	0.0837	4.7923	0.4011
		O_2 市场需求增加		0.2623	0.0900	4.8997	0.4410
		O_3 木耳附加值高		0.1433	0.0492	4.4321	0.2181
		O_4 延长产业链条		0.2097	0.0719	4.6421	0.3338
		O_5 科技创新刺激		0.1407	0.0483	4.5263	0.2186
T	0.1883	T_1 行业竞争加剧	0.0021	0.1806	0.0340	−4.7562	−0.1617
		T_2 自然灾害风险		0.1606	0.0302	−4.5836	−0.1384
		T_3 产业链条较短		0.2035	0.0383	−4.7321	−0.1812
		T_4 市场经济衰退		0.1936	0.0365	−4.6832	−0.1709
		T_5 发展资金不足		0.2617	0.0493	−4.8992	−0.2415

③构造战略四边形

在此基础上，以优势和劣势为横坐标，机会和威胁为纵坐标，确定了各个因子的整体力度强弱值，构成 AHP−SWOT 战略四边形，如图 6-6 所示。

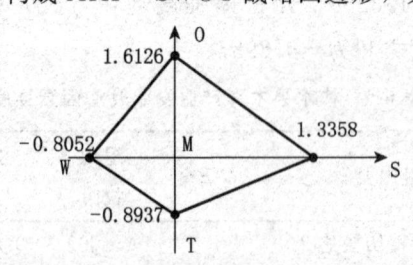

图 6-6　柞水县木耳产业发展的 AHP−SWOT 战略四边形

根据四个坐标，将战略四边形划分为四个区域，分别在四个区域内，根据其大小，对其进行分析，从而为柞水县木耳发展策略的制定提供依据，如表 6-10 所示。

表 6-10　战略四边形面积

三角形	SMO	WMO	WMT	SMT
面积	1.0771	0.6492	0.3598	0.5969

④计算战略类型方位角

根据柞水县木耳产业发展的战略四边形发展策略,对四边形进行了测算,并对其进行了重点分析。其中 $p(x,y)$ 坐标是:$p\left(\dfrac{S}{4}+\dfrac{W}{4},\dfrac{O}{4}+\dfrac{T}{4}\right)$。所以 $p(x,y)=(0.13265,0.179725)$,战略方位角 $\theta=\arctan\dfrac{y}{x}\approx 0.9350\approx 53.60°$,$p$ 点位于第一象限 $\left(0,\dfrac{\pi}{4}\right)$,为开拓型战略的机会型。

⑤确定战略态度

战略强度系数 $\rho=\dfrac{S\times O}{S\times O+W\times T}=\dfrac{1.3358\times 1.6126}{1.3358\times 1.6126+(-0.8052)\times(-0.8937)}=0.7496>0.5$。因此,柞水县木耳产业发展应采取积极的开拓型战略态度。

⑥确定最终发展战略

基于上述分析,构建出柞水县木耳产业发展的战略类型和强度(图 6-7)。有序数对(0.7496,0.9350)、方位角是 0.9350(53.60°)、模为 0.7496 的战略向量。

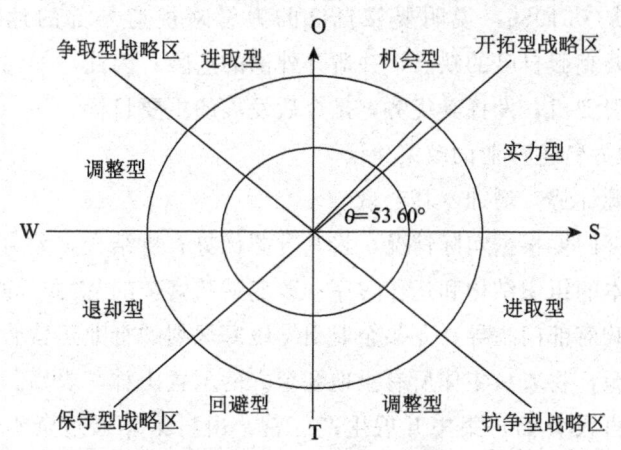

图 6-7　柞水县木耳产业发展的战略类型和强度

(2)研究结论

①影响因素分析

结果得出,S_5 木耳质量较好,组内权重 0.2620,总体权重达到 0.0776,

重要程度最高，是柞水县发展木耳产业最明显的优势，这也是柞水县发展木耳产业的根本基础；O_2 市场需求增加，组内权重 0.2623，总体权重达到 0.0900，这与当前我国食用菌产业发展迅速，对菌类制品的需求量剧增有很大关系；W_3 栽培技术薄弱，组内权重 0.2294，总体权重达到 0.0395，这是目前柞水县木耳产业种植发展中的薄弱环节；T_5 发展资金不足，组内权重 0.2617，总体权重达到 0.0493，说明市、县本级财政扶持力度不足，限制了木耳的发展。木耳产业发展优势总力度是 1.3358，劣势总力度是 −0.8052，机会总力度是 1.6126，威胁总力度是 −0.8937，表明柞水县木耳产业发展优势大于劣势，机会大于威胁。

②发展战略组合分析

由分析可知，优势 0.2963 与机会 0.3431 的权重最高，表明柞水县木耳产业在发展过程中，要把握好乡村振兴战略、市场需求和科技创新等方面的有利条件，培育木耳生产、加工和销售的骨干企业，持续提升木耳行业的核心竞争力，大力发展和引进专业化人员，以确保在激烈的竞争中占据主导位置。

③发展战略类型判断

根据木耳产业各要素权重进行研究，其发展战略为机会型开拓型战略。由图 6-8 可知，SO 权重是 0.4353，说明木耳产业抓住发展机遇，充分利用自己的优势是非常关键的；ST 权重是 0.2105，说明要利用外部发展机会克服自身短处；WO 权重是 0.1956，说明要靠自己的力量来规避外部的危险；WT 权重 0.1587，说明要克服自己的缺点，并避开外部的危险。因此，如何把握好柞水县菌类企业的发展契机，发挥其优势，是今后发展的主要目标。

(3) 优化地方特色产业的政策建议

①整合资源优势，增加木耳产量

各级政府部门要根据实际情况，将其资源优势有机结合，大力推进农村合作化，确立其基本的组织结构和运作程序；改变财政资金的"输血"和"散乱"等低效率模式，探索政府部门指导、龙头企业引导统筹规划的行业运营管理模式。村支部积极整合资源，将农村集体所有土地和个人的闲置山林、农田、房产等土地资源量化折股，再投资到村集中开展生产经营，由村集体通过资本开发、资产经营、土地流转、产业带动等模式，选准农村产业经营项目，通过集中自办、能人领办、企业入股联营等方法，培植发展村级集体市场经济，从而生产出高产量、高质量的木耳。

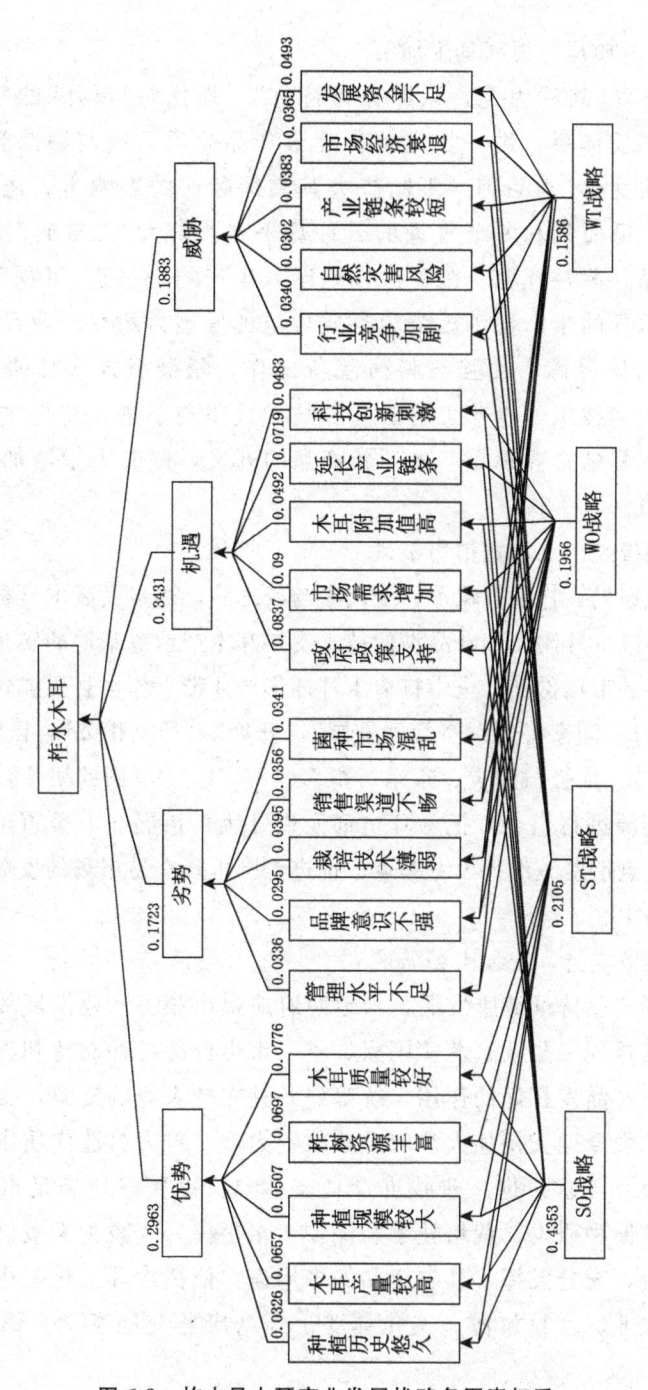

图 6-8 柞水县木耳产业发展战略各因素权重

②提升木耳质量，提高其附加值

柞水县要以"品质为先，以服务为特色"，强化对"黑耳"的教育和指导，推行"黑耳"品质体系。进一步完善各环节产品品质监测与跟踪管理，以"特性特色，优质优价"为品牌，不断扩大其在国际上的影响力。建立和利用好柞水县木耳产品质量和安全管理的云计算平台，扩大"二维码"产品的使用，实现菌包产品、菌种环境、菌种生长状况，生产的全过程"可视"，切实推动我国柞水县木耳的生产技术规范和品质规范的发展，树立产业品质标准，做好柞水木耳品质保障。加强与科研院所协作，积极引入木耳研究的权威队伍，以加强加工技术、生产工艺研究等技术攻坚与引进，将促进木耳肽、木耳蛋白粉、木耳微营养素等一系列新产品的开发，并着力于增加"柞水木耳"的技术附加值。

③扩大规模经济、拓宽销售渠道

按照全域布局、柞水县覆盖、全民参与的思路，逐步发展木耳种植，实现了木耳制品从传统木耳制品到新品种的技术支持和生产示范基地的转化，并在产业链中占据较高的市场份额，全力打造木耳环形产业带。柞水县要抓住当前的市场热点，大力推广"国家特色农产品开发园"，开展"木耳文化节"，以做好"柞水木耳"的产品宣传。加强与淘宝、京东、拼多多等"线上"电商的协作，并将当地的互联网直播资源进行整合，把木耳电商发展壮大；拓展线下渠道，在北京、上海、西安等重点消费城市开设专卖点，推进全国木耳交易市场的发展，重点打造全国木耳交易中心。

④增强政策支持，着眼市场需求

为使木耳产业持续健康发展，当地两府应提出相关产业发展战略，并给予有力的政策支撑。一是认真落实国家、省、市出台的各种支持和支持措施。二是开发特色农产品发挥好的作用，统筹好各种支持农业的资源，支持发展特色产业。三是加强金融支持加大涉农企业投资力度，着力打造优质木耳品牌。柞水县要着眼市场需求，进一步找准产业支撑点，以更好地满足市场需求为导向，强化优质原种研发、栽培技术和深加工水平提升，减少无效供给。强化与二三产业结合，充分发挥木耳农产品的多用途。依托木耳文化，积极发展新业态，与休闲农业、乡村旅游、文化体验、药膳康养交融互动，形成产业发展合力。

⑤加大科技创新，延长产业链条

加强与高校科研院所的合作，鼓励重点企业设立产业链技术创新，积极推进以市场为主导的应用领域，以提高农业生产水平、产品的深加工及副产品的开发与应用，提高产业发展中的科技含量，真正为产业振兴插上科技的翅膀。柞水县要抓住科学技术应用于木耳生产、加工、销售的产业链当中的契机，大力发展木耳产业园和科技研发中心，为各类产业的出口提供一个平台，推动农产品由单一种植向集体种植转变，要积极发展木耳种植体验、木耳知识科普和保健食品等行业，力争将增值效益发挥到极致。

6.2.3 调节服务类生态产品价值实现探索——秦岭林业碳汇交易影响因素分析

调节服务产品是生态系统中体现调节服务功能价值的产品，包括水源涵养、水土保持、防风固沙、生物多样性、洪水调蓄等。本章节以秦岭林业碳汇交易建设为例，使用层次分析法（AHP）对秦岭林业碳汇交易的影响因素进行评价，提出秦岭林业碳汇交易的建设策略，探索调节服务类生态产品价值实现机制。

（1）影响因素选取及层次结构

林业碳汇交易是一个复杂的系统性概念，影响因素比较多，情况比较复杂，各因素之间有的互相产生积极影响，有的又是消极影响。根据指标选取的可靠性、权威性和可获得性原则，结合秦岭林业碳汇交易的具体情况，从经济、市场、社会、制度、生态和防灾减灾因素六大方面进行影响因子的选取。将秦岭林业碳汇交易影响因素按照目标层、准则层和方案层的形式进行排列，组成层次结构模型，并运用AHP法分析秦岭林业碳汇交易的影响因素，见图6-9。

（2）实证分析

以上述6个方面为出发点，本研究选取了27个与秦岭林业碳汇交易有关的影响要素，根据整体性、科学性以及可行性的原则，建立了秦岭林业碳汇交易的影响因素指标体系。通过专家调查法，聘请来自林业厅、发改委和农林高校的7位碳汇交易专家，依据1~9标度法对影响秦岭林业碳汇交易两两指标的相对重要性进行比较打分，得出判断矩阵。将判断矩阵输入AHP软件即可得到各影响因素的权重判断值，经过各层次单排序、总排序的一致性检验可知，CR均小于0.1000，表示该判断矩阵符合一致性要求，结果可用。通过指标层对准则层和目标层的权重计算，得到各指标权重，如表6-11所示。

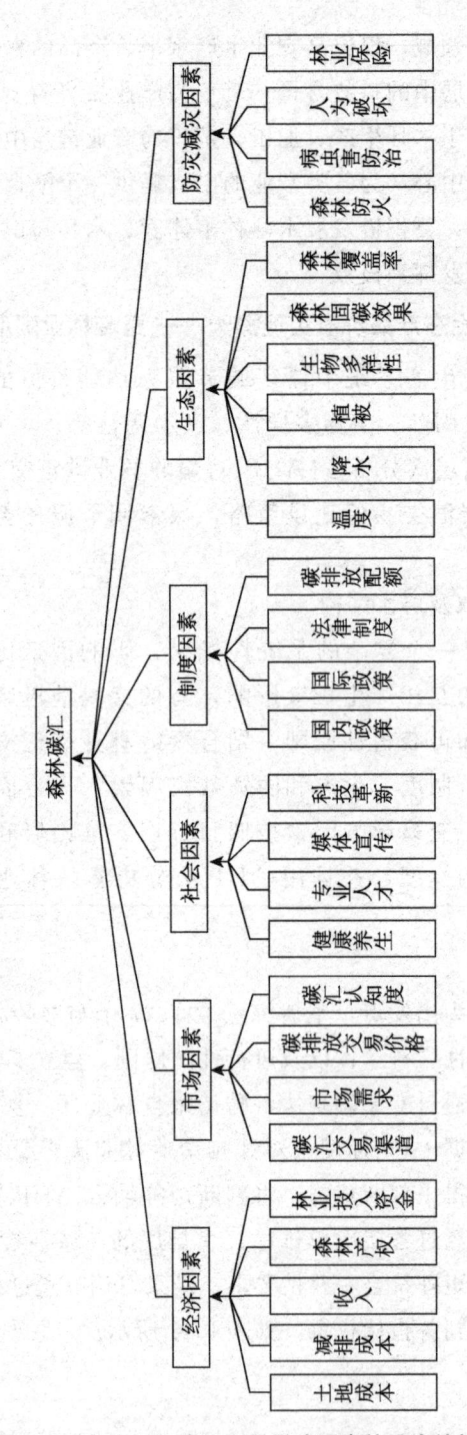

▶ **脱贫攻坚、乡村振兴与县域高质量发展**——基于陕西11个国家乡村振兴重点帮扶县的考量

图 6-9 秦岭林业碳汇交易影响因素的层次结构

表 6-11 秦岭林业碳汇交易影响因素指标权重

目标层(A)	准则层(B)	准则层权重	CR	方案层(C)	方案层组内权重	方案层总体权重	重要性排序
秦岭林业碳汇交易影响因素(A)	经济因素(B_1)	0.1266	0.0039	土地成本(C_1)	0.0211	0.00267126	21
				减排成本(C_2)	0.0349	0.00441834	16
				收入(C_3)	0.0152	0.00192432	24
				森林产权(C_4)	0.0272	0.00344352	19
				林业投入资金(C_5)	0.0282	0.00357012	18
	市场因素(B_2)	0.1693	0.0008	碳汇交易渠道(C_6)	0.0379	0.00641647	11
				市场需求(C_7)	0.0487	0.00824491	10
				碳排放交易价格(C_8)	0.0499	0.00844807	9
				碳汇认知度(C_9)	0.0328	0.00555304	14
	社会因素(B_3)	0.1169	0.0246	健康养生(C_{10})	0.0205	0.00239645	22
				专业人才(C_{11})	0.0327	0.00382263	17
				媒体宣传(C_{12})	0.0249	0.00291081	20
				科技革新(C_{13})	0.0388	0.00453572	15
	制度因素(B_4)	0.2457	0.0053	国内政策(C_{14})	0.0652	0.01601964	2
				国际政策(C_{15})	0.0525	0.01289925	6
				法律制度(C_{16})	0.0571	0.01402947	5
				碳减排配额(C_{17})	0.0709	0.01742013	1
秦岭林业碳汇交易影响因素(A)	生态因素(B_5)	0.2562	0.0212	温度(C_{18})	0.0237	0.00607194	12
				降水(C_{19})	0.0235	0.00602070	13
				植被(C_{20})	0.0440	0.01127280	8
				生物多样性(C_{21})	0.0460	0.01178520	7
				森林固碳效果(C_{22})	0.0624	0.01598688	3
				森林覆盖率(C_{23})	0.0566	0.01450092	4
	防灾减灾因素(B_6)	0.0853	0.0028	森林防火(C_{24})	0.0219	0.00186807	26
				病虫害防治(C_{25})	0.0221	0.00188513	25
				人为破坏(C_{26})	0.0168	0.00143304	27
				林业保险(C_{27})	0.0245	0.00208985	23

由表 6-11 可知,准则层代表了秦岭林业碳汇交易影响因素的六大方面,目

标层的权重表示六大方面所起到的作用。其中生态因素和制度因素的权重分别为0.2562和0.2457,远超其他4个因素;市场因素的权重为0.1693,排在第3位;经济因素和社会因素的权重分别为0.1266和0.1169,高于防灾减灾因素(0.0853)。综上可知,秦岭林业碳汇交易的发展主要受生态因素和制度因素的影响,市场因素在很大程度上影响了秦岭林业碳汇交易的发展;而经济因素和社会因素对秦岭林业碳汇交易的发展则处于相对重要的地位,在一定程度上影响秦岭林业碳汇交易的发展;防灾减灾因素中仅有个别因子能够产生作用,对秦岭林业碳汇交易的发展影响较小。

在方案层影响因素的权重方面,秦岭林业碳汇交易影响因子的总权重中,排名前5的评价因子分别为碳减排配额(0.01742013)、国内政策(0.01601964)、森林固碳效果(0.01598688)、森林覆盖率(0.01450092)和法律制度(0.01402947),说明在秦岭林业碳汇交易的发展中,以上5类因子具有关键作用,而其他的评价因子只对林业碳汇经济的长久发展产生小部分影响,并不具备决定性作用。

从各因素的重要性可以看出,秦岭林业碳汇交易建设首先要在国家层面上完善碳减排配额,配额的高低直接影响企业对林业碳汇的需求。其次,依靠政府的支持建立有序的交易环境、健全政策保障制度,才能为碳汇经济的发展扫除障碍、打好基础。再次,进一步注重森林保护,保障碳源与碳汇基本资源的可持续性。最后,将法律法规视为秦岭碳汇交易建设的最终防线。此外,还应提高大众低碳意识,借助传媒工具建立传播渠道与交易平台,使广大人民群众认识碳汇,引导其参与碳交易;同时,重视专业人员培养建设,为秦岭碳汇交易提供人才支持。

(3)对策建议

通过层次分析法(AHP)明确秦岭碳汇交易建设的重要影响因素,结果表明秦岭碳汇交易建设的重要影响因素为碳排放配额、国内政策、森林固碳效果、森林覆盖率、法律制度。碳减排配额在27个方案层影响因子中占据最高权重,碳减排配额机制的完善,是林业碳汇交易建设的重要基础。国内政策在总权重值中排名第2,是影响秦岭林业碳汇交易的关键因素。森林固碳效果和森林覆盖率是影响秦岭林业碳汇交易的重要因素。此外,法律制度的完善在一定程度上能够促进秦岭林业碳汇交易建设。根据所得的结论,提出以下对策建议。

①优化碳减排配额机制。第一,要设定合理的限定目标,统一规划各地区的碳配额分配,保障碳市场交易的整体性与一致性。依照本地区的实际发展情况,制定适配的碳排放配额,既不能配额过少,增加企业负担,也不能发放过多,降

低企业主动减排的积极性。第二，优化分配机制，逐步扩大覆盖范围。目前，中国实行的是自愿减排策略，以分发免费碳排放配额为主。但为实现"双碳"目标，政府将加强对企业碳排放的管控力度。为保证一些高排放企业可以顺利达成减排任务，政府可以逐渐提高有偿发放比重，并允许配额进行买卖，借鉴京都市场的约束性碳交易市场模式扩大覆盖范围。配额分配涵盖的地区与可实现的减排效率呈正比。第三，配额分配考虑区域差异。中国地大物博，各地区发展水平参差不齐，减排成本和减排潜力大相径庭。因此，在全国统一标准的基础上，需要根据不同地区的功能定位考虑区域差异，除了地区生产发展情况、历史碳排放量和产业结构外，还应充分分析碳排放的供需关系及资源禀赋、能耗及碳排放强度等其他因素，确保各地区生存发展和减碳目标之间达成平衡，避免"一刀切"政策。第四，建立健全动态的配额调整机制。逐步设立包含碳配额的对消、贮存、预借和退出等调整机制的碳交易市场体系，确保在整个碳交易市场中随时可以进行配额现有量和净流量的调度。

②提升国内政策保障。政府在林业碳汇经济发展中起主要带头作用，林业碳汇项目的开展与建设也离不开当局的管控。一方面，交易项目的审定、实施、核证、签发等大多依托政府的财政支持，尤其在经济发展水平有限的地区。通过规定价格、简化交易流程、给予融资优惠条件等方法，服务于林业建设投资、项目交易和生态保护；另一方面，积极开拓林农融资渠道，引导社会资本与私人投资有机结合，如设立专项财政补贴试点。试点内积极参与经营并进入市场交易的林农可获得资金补贴，作为奖励和鞭策。林业碳汇项目在政府的财政支持下，将有充足的资金和可持续发展的动力。

③完善相关法律法规。首先，完善《中华人民共和国森林法》中与林业碳汇有关的实体法律条文、《中华人民共和国物权法》中林地产权制度等，从法律层面细化林业碳汇交易制度，明确交易对象、交易方式与计量标准等。其次，利用政府"有形的手"，建立公平、安全与稳定的交易市场，保障交易双方的利益。再次，完善风险保障制度，明确的法规、政策可以减少一定的自然风险、经济风险和市场风险，强化林业碳汇交易的稳定性和参与者的积极性；最后，坚决落实科学发展观，因地制宜，共同实现秦岭林业资源和林业碳汇经济的长效发展。

④注重森林生态保护。一方面，林木质量决定森林固碳能力，提升造林育林技术和保护管理能力，有效控制森林火灾、滥砍乱伐、病虫害等不良现象的发生，培养林业管理人员的可持续发展理念。另一方面，要加强森林资源建设，需要相关政府部门资金与政策的同步扶持，以保障林业碳汇能力的可持续发展。

⑤加大宣传力度。虽然现在人们对低碳生活的关注度不断提升,但是碳交易是近年才提出的交易模式,许多公众与企业对碳交易认识程度有所欠缺,林业碳汇更属于一个新的生态固碳理念。陕西省乃至全国还处于摸索和探究阶段,没有形成全国统一完善的林业碳汇交易市场,归根结底是公众对其知晓度低、参与度低,没有形成参与碳交易的习惯。陕西省应当重视对社会公众碳汇相关的知识教育和碳汇交易的灌输与指导。通过官方网站、卫视频道、报刊杂志、讲座和培训教育等途径,传播并普及林业碳汇项目,进而建立秦岭碳交易平台,让人民群众能及时了解到碳汇项目工作,意识到森林巨大的碳汇能力所提供的经济、社会和生态价值,主动参与增汇减排的活动中,提高个人碳汇意识。

⑥重视专业人才的培养。林业碳汇项目从表面看是造林工程,但核心是碳汇增量交易。因此,需要对现有碳汇人才储备进行全面评估,实施人才培训计划,构建人才培训网络;同时重视高等院校人才教育,增设林业碳汇开发技术、方法研究等相关专业课程,预防人才断层现象。积极培养出有学问、能执行的高素质人才队伍,为碳汇事业储存坚实的后备力量,进一步推进秦岭林业碳汇交易建设进程。

第3篇
案例与实践

7 巩固拓展脱贫攻坚成果同乡村振兴有效衔接实施方案——D县国家乡村振兴重点帮扶县巩固拓展脱贫攻坚成果同乡村振兴有效衔接实施方案（2021—2025年）

8 创新驱动试点建设实施方案——D县创新驱动试点建设实施方案（2021—2025年）

7 巩固拓展脱贫攻坚成果同乡村振兴有效衔接实施方案——D县国家乡村振兴重点帮扶县巩固拓展脱贫攻坚成果同乡村振兴有效衔接实施方案（2021—2025年）

D县是陕西11个深度贫困县之一，"十四五"时期是D县全面开启社会主义现代化建设新征程的第一个五年，是D县扎实推动高质量发展、奋力谱写新时代追赶超越新篇章的关键五年，也是巩固拓展脱贫攻坚成果、全面推进乡村振兴的重要阶段。根据《中华人民共和国乡村振兴促进法》《中共中央 国务院关于全面推进乡村振兴 加快农业农村现代化的意见》《中共中央 国务院关于实现巩固拓展脱贫攻坚成果同乡村振兴有效衔接的实施意见》《陕西省国民经济和社会发展第十四个五年规划和二〇三五年远景目标纲要》《中共陕西省委陕西省人民政府关于全面推进乡村振兴 加快农业农村现代化的实施意见》《中共陕西省委陕西省人民政府关于实现巩固拓展脱贫攻坚成果同乡村振兴有效衔接的实施意见》《陕西省"十四五"巩固拓展脱贫攻坚成果同乡村振兴有效衔接规划》《中共商洛市委商洛市人民政府关于全面推进乡村振兴 加快农业农村现代化的具体措施》《中共商洛市委商洛市人民政府印发〈关于实现巩固拓展脱贫攻坚成果同乡村振兴有效衔接的具体措施〉的通知》，结合《解放思想改革创新再接再厉奋力谱写D县高质量发展新篇章的实施意见》《关于制定国民经济和社会发展第十四个五年规划和二〇三五年远景目标的建议》《D县乡村振兴五年规划（2021—2025）》《D县乡村产业提升行动方案（2021—2025）》《D县秦岭山水乡村建设行动方案（2021—2025）》《D县深化基层治理行动方案》等文件精神编制本方案，主要阐明"十四五"时期D县巩固拓展脱贫攻坚成果同乡村振兴有效衔接的总体要求、主要任务和重大举措，旨在做好巩固拓展脱贫攻坚成果同乡村振兴有效衔接，接续推进乡村全面振兴。

7.1 发展基础

7.1.1 县域概况

D县位于陕西省东南部，地处秦岭东段南麓，因县城襟带丹江水、枕依凤冠山而得名，总面积2438平方千米，下辖12个镇（街道）、157个村（社区），户籍人口31.1万人，常住人口24.5万人，全县耕地总面积23万亩，是一个"九山半水半分田"的土石山区县。生态优美,县境内河谷相间,森林覆盖率达70%,是国家南水北调中线工程水源涵养地,有"天然氧吧"之称。文化厚重,六百里商於古道在县境内绵延100余里,沿线历史遗存丰富,商鞅封邑、商山四皓、船帮会馆、驿站文化、平凹故乡、红色文化、民俗文化等文化底蕴厚重。资源富集,已探明的有铁、铜、钒、石墨、钾长石等矿产38种,其中石墨矿石储量1亿余吨,居西北之首;有农林产品500余种,素有"山茱萸之乡""核桃之乡""优质天麻之乡"之誉。区位优越,自古就是关中连接中原地区"水趋襄汉,陆入关辅"的"咽喉要道"、历史上著名的水旱码头,今有沪陕高速、312国道、西合铁路等四通八达的路网和通用航空机场,交通便利快捷。

7.1.2 脱贫攻坚成效

D县是革命老区县,原国家扶贫开发重点县、秦巴山区集中连片特困县、陕西省11个深度贫困县之一。脱贫攻坚战以来,全县上下勠力同心、尽锐出战、精准施策,全力攻克深度贫困堡垒,2019年实现了89个贫困村全部退出、整县摘帽目标,2020年2.4万户8.3万贫困人口全部脱贫。2019年、2020年连续两年被评为全省脱贫攻坚考核综合评价优秀县,高质量打赢了脱贫攻坚战。2021年被确定为国家乡村振兴重点帮扶县。

"十三五"时期,县委、县政府团结带领全县干部群众,全面贯彻中央决策部署和省市工作要求,以脱贫攻坚为抓手,把解决好"三农"问题作为全县工作的重中之重,实现了脱贫攻坚战的胜利,为实施乡村振兴战略打下了坚实基础。

第一,农业综合生产能力明显增强。"十三五"末,全县农林牧渔总产值年均增长4.1%。粮食产量保持在5.5万吨左右,粮食安全得到保障。有市级以上农业龙头企业21家、农民专业合作社491家、家庭农场322家、国家名优特新农产品9个。

第二,精准扶贫精准脱贫成效显著。"十三五"末,全县23994户83527人全部脱贫,89个贫困村全部退出,无新增返贫人口。荣获全省脱贫攻坚组织创新奖、践行新发展理念县域经济社会发展"争先进位"县。

第三,农民生产生活条件明显改善。"十三五"末,全县行政村通动力电、通客车、通邮、通网络和深度贫困村集中居住30户以上自然村通组路实现全覆盖。农村常住人口安全饮水已全部达标,农村户用卫生厕所普及率达到62.18%,农村生活垃圾有效治理的行政村达到90%以上。

第四,农村发展活力持续增强。"十三五"末,全县共有规模化农产品加工企业38个、市级以上现代农业园区15家,农业园区产值达到6.4亿元,增幅

15%。引进新品种98个、新技术51个,年培训农民1万人次以上。

第五,精神文明建设成效显著。"十三五"末,全县创建国家级文明村镇1个、省级文明村镇3个、文明社区1个,市级文明镇4个、文明村20个、文明社区1个;建成县级文化馆、图书馆、群众剧院38000平方米,镇级文化馆图书馆分馆2个、"农家书屋"167个,实现"农家书屋"镇村全覆盖,完成了85个村(社区)体育健身设施建设。

第六,乡村治理水平显著提升。"十三五"末,全县有基层党组织657个、党员12756名,农村社区党员占全县党员总数67.2%。全面推行村级重大事项民主决策、民主管理、民主监督,落实"四议两公开",有效保障了村民参与村级事务管理的权利。深入开展"七五"普法活动,组织开展法治文化宣传活动200余场次。

脱贫攻坚战全面胜利后,县委坚持以巩固拓展脱贫攻坚成果同乡村振兴有效衔接统揽新时期"三农"工作全局,扛牢政治责任,严格落实"四个不摘"要求,发挥"一线指挥部"作用,以"六查六问六看"活动为载体,以"两边一补齐"行动为抓手,深化"五强化五确保"工作机制,精准发力、接续苦干,"两不愁三保障"和安全饮水质量持续提升,全县无一人返贫致贫。2021年全县筹集投入各类巩固脱贫攻坚成果、乡村振兴扶持资金8.39亿元,其中,产业类资金3.58亿元、基础设施类资金2.41万元、其他政策类资金2.4亿元。实施葡萄酒、食用菌、中药材、畜禽等产业项目74个,推动了产业转型升级,城乡居民收入增速均高于2020年同期水平;实施城区道路柔性改造等城镇建设项目36个、农村基础设施提升项目163个、"两馆一院"等公共服务补短板项目16个,全域建设秦岭山水乡村,城乡环境面貌大幅改观;建立"人盯人"+基层社会治理"1844"机制,社会大局和谐稳定;精神帮扶、实用技术培训常态开展,农村发展能力不断增强。

(1)防返贫监测情况。截至2022年3月底,全县共有重点监测户951户3257人,其中465户1650人已消除返贫致贫风险,实现重点监测户帮扶措施全覆盖,无返贫致贫现象。

(2)收入变化情况。2021年,农村常住居民人均可支配收入11268元,增速11.3%,分别高于全省、全市0.7、0.2个百分点。未纳入监测户的脱贫户家庭人均纯收入达12932元,比上年度增长18.2%;脱贫户、监测户生产经营和务工收入占总收入的88.38%,收入结构进一步优化。

(3)教育和医疗情况。2021年,义务教育巩固率达到100%。农村人口基本医疗保险覆盖率达到99.6%,其中脱贫人口和监测人口达到100%。标准化村卫生室和合格村医覆盖率均达到100%。

(4) 安全住房情况。2021年,完成新增C级、D级危房改造分别100户、81户,全县农户安全住房有保障。12个易地扶贫搬迁安置点共安置易地搬迁群众7077户28284人,不动产权登记证全部办理且颁发到位。

(5) 饮水安全情况。2021年,累计建成集中式供水工程826处,建设标准化水厂131座,改造提升9处、修复水毁16处,全县自来水普及率达96%,水质全部达标,全县所有农户饮水安全得到有效保障。

(6) 基础设施和人居环境情况。2021年,全县157个村社区全部达到通硬化路、通生产用电、通宽带、通有线电视、通信信号全覆盖标准,全部实现垃圾集中处理。

(7) 产业政策落实情况。2021年度下达D县中央财政衔接资金1.3亿元,其中投入产业发展0.95亿元,占比73%,高于上年度3个百分点;培育市级以上农业产业化龙头企业21个、农业园区15个、农民专业合作社491个,群众参与发展产业人数同比增长3.2%,120个村集体经济收入达5万元以上。

(8) 培训和就业情况。2021年,脱贫户劳动力就业务工33105人、增长6%;东西部劳务协作帮助脱贫劳动力就业337人、增长1.8%;公益岗位安置1522人、增长3.5%。农村劳动力转移就业培训2601人次、增长13.1%;农村实用技能培训2.1万人次、增长23.5%,各项就业、培训补贴按时足额发放。在易地扶贫搬迁安置点建成社区工厂、帮扶基地36家,设立易地搬迁脱贫劳动力公益岗位230个。

(9) 社会保障情况。2021年,全县纳入低保户11058户25378人,增加455户798人,增长4.29%,重点监测户纳入救助保障468户1490人。共兑付到户社会救助资金1.68亿元,低保、养老、特困救助、残疾补贴等按时足额兑现。

(10) 基层党建和村级治理情况。2021年,为151个村(社区)派驻第一书记和驻村工作队员642人,培训第一书记、工作队员、村干部和党员致富带头人2300余人次。在易地扶贫搬迁安置点配套建设了卫生室、小学、幼儿园,在大型安置点新设立移民搬迁社区,其余小型安置点就近纳入所在地社区设立移民小组管理。

7.1.3 机遇与困难

(1) 发展机遇

从中央部署看,习近平总书记强调,乡村振兴的前提是巩固脱贫攻坚成果,要持续抓紧抓好,让脱贫群众生活更上一层楼。要持续推动同乡村振兴战略有机衔接,确保不发生规模性返贫,切实维护和巩固脱贫攻坚战的伟大成就。过渡期内,中央将保持现有帮扶政策、资金支持、帮扶力量总体稳定。产业、税收、金融、人才、土地、财政等政策力度不减,就业、教育、医疗等特殊政策向常规性、普惠性政策转变。

从政策机遇看,《中共中央 国务院关于做好2022年全面推进乡村振兴重点工作的意见》中提出,要加大对乡村振兴重点帮扶县的支持力度。在乡村振兴重点帮扶县实施一批补短板促发展项目。编制国家乡村振兴重点帮扶县巩固拓展脱贫攻坚成果同乡村振兴有效衔接实施方案。做好国家乡村振兴重点帮扶县科技特派团选派,实行产业技术顾问制度,有计划开展教育、医疗干部人才组团式帮扶。建立健全国家乡村振兴重点帮扶县发展监测评价机制。加大对国家乡村振兴重点帮扶县信贷资金投入和保险保障力度。

从重大战略看,国家共建"一带一路"、新时代推进西部大开发形成新格局、关中平原城市群、黄河流域生态保护和高质量发展等重大战略的深入实施,西十、西康高铁和丹宁、洛卢高速的开工建设,生态、区位、资源、文化等潜能的有效释放。省上更加注重高质量项目建设、更加注重县域经济发展、更加注重产业转型升级,加快推进陕南绿色循环发展,推动巩固拓展脱贫攻坚成果同乡村振兴有效衔接等系列政策出台;市上建设"一都四区",开展生态产品价值实现机制试点,支持D县建设城市副中心等一揽子支持政策,给D县提供了更多利好政策支持。

从自身优势看,D县打造"一县五区",谋划启动了一批高质量产业、高标准项目,产业带动、项目驱动作用将不断显现,为巩固脱贫攻坚成果同乡村振兴有效衔接提供有力支撑。高速、国道、机场、动车等快速交通网络成型,生态、人文、区位、资源比较优势日益放大,经过近年来驰而不息抓作风、持续用力抓项目,加快发展的基础坚实、内驱力越来越强劲,必将加速物流、人流、资金流、技术流集聚,后发优势巨大。

(2)面临的困难

在抓住机遇的同时,也要看到D县在巩固拓展脱贫攻坚成果同乡村振兴有效衔接工作中面临的困难。

①产业带动能力还不强。葡萄酒、文化旅游、中药康养3大主导产业和食用菌、核桃、畜禽3大特色农业,虽经过多年发展,但深加工链条短、附加值低、市场占有率不高,还需要在产业链条延深、龙头企业培育、品牌宣传提升上下

功夫。

②长效机制落实不到位。动态监测帮扶机制存在各村每周研判不到位、个别行业部门每月监测反馈不及时，部分出现收入骤减支出骤增户应纳未纳，通过低保等措施进行保障，出现体外循环现象。一些建成设施损毁后修复难度很大，农村供水、道路交通、公共场所保洁日常管理制度落实不到位。易地扶贫搬迁后续帮扶还需加强，存在部分搬迁群众对社区文明生活方式不适应、物业费收缴困难、从农业生产到工厂务工的生活方式脱节等难题；安置点配套的部分产业园区、社区工厂稳产达效不够，用工不稳定；社区治理尚需完善，"一约四会"作用发挥不明显，一些搬迁群众归属感不强。

③农村各类人才短缺。大量农村劳动力外出，村干部待遇相对较低，村级干部班子老化，一些村支书、村两委班子其他成员年龄、知识结构不合理，对政策理解、服务群众能力上还有差距。一些村集体组织发展缓慢，无自主发展产业，村集体经济领头人思想观念不够解放、知识层次不足，没有带动本村经济发展的眼界和能力，制约了集体经济发展。

④群众内生动力还需提升。个别群众自身发展能力低，自身发展的信心不足，主动性不强，仍靠享受政策稳定收入；对脱贫后的政策享受上存在心理落差，只比高、不比低，对政策落实不满意，需要再加大群众政策宣传，进一步提升群众满意度。

7.2 总体要求

7.2.1 指导思想

按照开启现代化建设新征程的总体要求，把握新发展阶段，贯彻新发展理念，更好地服务和融入新发展格局，坚持稳中求进工作总基调，坚持以人民为中心的发展思想，紧紧围绕打造"一县五区"目标，贯彻落实"五项要求""五个扎实"，弘扬伟大脱贫攻坚精神，把巩固拓展脱贫攻坚成果同乡村振兴有效衔接作为重大政治任务，按照巩固拓展脱贫攻坚成果为乡村振兴奠定坚实基础、实施乡村振兴带动脱贫攻坚成果巩固拓展的工作思路，聚焦守底线、抓发展、促振兴，奋力谱写D县高质量发展新篇章。

7.2.2 基本原则

(1)坚持党的领导与群众主体相统一。坚持中央统筹、省负总责、县镇抓落实的工作机制，充分发挥各级党委总揽全局、协调各方的领导作用，落实一把手负责制,县、镇、村三级书记一起抓,加强农村基层党组织建设,强化巩固拓展脱贫攻坚成果同乡村振兴有效衔接的政治保障和组织保障。坚持群众主体作用,把激发脱贫人口、低收入群体内生动力摆在更加突出的位置,提高可持续发展能力,不断增强农村群众的获得感、幸福感。

(2)坚持平稳过渡与调整优化相统一。过渡期内,严格落实"四个不摘"要求,确保政策支持力度总体稳定,切实巩固好脱贫攻坚成果。分层次、有梯度地调整优化帮扶政策,合理把握调整节奏、力度、时限,促使特惠性政策向常规性、普惠性、长期性政策转变,为巩固拓展脱贫攻坚成果、接续推进乡村振兴提供强力政策保障。

(3)坚持统筹谋划和分类推进相统一。统筹谋划巩固脱贫成果和产业、人才、文化、生态、组织等全面振兴,全面协调推进过渡期巩固、拓展、衔接各项工作。科学把握脱贫村与一般村、监测户与脱贫户、一般户发展的差异性,坚持因地制宜、分类指导、因户因人施策,稳扎稳打、久久为功,推进实现高质量发展,促进共同富裕,稳步提升整体发展水平。

(4)坚持政府引导与社会帮扶相统一。广泛调动社会各界参与到巩固拓展脱贫攻坚成果同乡村振兴有效衔接的实践中来。充分发挥政府、市场和社会的多重作用,强化政府责任,引导市场、社会协同发力,优化完善政府、市场、社会互为支撑的格局,更加广泛地动员社会力量参与帮扶,鼓励先富帮后富,守望相助,形成巩固拓展脱贫攻坚成果同乡村振兴有效衔接的强大工作合力。

7.2.3 主要目标

到2025年,实现巩固拓展脱贫攻坚成果同乡村振兴有效衔接,脱贫基础更加稳固、成效更可持续,农民收入增速高于全省农民平均水平,区域性发展短板有效弥补,县域经济活力和发展后劲明显增强,发展水平达到全省一般水平,在全面推进乡村振兴的新征程中不掉队。乡村产业质量效益和竞争力进一步提高,农村基础设施和基本公共服务水平进一步提升,美丽宜居乡村建设扎实推进,农村社会保障体系不断完善,农村生态文明建设和社会治理效能不断加强,推动脱贫群众生活更进一步改善,为加快实现农业农村现代化奠定坚实基础。D县"十四五"巩固拓展脱贫攻坚成果同乡村振兴有效衔接主要指标见表7-1。

表 7-1　D县"十四五"巩固拓展脱贫攻坚成果同乡村振兴有效衔接主要指标

序号	指标	2021年	2025年	指标属性
1	返贫人口	0	动态清零	约束性
2	脱贫人口、防止返贫监测对象义务教育阶段适龄儿童、少年除身体原因不具备学习条件外失学辍学人数	0	动态清零	约束性
3	脱贫人口、防止返贫监测对象基本医疗保障率(%)	100	100	约束性
4	脱贫人口、防止返贫监测对象住房安全保障率(%)	100	100	约束性
5	脱贫人口、防止返贫监测对象饮水安全达标率(%)	100	100	约束性
6	脱贫人口人均可支配收入	10511	15230	预期性
7	农村居民人均可支配收入(元)	11268	14767	预期性
8	市级以上龙头企业数(家)	21	25	预期性
9	农产品加工业与农业总产值比	1.7∶1	2.2∶1	预期性
10	农业科技进步贡献率(%)	65	68	预期性
11	集体收益5万元以上的村占比(%)	80	90	预期性
12	义务教育学校教师本科以上学历比例(%)	82	85	预期性
13	每千人口拥有执业(助理)医师数(人)	2.12	2.53	预期性
14	30户以上自然村通硬化路比例(%)	73	88	预期性
15	具备条件的建制村通物流快递比例(%)	32.02	100	预期性
16	农村户用卫生厕所普及率(%)	62.18	85	预期性
17	农村生活垃圾收运处置体系覆盖的自然村比例(%)	91.6	100	预期性

7.3 重点任务

严格落实"四个不摘"要求,保持主要帮扶政策的稳定性连续性,并逐项分类优化调整,合理把握帮扶政策调整的节奏、力度和时限,加快推动工作重心转移,把工作对象转向所有农民,工作任务转向推进五大振兴,把工作举措转向促进发展，全面加快推进乡村振兴。

7.3.1 规范动态监测帮扶

(1) 健全动态监测帮扶机制

贯彻落实《健全防止返贫动态监测和帮扶机制实施方案》，对照"两不愁三保障"和安全饮水标准，健全自下而上的监测预警、自上而下的研判处置机制，按照风险发现"五种方式"、风险户纳入"八个程序"、风险消除"六个环节"要求，对重点监测户应纳尽纳，及时分类施策帮扶消除风险，实现快速响应、精准帮扶、动态清零，确保不出现一例致贫返贫问题。

(2) 坚持常态化排查

组织动员镇村干部、第一书记、驻村工作队、村民小组长、网格员等力量，开展常态化排查预警，结合"群众自主申报"受理，每周综合分析研判。每月开展行业信息比对筛查，常态排查处置收入骤减和支出骤增户，实行属地和行业"双交办"、台账管理、对账销号制度，实现风险问题动态清零。每季度由镇办牵头、村"四支队伍"为主、部门帮扶干部配合，对全县农户全覆盖开展"两不愁三保障"排查，第一时间发现风险。

(3) 开展精准动态帮扶

按照缺什么补什么的原则，根据监测对象的家庭劳动力状况、风险类别、发展需求等，采取有针对性的帮扶措施。对风险单一的，实施单项措施，防止陷入福利陷阱；对风险复杂多样的，因户施策落实综合性帮扶；对有劳动能力的，坚持产业就业帮扶，促进稳定增收；对无劳动能力或部分丧失劳动能力且无法通过产业就业获得稳定收入且符合条件的，根据规定纳入低保或特困人员救助供养范围，统筹做好兜底保障；对内生动力不足的，持续扶志扶智。

(4) 规范风险消除程序

严格风险消除程序执行过程，及时做好系统信息标注。对收入持续稳定、"两不愁三保障"及饮水安全持续巩固、返贫致贫风险已经稳定消除的农户，标注为"风险消除"。对风险消除稳定性较弱，特别是收入不稳定、刚性支出不可控的，在促进稳定增收等方面继续给予帮扶，风险稳定消除后再履行相应程序。对无劳动能力的，落实社会保障措施后，暂不标注风险消除，持续跟踪监测。

(5) 做好防返贫补助资金保障

从2020年起，每年安排不少于300万元的防返贫补助资金，并制定《管理办法》。对风险户充分享受基本医疗、产业就业、教育救助等现有保障政策后，仍不足以消除风险的继续落实防返贫专项资金保障，按照户申请、村镇审核、县审定的程序，及时兑现到户保障，筑牢防返贫致贫的"最后一道防线"。

7.3.2 巩固拓展脱贫攻坚成果

(1)巩固教育帮扶成果

重点加强D县高级中学建设、加快县职教中心改扩建，统筹城乡师资配备，改革乡村教师待遇保障机制，确保乡村适龄儿童就学，积极为乡村建设提供人才保障、智力支撑。规范落实教育资助政策、控辍保学动态监测机制，大力实施义务教育阶段"全面改薄"工程，建设易地搬迁安置学校，着力解决城区"大班额"问题，解决幼儿园"开学难"问题，全面改善办学条件。

(2)巩固健康帮扶成果

落实分类资助参保政策，在逐步提高大病保障水平的基础上，大病保险继续对低保对象、特困人员和致贫返贫人口进行倾斜支持；持续做好家庭医生签约服务，有效防范因病返贫致贫。构建高效协同的医疗卫生服务体系，2022年完成新建县医院项目，2023年完成改建县中医医院和迁建县妇计中心建设任务。

(3)巩固安全住房保障成果

按照"结构安全、功能合理、成本经济、风貌乡土、绿色环保"的农房建设要求和全省"百镇千村万户"创建活动，进一步提升农房设计水平，突出风貌特色，加快农房建设现代化，以宜居型示范农房建设为抓手，积极推进农村危房改造、农房抗震改造和农房隐患排查整治工作。加强农村低收入人口的住房安全保障，严格执行农村住房安全动态监测管理机制，保障基本住房安全。坚持应改尽改，推进实施农村危房改造，保障全县所有农户住房安全，确保"一户一安全住房"达标100%。

(4)巩固饮水安全成果

全面落实"水十条"，建立健全安全饮水保障动态监测排查处置机制，供水季节性缺水和突发性供水保障应急预案到村全覆盖，间歇性断水、人为原因造成水管破裂等"小问题"不出村半天内解决。加强已建农村供水工程运行管理，强化农村供水设施日常巡查管护，加大水费收缴硬件投入和机制创新，落实"以水养水"制度，不断提升农村安全饮水保障水平。

(5)加强易地搬迁后续扶持

聚焦12个搬迁安置点，严格落实D县出台的易地扶贫搬迁后续扶持《十条措施》，重点关注800户以上的易地搬迁户集中安置点，加强配套设施和公共服务建设，做好搬迁群众在迁入地就业、教育、医疗、社保等基本公共服务衔接，配套建设产业园区、社区工厂，稳妥有序推动教育、卫生等资源向安置点倾斜，提升教育、医疗、养老等公共服务水平，确保稳得住、能融入、能致富。

（6）健全社会兜底保障体系

不断巩固脱贫攻坚兜底保障成果，落实城乡居民基本养老保险待遇和基础养老金标准正常调整机制，精准落实城乡最低生活保障制度，将符合特困人员救助供养条件的及时纳入并落实照料护理，全县兜底保障率在9%左右，特困人员救助率达100%，实现"应保尽保、应救尽救、按标施保、精准救助"。加强对农村留守儿童、妇女、老年人的关爱服务，健全全县养老服务网络。2021年建立完善城乡低保、残疾人"两项补贴"、孤儿最低养育、高龄老年人津贴标准动态调整机制；2022~2024年基本完成全县7所敬老院改造提升，实行城乡居民基本养老保险和丧葬补助金制度。

（7）完善项目资产管理机制

进一步完善扶贫资产管理长效机制，建立县、镇、村三级扶贫资产动态管理台账，规范监督权和审批处置权，及时公告公示扶贫资产运营、收益分配、处置等情况。统筹扶贫资产和村集体"三资"管理，明确所有权、规范经营权、保障收益权，确保扶贫资产持续发挥效益。

三保障和安全饮水完成指标如表7-2所示。

表7-2 三保障和安全饮水完成指标

序号	项目	完成指标	备注
1	教育保障	到2025年，基本补齐乡村义务教育学校办学条件短板，使义务教育均衡化水平得到提升；每个镇（街道）办好1~2所公办中心幼儿园，学前教育毛入园率达到90%，普惠性幼儿园覆盖率稳定在85%，公办幼儿园占比达到50%；高中阶段教育毛入学率提高到98%以上，中等职业学校与普通高中招生比例达4∶6；残疾儿童、少年受教育权利得到保障，视力、听力、智力三类残疾儿童、少年义务教育入学率不低于95%，其他残疾儿童、少年能接受到合适的教育	
2	医疗保障	2022~2024年推进镇级中心卫生院达标提质升级和公共产权村卫生室建设，镇级医疗卫生机构标准化达标率达100%；2022年公有产权村卫生室比例达80%以上，到2025年公有产权村卫生室比例达100%以上。脱贫人口和监测对象基本医疗保障率达100%；城乡基本医疗保险覆盖率达99%；按政策参保资助落实率100%	

续表

序号	项目	完成指标	备注
3	住房保障	到2025年,全县完成500户宜居型示范农房建设,农房建设品质显著提升,农村成套住宅明显增加,建筑特色与村庄风貌初步显现	
4	安全饮水保障	到2025年,实现城乡供水管护一体化建设取得明显进展,农村自来水普及率达到98%	
5	社会保障	到2025年,基本建成与经济社会发展水平相适应的城乡居民医疗保障和城乡居民基本养老保险参保制度,城乡居民养老保障和医疗保障水平随经济社会高质量发展同步提高	

7.3.3 壮大乡村特色产业

(1) 加快产业集群化发展

落实产业集群化发展"二十条措施",构建"3+3+3"现代产业体系,加速产业规模化、集群化、特色化发展,推动特色产业向智能化、品牌化、高端化、绿色化转型,形成协同创新的产业生态圈。

做大做强葡萄酒、文化旅游、中药康养三大主导产业,打造3个百亿级产业集群。扩大葡萄种植规模,提高企业产能做大葡萄酒产业。打造"中国康养名县",带动医疗、养老、医药等产业链综合发展。通过"旅游+",整合全县文化旅游资源,推进美丽乡村建设,建成非物质文化遗产村落2个,提升7个省级乡村旅游示范村和3个旅游特色名镇服务水平,力争在地方财政收入中占比达45%以上。

全力推进新材料、电子信息、服装三大现代工业产业发展,打造百亿级产业集群。力争到2025年,县域工业集中区入驻企业120家以上、新增规模工业企业30家以上,承载70%以上的产业链关联企业和产业产值,"亩均效益"达到全省园区平均水平,带动规上工业增加值年均增长7%以上。

全链条发展食用菌、核桃、畜禽三大特色农业产业,打造食用菌20亿元、核桃30亿元、畜禽50亿元规模的产业集群。调优食用菌产业结构,扩大双孢菇、草菇规模化种植水平,提高草腐菌占比,开展食用菌产品精深加工,提高产业综合效益。依托D县50万亩核桃基地优势,推动核桃产业提质。积极推广生猪优良品种,融合发展肉鸡全产业链,积极发展毛驴养殖、精深加工,筑牢群众增收的稳定支撑。

(2) 推进产业全链条发展

实行链长挂帅、主管部门牵头、链主企业带动的工作机制,育龙头、抓骨干、聚配套，培育壮大葡萄酒产业链、文化旅游产业链、中药康养产业链、食用菌产业链、核桃产业链、畜、禽产业链、新材料产业链、电子信息产业链、服装产业链、现代家居产业链等十大产业链，带动形成"农工贸旅一体化、产加销服一条龙"的全链条产业发展新格局。

(3) 开展乡村产业提升八大行动

全力推进乡村产业平台构筑行动、龙头企业培育引领行动、农产品差异化加工行动、市场品牌营销行动、人才培育引领行动、绿色循环发展行动、休闲农业和乡村旅游行动、农业科技创新与推广能力强化行动。到2025年，全县现代化乡村产业体系基本形成，乡村产业发展质量有较大提升，乡村产业发展平台基本建成，乡村产业对农村居民收入贡献持续增长，乡村产业振兴的局面初步形成。全县农产品加工转化率达到60%，农产品加工产值与农业总产值比达到2.2∶1，实现农村居民人均可支配收入达到14193元，年均增长7%。

(4) 推进产业衔接

不断探索消费帮扶新模式，完善利益联结机制，促进帮扶对象稳定增收，实现生产端、消费端互利共赢。组织开展特色农副产品进机关、进学校等活动，鼓励签订直供直销和长期供货合同。各预算单位按照不低于10%的比例预留采购份额，通过"832"平台采购D县特色农副产品。持续深化苏陕协作、西安区域协作消费帮扶，持续实施"万企兴万村"行动消费帮扶，支持鼓励社会团体、慈善组织利用多种形式实现消费帮扶。积极组织核桃、食用菌、天麻等农副产品参加展销会，集中推介、展示、销售特色农产品。创新电商销售模式，推动形成"龙头电商企业＋合作社＋基地＋农产品"产销模式，提高帮扶产品电子商务交易额。

(5) 大力发展壮大集体经济

贯彻落实《D县支持村集体经济发展的十二条措施》，建立完善党组织领导下的村级集体经济法人治理、收益分配、监督管理和经营管理人员奖励等机制，实施农村集体经济"清零消薄"行动、集体经济合同规范清理专项行动，探索实践农业产业化联合体带动型、订单收购带动型、代种代养带动型、入股分红带动型、土地流转带动型、务工带动型、电商带动型等利益分配方式和联结机制，增强农村集体经济可持续发展能力和带动群众增收能力。到2025年年底，全县村级集体经济收入5万元以上的村达90%以上。推动《D县农村产权交易管理办法》落实落地，提升县、镇两级农村产权交易中心服务水平，到2025年年底，全县农村集体资产监管平台村级上线使用率达到100%。稳妥推进集体土地所有权和房地一体宅基地使用权、集体建设用地使用权确权登记。

到 2025 年，D 县乡村产业提升行动的具体目标任务如表 7-3 所示。

表 7-3　D 县乡村产业提升行动的具体目标任务

产业类型及行动		2025 年目标	备注
葡萄酒		引进适生酿酒葡萄品种 5 个以上，在 312 国道沿线川塬地带发展优质葡萄种植基地 1.5 万亩以上；企业年总产能达到 10 万吨以上，开发葡萄汁、葡萄酒、利口酒、气泡酒等系列产品 10 种以上，打造秦岭南麓葡萄酒康养之都、中国橡木桶之都、中国软木之都。到 2025 年末，建设葡萄酒厂、精品酒庄 6 个以上，软木塞、橡木桶年生产能力分别达到 1500 万个、15 万个以上，带动 50 万以上游客来 D 县旅游。每年举办一次 D 县葡萄酒文化节	
食用菌		建成爱尔兰双孢菇大棚 300 个以上、草菇（平菇）标准化生产大棚 300 个以上，发展 3 个千万袋食用菌基地，全县食用菌种植 5000 万袋以上；打造以峦庄为中心、辐射全县的天麻种植加工集群（其中天麻种植 5 万亩），培育灵芝、羊肚菌、牛肝菌等珍稀菌类产值增加 30% 以上，培育壮大夏雨、明天、永福公司等链主企业，实现食用菌产业产值 20 亿元以上、天麻产业产值 30 亿元以上	
核桃		建设红仁、商洛紫玉等优质核桃良种繁育、种植示范基地 3 万亩以上，改良和科管核桃 40 万亩以上，建成西北核桃交易集散中心和核桃商贸大数据中心，培育壮大五谷源、天宇润泽、旭远农业、丰疆源农业、凤林科技等链主企业，形成核桃全产业链，综合产值达到 30 亿元以上	
畜禽	生猪	新增曾祖代种猪 0.1 万头、祖代种猪 0.5 万头、二元母猪 2.5 万头，发展年出栏 500 头以上的规模养殖场 100 个，培育壮大托佩克、山水致诚等链主企业，实现新增出栏 20 万头以上、生猪饲养量 50 万头以上，综合产值 20 亿元以上	
	肉鸡	完成东川、龙王庙河等 8 个基地 50 栋以上的现代叠层笼养鸡舍建设，完成种鸡厂、屠宰厂技改扩建，培育壮大华茂公司等链主企业，全县肉鸡饲养量达到 5000 万只以上，肉鸡综合产值 30 亿元以上	
	毛驴	建成毛驴养殖基地 10 个以上，培育壮大秦聊、原野等链主企业，全县毛驴存栏达 1 万头以上，毛驴深加工企业 2 个以上，特色毛驴餐饮体验店 3 家以上，毛驴产业综合产值 3 亿元以上	

续表

产业类型及行动	2025年目标	备注
产业平台构筑行动	创建1个以上的省级农村产业融合示范园、2个以上的省级农业产业强镇、2个以上的市级乡村振兴示范镇、15个以上的市级乡村振兴示范村	
龙头企业培育引领行动	新培育年产值10亿元以上龙头企业2家、亿元以上龙头企业3家、0.5亿元以上龙头企业10家,全县市级以上农业龙头企业扩大到25个以上,其中国家级1个、省级8个以上、市级16个以上	
农产品差异化加工行动	发展"智慧肉蛋""粮头食尾"式产业。农产品加工产值比达到2.2:1,农业总产值达45亿元以上,农产品加工总产值达到100亿元以上	
市场品牌营销行动	新认证D县天麻、D县黄芩、D县桔梗等农产品"两品一标"10个以上、名特优新产品15个以上,发展电商龙头企业6家	
人才培育引领行动	培训高素质农业生产经营者2万人次,每村至少有4~6名以上的产业致富带头人,创新引领乡村产业高质量发展	
绿色循环发展行动	建成有机肥加工厂7个,畜禽粪污综合利用率达到99%,秸秆综合利用率达到95%以上,废旧农膜回收率达95%以上	
休闲农业和乡村旅游行动	全县乡村旅游消费收入达到15亿元以上	
农业科技创新与推广能力强化行动	全县主要农作物良种覆盖率达到95%,畜禽良种覆盖率稳定在98%以上,渔业良种覆盖率达到60%,全县农业科技进步贡献率达到68%	

7.3.4 促进群众稳岗就业

(1)扎实开展技能培训

聚焦市场需求,制订年度培训计划,形成叉车、电焊、电工等生产实用技能培训工种清单。培训前对工种合理性评估,培训后根据就业率核发补贴,提升培训实效。同时,积极推进校企合作,邀请用人企业生产一线讲师授课,培训结束后由企业直接带动参训学员就业,拓宽培训学员就业渠道。

(2)积极组织劳务输出

结合技能培训实际,组织掌握一技之长的脱贫劳动力外出务工增加收入。在劳务输出集中地建立11家驻外劳务工作站,引进7家人力资源公司,根据带动人数给予补贴。对集中组织包车的给予"点对点"车费补贴。

(3)鼓励扶持自主创业

对技能培训后有自主创业意愿的脱贫劳动力,积极给予资金和政策扶持。在原来成功创建信用镇村建设的基础上,探索实施创贷信用社区,降低反担保门槛,简化审贷程序,通过部门联审共评信用等级、信用联保共担失信风险、镇村联责共行贷后监管的"三联三责"办法,解决创业者资金难题。积极落实创业补贴政策,对创办创业实体且正常运行6个月以上的人员,按规定落实创业补贴政策。创新开展"创贷信用社区+帮扶"模式,解决易地搬迁点创业群众的融资难题。

(4)着力培育社区工厂

对技能培训后无法外出务工的脱贫劳动力,通过支持社区工厂培育帮扶基地,帮助就地就近就业,确保收入稳定。积极落实稳岗补贴、以工代训、工厂基地补贴等援企政策,激励社区工厂和帮扶基地吸纳脱贫劳动力就业。鼓励社区工厂和帮扶基地实行"弹性"管理制度,灵活上下班时间,让员工既能照顾家人又能通过务工获得收入。对可以计件居家完成的工作,鼓励企业实行"外包"业务,方便脱贫劳动力居家增收入。

(5)全面开发乡村公岗

对"三无"劳动力,开发村级保洁、水利设施维护、道路管护等公益性岗位,并为其购买人身意外保险,保证有劳动能力、有就业意愿又无法离乡的脱贫人口稳定就业。对进城照顾子女就学的脱贫劳动力,鼓励机关单位结合实际开发保洁员、打字员、驾驶员等公益性岗位,保障困难群众充分就业。

(6)常态开展动态监测

组织村级信息员,对全县脱贫人口及三类人员就业情况常态化摸排,对所有劳动力就业创业状况造册登记,形成月度就业台账。对排查出疑似存在问题的户登记造册,定期对因重大变故导致零就业户全面摸排上报,逐人分析研判就业能力及状况,精准开展就业帮扶,帮助疑似零就业户群众稳定就业,确保零就业户动态清零。

7.3.5 大力实施乡村建设

(1)健全城乡交通一体化

优化城乡路网结构,加强质量监管和公路养护管理,提升交通运输服务水平,推动城乡客运服务均等化、农村物流服务便捷化,促进"交通运输+"服务能力升级。强化城乡交通运输安全管理,全面落实"路长制"责任,深入开展"四好农村路"示范县创建。2021年基本实现30户以上具备条件的自然村通硬化路，2022～2024年完成187.7千米农村公路建设和3座危桥改造任务，2025年基本建成广覆盖、深通达、高品质的农村交通网络、客货运输体系，实现所有行政村一次客运公交不用换乘即可到达县城的目标。

(2) 加大供水设施建设和改造力度

实施水源地保护、净水工艺改造、管网更新改造、应急水源建设、水质监测等建设任务。通过城镇供水管网延伸扩大覆盖面、中小型集中供水联网并网等工程措施，推动城乡一体化和规模化供水工程建设，2025年农村自来水普及率达到98%以上。按照农村供水新标准，对建设标准偏低、设施老化的小型供水工程进行规范化改造，提高供水效能。

(3) 加强清洁能源建设

提升农村电力保障水平，因地制宜开发利用太阳能资源，推进燃气下乡，探索并逐步实施"气化乡村"工程。2021年年底前完成24个农村配变电设施升级改造，实施双向计量改造，安装智能开关30台，新建改造10千伏及以下线路162.3千米，2022～2025年每年结合实际实行农村电网改造升级。天然气主管网辐射商镇、老君等区域，新增天然气用户2000户，2022～2024年继续深化清洁能源建设行动，天然气主管网要辐射到棣花、铁峪铺、武关等镇，每年新增天然气用户不少于2000户。到2025年，全县新增天然气用户10000户。

(4) 加快信息通信网络提档升级

推动农村信息基础设施提档升级，促进新一代信息技术与农业现代化融合发展，逐年扩大5G网络全覆盖面。到2025年，实现城镇区域和重点行政村5G网络全覆盖，所有行政村4G网络全覆盖，农村固定宽带家庭普及率、移动宽带用户普及率持续提升。

(5) 强化农村广播电视建设

继续加强农村广播电视基础设施硬件和软件建设，按照"先川道、后山区，先城镇、后乡村"的原则，分年度、分批次逐步实现城乡节目传输全覆盖，持续推进"智慧广电+"活动。到2025年，实现农村广播电视数字化、高清化、网络化、智能化，终端人口覆盖率达90%以上，基本实现全县无线数字广播电视信号全覆盖和所有县级融媒体中心节目信号接入IPTV直播频道。

(6) 完善城乡物流体系

实施"数商兴农"行动，巩固电子商务进农村综合示范县成果，提升81个村93个农村电子商务示范点服务能力，推进农产品网络销售健康规范发展。健全县、镇、村三级物流体系，2022年全县行政村快递物流通达率达到90%，城镇快递服务通达率达到100%。到2025年，基本建成设施完善、运转高效的城乡物流体系，全县快递物流服务通达率达100%。

7.3.6 建设秦岭山水乡村

(1) 扎实推进农村厕所革命

根据川道、南山、北山不同的地理和气候因素，因地制宜实施农村改厕项目，宜水则水、宜旱则旱。加大厕所革命县级投入，严把工程质量、验收兑付两个关口，实行整村推进、示范推动。2021年改厕1000户，2022年改厕3000户，2023～2024年各改厕4500户，2025年改厕4000户；实现镇（街道）和乡村振兴示范村中心区域公厕建设全覆盖，加强改厕后期管护服务工作。强化各类公厕管理维护，落实"所长制"，实现清扫及时、干净卫生、无蝇无臭、群众满意。

(2) 加快推进农村生活污水治理

加快污水治理PPP项目建设，实施农村生活污水分区分类治理，2021年提标改造棣花、商镇、竹林关等镇级污水处理厂3座，完成峦庄污水处理厂建设，配建污水管网65.48千米；2022年完成铁峪铺、寺坪、土门、武关、蔡川、庾岭6个镇级污水处理厂工程，配套管网160.25千米；2023年为乡村振兴示范村建设小型污水处理设施，建设商镇王塬、商山、棣花镇许家沟、竹林关大桑园等26个村级污水处理站和人工湿地，配套管网270千米；到2025年，12个镇（街道）中心区域生活污水处理设施实现全覆盖，完成所有镇（街道）中心区域雨污分流管网改造和污水支线管网建设，农村生活污水处理率达到50%以上。建立健全污水设施第三方运维管理长效机制，着力治理污水乱泼、乱倒、乱排、乱流现象，实现全域无污染。

(3) 全面推进农村生活垃圾治理

以打造秦岭山水乡村为目标，突出"清洁村庄助力乡村建设推动乡村振兴"主题，聚焦清理道路、河道、街巷、庭院、圈厕和田园，治垃圾乱倒、柴草乱垛、粪土乱堆，实现全域无垃圾。建立健全农村生活垃圾治理、排查、整治、监测四个清单和"六有"、"四清一责任"、分片包干、网格化管理、经费保障等长效收运处置及资源化利用体系机制，持续加大生活垃圾治理设备设施投入，完成县建筑垃圾填埋场扩容工程建设。2022年年底前，12个镇（街道）配齐垃圾压缩车和壁挂式垃圾桶，全县新增垃圾桶1160个。2023年逐步推进农村生活垃圾分类工作，建成棣花镇、竹林关镇农村生活垃圾分类示范镇。建成生活垃圾分类试点示范村9个。到2025年，12个镇（街道）基本建成垃圾分类处理系统，行政村（社区）生活垃圾收转运处置体系基本实现全覆盖，做到生活垃圾定点堆放、分类处理、无害处置、减量消解、日产日清，清理死角盲区，实现全域无垃圾。

（4）统筹推进村容村貌整体提升

深入推进农村人居环境整治五年提升行动，开展美好环境与幸福生活共同缔造活动，持续巩固全国村庄清洁行动先进县成果，积极开展美丽宜居示范村、秦岭山水乡村和五美庭院创建和卫生示范户星级评比活动，引导农户落实"四净一规范"要求，保持房前屋后、屋内屋外环境卫生干净整洁，规范整理户内外杂物，整齐码放柴草农具，因地制宜建设"五小园"（花园、菜园、果园、竹园、游园），实现居室干净、厨房洁净、厕所卫生、院落整洁，无垃圾、无积水、无杂物、无死角，因地制宜实施乡村绿化、硬化、亮化工程，推进全县乡村电网、路网、水网、排污管网的相互贯通，打造山清水秀村靓宜居的"净美D县"。2022年创建市级康养乡村12个，旅游乡村12个，宜居乡村12个，"五美庭院"400户；2023~2024年继续加大资金投入，持续推进村容村貌提升。到2025年，全县康养乡村、旅游乡村、宜居乡村占行政村的80%以上，"五美庭院"达到2000户，评选五星级文明户4000户。

（5）强化森林生态建设

以保护和恢复森林植被为核心，以"林长制"为抓手，扎实推进森林生态建设。加强蟒岭、流岭生态保护区建设，保护好县域内的桃坪次生林、寺坪国家级百万亩飞播林。以自然保护地、退耕还林、植树造林、防护林保护修复等重点工程为抓手，强化森林防火体系和林业有害生物防治体系建设，强化林业资源的日常巡察管护，促进全县林业生态建设持续健康发展。到2025年，全县森林覆盖率达到71%以上，森林火灾受害率不超过0.2‰，病虫害成灾率控制在4.6‰以内。

（6）落实绿色循环发展

以建设"生态D县、绿色D县、低碳D县"为引领，建设生态强县，围绕产业生态化、生态产业化，积极开展生态产品价值实现机制试点，推动绿色发展。推进农业面源污染治理、耕地质量提升。推广农机深松整地、化肥农药减量减施、节水灌溉、土壤调理、病虫绿色防控、有机肥替代化肥等技术，加快畜禽粪污资源化利用。推广"秸—菌—饲—沼—肥—果""菜—饲—畜—沼—肥""果—畜—草—肥"等农业生态循环典型技术模式，建设绿色产品集聚区。探索建立用能权、森林碳汇参与碳排放权交易机制,加快建设D县生态产品价值实现碳交易承接平台,切实把绿水青山转化为金山银山。到2025年,建成有机肥加工厂7个,畜禽粪污综合利用率达到99%,秸秆综合利用率达到95%以上,废旧农膜回收率达95%以上;建成8个"清洁能源+绿色农业"产业循环发展示范基地、38个生态农业产业园区。

(7)加强生态保护

严格落实《陕西省秦岭生态保护条例》《D县秦岭生态环境保护实施方案》,持续打好蓝天、碧水、净土"三大保卫战",加快矿山生态修复,加强水土资源保护,促进生物多样性保护,完善生态保护补偿机制,建立生态保护红线绩效评估制度,建设县域生态保护红线监测网络和监管平台,开展生态保护红线监测预警与评估考核。到2025年,全面完成全县生态保护红线勘界定标,实现生态空间一条红线管控,全域推进生态振兴。

7.3.7 提升乡村治理水平

(1)优化基层社会治理

坚持和发展新时代"枫桥经验",健全镇村网格化管理机制,推动服务管理措施入"网"、服务管理责任到"格",实施"网格化+信息化"全覆盖。建立"人盯人+"基层社会治理体系,构建"一屏管理、一键指挥、一线调度、一岗多责"的工作机制,推行基层社会治理"清单制""积分制",扎实开展重大风险隐患大排查大化解大整治专项行动,着力提升防汛救灾、社会治理、返贫监测、生态保护、疫情防控的应对能力,促进人防、物防、技防融合,实现社会治理科学化、数字化、智慧化、精细化。推行村级事务阳光工程,提高基层治理的公开性和透明度,切实保障村民合法权益和村集体利益。整合优化公共服务职能,运用信息化、网络化手段创新基层社会治理和公共服务,引导群众主动关心参与村级事务管理。

(2)全面建设平安D县

深入开展基层平安创建工作,严厉防范和打击非法集资、金融诈骗、电信诈骗等违法犯罪行为,积极推进平安创建、无毒社区创建和常态化工作机制。建立网络综合治理体系,强化网络舆情引导,推进依法治网,打造清朗网络空间。建设县应急指挥中心平台及应急物资储备库,提升安全事故防控能力和应急处置水平。加快基层技防建设,结合"雪亮工程""天网工程",扎实推进技防设施向自然村组延伸拓展,实现"全城覆盖、全网共享、全时可用、全程可控"的目标。加快建设"智慧法庭""智慧安防小区""智慧监所",持续提升政法基础保障能力和科技应用水平。全县防范化解率达100%、信访事项按期办结率达100%,息诉罢访率达到90%以上,网上信访"四率一占比"持续提升。从2022年起,每年创建3个社会治理示范镇(街道)、10个社会治理示范村(社区)、20个"平安建设"先进示范单位。

(3) 推进法治建设体系

扎实开展"八五"普法活动,深入推进全民守法、依法执政、依法治县工作。支持人大及其常委会依法行使对"一府一委两院"的监督职权。深化法律援助、司法救助制度等改革。完善法治监督体系,健全法治保障体系。推进执法司法规范化建设,深入推进综合行政执法改革向基层延伸,进一步完善执法标准规范,严格文明规范执法。坚持县镇村三级联动,健全县镇村三级法律服务体系。广泛开展"民主法治示范村(社区)"创建活动,落实"一村一法律顾问",健全农村公共法律服务体系,加强对贫困群众的法律援助和司法救助。推进村(社区)司法行政工作室建设,建好用好法律顾问微信群,为群众提供方便快捷的法律服务。

(4) 完善乡村自治体系

严格依法民主选举村委会领导班子,依法推动村党组织书记通过选举担任村委会主任。发挥自治章程、村规民约的积极作用,形成民事民议、民事民办、民事民管的多层次基层协商格局。进一步规范村务监督委员会职责权限、监督内容、工作方式,提高监督的水平和实效。进一步规范村级政务、村务、财务公开的内容、形式、时间和程序,深入开展以村民小组或自然村为基本单元的村民自治试点。

(5) 塑造乡村德治体系

大力弘扬社会主义核心价值观,围绕"诚信D县"建设,不断丰富道德教育内容,创新教育方式,全面推动社会信用体系建设,强化农民的社会责任意识、规则意识、集体意识和主人翁意识,广泛开展好媳妇、好儿女、好公婆等评选表彰活动,深入宣传道德模范、身边好人的典型事迹,用典型引路的方式,发挥榜样作用,推动良好道德风尚形成。大力开展移风易俗专项行动,传播优秀传统文化,立家训家规、传家风家教,推进家风建设、文明创建、诚信建设、依法治理、道德评议等行动,不断完善诚信"红黑榜"制度,形成守信激励和失信惩戒机制,引导群众自治组织规范发展,发挥优势,以正面典型示范带动移风易俗,推动形成良好社会风气,通过正反面事例旗帜鲜明地引导村民向先进学习、向好人好事学习,自觉摒弃陈规陋习,着力解决高价彩礼、大操大办、厚葬薄养等突出问题。做好流浪乞讨、社区矫正、社会吸毒人员和孤寡老人、困境儿童、留守儿童妇女及严重精神障碍患者等的人文关怀、心理疏导和危机干预。到2025年，农村信用体系建设基本完成，初显成效。

7.3.8 丰富乡村文化生活

(1) 巩固思想文化阵地

全面推进各镇(街道)新时代文明实践所建设和村(社区)新时代文明实践站建设，常态化开展志愿服务、政策宣讲等文化实践活动。充分发挥农家书屋、农民夜校等现有阵地的教育引导作用，建立健全人文关怀和心理疏导机制，培育自尊自信、理性平和、积极向上的农村社会心态。加快文化馆、图书馆、群众剧院建设，大力开展群众喜闻乐见的文化活动，创作更多接地气、传得开的优秀文艺作品。到2025年，文化振兴取得重要进展，乡村文明水平显著提升；公共文化服务提质增效，内容形式更加丰富多样。

(2) 全面营造文化氛围

坚持以社会主义核心价值观为引领，深入开展人民群众教育引导工作，注重向社会传导正确的价值取向，提升群众精神风貌，形成讲诚信、促公平、敢担当的良好风尚。广泛开展爱国主义、集体主义、社会主义教育，大力弘扬民族精神、时代精神，用好道德讲堂等各类宣传文化阵地，从农民听得懂、想得通、干得好的角度普及社会主义核心价值观的基本内容和《新时代公民道德建设实施纲要》，加强农村思想道德建设。发挥好农村老党员、老干部、老战士、老教师、老模范等榜样的力量，培育和引导形成县域特色文化体系。开展"新农村、新生活、新农民"培训，引导农民崇尚科学，改进生活方式。

(3) 创建文明村镇活动

深化全县文明村镇创建，推进星级文明户、文明家庭等群众性精神文明创建活动。启动新一轮"美丽乡村·文明家园"建设，创建五星级文明户1600户、"五美庭院"800个。加强文明村镇创建工作动态管理，逐步提高县以上文明村和文明乡镇的占比。

(4) 健全公共文化服务体系

以全域旅游示范县创建为契机，按照"有阵地、有标准、有网络、有设备、有内容"的"五有"要求，健全乡村公共文化服务体系。以县级"两馆一院"等基础设施建设为抓手，加强武关、竹林关、土门等镇级文化馆、图书馆建设，提升服务效能。发挥县级公共文化机构辐射作用，加大农家书屋、农村广播室等建设力度，巩固提升村级综合文化服务中心服务能力和服务水平。完成农村广播电视公共服务全覆盖，推进数字广播电视户户通，探索农村电影放映的新方法新模式，继续实施公共数字文化工程,抓好县融媒体中心建设,积极发挥新媒体的作用,使农民群众能够便捷地获取优质数字文化资源。2022~2024年实现公共文化数字资源平台与省、市两级内容对接、互联互通。到2025年,县、镇(街道)、村(社区)三级建成标准化、规范化、科学化的公共文化服务网络,建成三级以上公共图书馆和文化馆,每个镇建成至少1个特色文化活动品牌,村级综合性文化服务中心全部达标。

(5)增加文化产品服务供给

深入推进文化惠民,为农村地区提供更多更好的公共文化产品和服务。建立农民群众文化需求反馈机制,推动政府向第三方购买公共文化服务;加强公共文化服务品牌建设,支持"三农"题材文艺产品创作,推动形成具有鲜明特色和社会影响力的农村公共文化服务项目。培育挖掘乡土文化人才,采取集中培训和下派文化辅导员等方式,开展"结对子,种文化"活动,培养农村文化能人和乡土文化人才,引导群众自主开展积极健康的文化娱乐活动,创设地方文化品牌。完善群众文艺扶持机制,持续开展送戏进万村、文化进校园等惠民活动,鼓励各级文艺组织深入乡村开展惠民演出活动。鼓励开展社火、舞狮、舞龙、灯谜、广场舞大赛等群体性节日民俗活动。完善公共体育健身设施,承办一批知名度高的体育品牌赛事,提升D县发展"软实力"。加强农村文化市场监管,活跃繁荣农村文化市场,推动农村文化市场转型升级。到2025年,每个村形成常态化或季节性群众文化活动1个以上。

(6)传承提升乡村优秀传统文化

加大对全县文物古迹、传统村落、传统民居、历史文化名村名镇等优秀农耕文化遗产的保护力度,深入挖掘县域独特的文化资源,以棣花古镇、商山古邑、龙驹古寨、武关古塞、平凹文化、秦岭文学创作研学基地等为承载,再现商於古道文化脉络。保护利用古镇宋金街、棣花驿等传统建筑,传承传统建筑文化,使历史记忆、地域特色、民族特点融入乡村建设与维护。完善非物质文化遗产保护制度,实施非物质文化遗产传承发展工程。积极培育D县高台芯子、葡萄酒酿造技艺、踩高跷等非物质文化遗产保护传承者。到2025年,形成10个以上独具文化魅力的特色文化品牌和乡村旅游观光点。传承弘扬红色历史文化,高标准编制红色旅游规划,高质量打造红色旅游景点,建设以红二十五军庚家河战斗遗址、红三军寺底铺战斗遗址、王柏栋故居、竹林关红三军军部旧址、留仙坪红色美丽村庄和马炉党性教育基地等为中心的红色文化路线。依托鄂豫皖省委第18次会议遗址和红二十五军庚家河战斗纪念亭等良好的生态资源,策划旅游小镇建设项目，建设高品质爱国主义教育基地。

7.3.9 全面搭建人才培育平台

（1）大力培育提升新型职业农民

实施农村实用人才和农村生产经营型人才培养计划，用好乡村振兴人才工作站（室），打造一支素质好、结构优的农村实用人才队伍。强化农业科技人才培养，依托高校、科研院所加快培育创新人才，办好现代农业职业教育，着力培育一批"三农"工作的行家里手和一批爱农业、懂技术、善经营的新型职业农民，建立"政府＋企业＋培训机构＋行业协会"共同参与的新型职业农民培训体系，为乡村振兴提供智力支撑，擦亮"全国创新创业示范县"招牌。实施乡村产业振兴带头人培育"头雁"项目，引进乡村振兴人才50人，每年培育职业农民550人，致富带头人600人，农业实用人才3000人。

（2）完善人才引育用留工作机制

坚持"引、育、用、留"多措并举、系统推进，创新方式方法，大力引进一批行业领域高层次和急需紧缺人才，鼓励引导青年大学生、在外创业能人、社会贤达、优秀退役军人等群体返乡创办实业，实现"人才回流"。定向开展人才引进，鼓励人才返乡，引进一批周末工程师、候鸟式专家等急需紧缺人才，推动行业技术人才服务乡村振兴。鼓励支持学历高、素质好、能力强的人员到镇（街道）、村（社区）、企业等基层挂职锻炼，激励专家学者带着技术成果到乡村创业。把事业编制、专业技术职称、经济待遇等资源优先向乡村倾斜，增强人才吸附力。

（3）做好柔性刚性引才

多渠道招录大学毕业生到村工作，继续做好选调生到村任职工作，鼓励退役军人、企业家和优秀社会工作人才到农村干事创业。设立乡村创业风险基金，为返乡创业人员提供信贷支持，拓展返乡创业融资渠道，营造良好的乡村创业环境。优化实施农村教师特岗计划、雨丹"三支"人才交流项目、"三支一扶"计划等人才项目，充分发挥乡村振兴人才服务团作用，培养一批农村种养殖大户和致富能手，招聘机关事业人员100人以上，引进高层次人才10人以上。探索通过岗编适度分离等方式，有组织地推进城区教科文体等工作人员定期服务乡村。

（4）搭建人才发展平台

构建创新创业平台，谋划、包装一批乡村振兴人才作用发挥项目，做好乡村振兴人才工作站（室）建设工作，不断推进院士、博士（专家）工作站、企业工程技术研发中心、人才驿站建设，强化人才服务平台，为乡村振兴一线人才搭建广阔的舞台。发挥好科技特派团作用，实施"科技特派员乡村振兴行动"，同步选派科技特派员 50 人以上，推进 12 个"人才驿站"建设。建设人才示范点，依托重点领域、重点产业、重点园区、重点项目，积极打造 D 县葡萄酒研究中心等示范点。到 2025 年，力争创建市级以上院士专家工作站和工程技术研究中心 2 个以上。提升人才能力素质，结合"请进来"与"走出去"活动，有针对性地开展培训，做好农村致富带头人、各类农村实用型人才、党政人才、专业技术人才等业务能力培训，不断提升人才的科技成果转化能力、掌握先进知识和前沿技术的能力。

(5) 创新实施本土人才培养机制

建立健全"1＋N"人才政策体系，落实《D 县人才助力乡村振兴实施意见》等相关配套办法，全面落实人才引进、评价、激励等政策，将职称晋级、职务晋升、人大代表、政协委员名额、评优指标等政策向乡村倾斜，让人才获得一定的政治认同。建构激励考核机制，用好人才发展专项资金，落实高层次人才引进培养、全程跟踪服务、休假、节日慰问、健康体检等各项政策制度，解决好住房、家属随迁、子女上学等实际困难。建立农业科技领军人才绩效考评机制，加大乡村人才鼓励，设立农业科技领军人才开发专项资金，每年选树一批乡村人才先进典型，推行"企业＋人才＋基地"模式，引导人才走进企业、成果走向市场。大力选拔任用在乡村振兴、信访维稳、经济发展、项目建设、城镇管理、应急处突"六个一线"实绩突出的干部，放手让青年干部在乡村振兴岗位上历练提升、施展才华。

7.3.10　全面加强基层党的建设

(1) 夯实筑牢组织堡垒

做优做强"党建领航·D 县朝阳"党建品牌，完善"抓基层党建、促乡村振兴"工作机制，围绕绿色化引领、标准化生产、规模化经营、产业化发展，加大在新型经营主体等行业领域建立党组织力度，持续扩大党的组织覆盖和工作覆盖，构建全区域统筹、各方面联动、多产业融合的农村大党建格局。巩固提升"千村示范、万村达标"活动成果，实现整镇推进、整县提升行动。优化区域、行业"党建联盟"，创建一批市以上示范基层党组织。常态化整顿软弱涣散党组织，镇(街道)党委每年按照 10％左右开展软弱涣散村级党组织排查整顿，以一个强有力的班子、一套完善有效的制度办法，带动一批"新乡贤"等有识之士，引导广大村民共建共享，提升乡村振兴水平。

(2) 建设高素质干部队伍

配强镇(街道)领导班子，突出配强镇(街道)党政正职，特别是镇(街道)党委书记要具备带领推进乡村振兴、处理农村复杂问题，对农民群众充满感情，带头实干、敢抓敢管的能力和作风。严格落实镇（街道）领导班子任期、新录用聘用人员最低服务期限、规范从镇（街道）借调工作人员等工作要求。注重提拔使用工作表现和乡村振兴实绩突出的干部，引导和鼓励县直部门干部到村任职并优先晋升镇（街道）职级。加大关心关爱力度，全面落实带薪年休假、健康体检、谈心谈话等制度，根据工作环境、距城区远近等情况差异化落实镇（街道）工作补贴，持续推动镇（街道）"五小"建设和周转房全覆盖。

（3）严格落实党内政治纪律

深入开展思想学习教育，促使党员干部进一步筑牢信仰之基、把稳思想之舵。认真学习习近平总书记关于"三农"工作的重要论述，始终胸怀"两个大局"，牢记"国之大者"，增强"四个意识"，坚定"四个自信"，把"两个维护"贯穿实施乡村振兴战略全过程。严格落实党内政治生活，规范落实"三会一课"、组织生活会、民主评议党员等基本制度，开展"我为群众办实事"等实践活动，开展党员设岗定责、结对帮扶、在职党员进村入户、承诺践诺和志愿服务等活动，树立先进典型，广泛开展"爱我 D 县"主题活动，集聚共识合力建设 D 县、奉献 D 县。

（4）加强村班子建设

切实加强村"两委"班子特别是支部书记队伍建设，每个村每年至少储备 2 名后备力量。严格执行村党组织书记县级党委组织部门备案管理制度，镇（街道）党委每年对村党组织书记履职情况进行 1 次综合分析，全面推广"导师帮带制"，每年至少召开 1 次村党组织书记工作观摩交流会。实施项目化推进镇（街道）村（社区）党群服务中心建设，全面推行"互联网＋"模式，打造县镇村"15 分钟党群服务圈"；品牌化推进基层组织全域提升，开展"提质建强""一镇一示范"特色党建活动，抓好农村产业链联合党委、机关"双亮"提质等各领域党建。全面落实村级重大事项决策"四议两公开"制度，强化对村（社区）干部特别是"一肩挑"干部的政治监督。配强村务监督力量，特别是村务监督委员会主任，紧盯村务决策和公开、村级财产及扶贫资产管理、惠民政策措施落实等开展监督。全面落实党务村务财务"三公开"、村级小微权力清单和村干部经济责任审计等制度，规范村级会计委托代理制和"村财乡管、组财村管"。严肃查处群众身边的不正之风和腐败问题。

（5）发挥先锋示范引领作用

积极实施"千名党员驻村兴农""千名头雁带富领飞"赶超行动。发挥双带型党员作用，支持引导党员带头创办领办农民合作社、家庭农场等新型农业经营主体，力争有劳动能力的党员都有致富项目、村村都有党员致富能手，组织每名党员致富能手至少结对帮带1户群众。规范化推进党员管理，推行"积分制星级管理＋分类管理"，镇（街道）党委扎实开展万名党员进党校进基地活动，每年至少对村（社区）党员集中培训1次。开展党员设岗定责、结对帮扶、在职党员进村入户、承诺践诺和志愿服务等活动，树立先进典型，强化在党意识，推动党员管理抓在经常、严在日常，纵深践行党史学习教育成果。

(6) 全面开展乡村振兴培训

全面开展农村基层干部乡村振兴分级分类培训，创新培训的方式方法，丰富培训形式，采取理论授课、经验报告、典型案例研析、讨论交流、实践操作、实际考察等多种形式培训，着力解决政策不熟、本领不够、经验不足等问题，要让各级干部在干中学、学中干，提高指导工作的能力和本领。县委每年至少对镇办党委书记培训1次、县委组织部每年至少对村级党组织书记、第一书记培训1次。重点加强革命老区、乡村振兴示范村和红色美丽村庄建设试点村干部的培训调训，引导广大党员干部传承红色基因，建强红色堡垒。

7.3.11 聚力推进重点帮扶县建设

(1) 全面加强定点驻村帮扶

做好中央单位和省级、市级单位定点帮扶配合工作，做好各级社会组织帮扶工作。抓好县级各单位驻村联户帮扶工作，每年1月底前制定帮扶计划，3月底前进一步完善，11月底前各项帮扶措施落地见效。完善领导联系帮扶机制，提升帮扶实效。分级分类开展巩固脱贫成果同乡村振兴有效衔接政策业务培训，每年6月底前达到驻村干部培训全覆盖。坚持严管厚爱，加强驻村干部管理考核和激励保障，实行常态化督导暗访，确保驻村第一书记和工作队员在岗状态，履职尽责，帮出成效。

(2) 全面深化区域协作帮扶

进一步拓展雨丹协作领域，健全帮扶机制，优化帮扶方式，接续推进产业合作、资源互补、劳务对接、人才交流、动员全社会参与和推进消费帮扶等工作，形成雨丹协同发展、共同发展的良好局面。管好用活苏陕协作资金，加快推进项目建设，6月底前苏陕协作资金项目开工率达90%以上，12月底前全面完成省上下达的各项考核指标任务、项目完工率、苏陕协作资金使用率均达90%以上。积极加强与西安碑林、曲江区域帮扶对接，及时召开联系会议，推进项目、资金落地见效，加强教育医疗资源共享，选派交流和挂职干部，动员帮扶辖区各级企事业单位和社会人员参与D县乡村振兴。

(3) 全面动员社会力量参与帮扶

鼓励各类社会主体到镇村兴业投产,带动帮扶村富余劳动力实现就业增收;积极搭建各类爱心帮扶平台,对收入水平较低、有致贫返贫风险的群体实行精准结对帮扶。引导民营企业开展"万企兴万村"帮扶工作,将社会帮扶工作重心逐步转向推动县域经济社会整体发展,特别是农村优势特色产业发展。

(4) 全面做好专项帮扶工作

持续抓好光伏扶贫电站运维监管和收益分配工作,加强光伏电站运维企业日常运维监管,确保电站高效运行;优化完善电站收益分配机制,合理制定收益分配比例,科学设置村级公益性岗位,确保电站年收益分配率不得低于 80%。切实加强互助资金协会监管,加强互助资金业务指导,夯实乡镇监管职责,扩大政策受益面;落实退出机制,对于积极性不高、借款率低、管理混乱的协会予以退出,调整到其他协会或资金收回财政;切实提高资金使用效率,确保协会年借贷率不得低于 60%,逾期率不超过 1%。持续做好其他专项帮扶工作,争取更多支持政策,促进全县经济发展和群众增收。

(5) 全面落实国家乡村振兴重点帮扶县各项发展要求

科学论证谋划一批补短板、促发展项目,抓好跟踪监测,推进项目早开工、早见效;全面推动项目、金融、土地等倾斜支持政策落地。加大县级衔接资金支持力度,县财政安排不低于 2000 万元,用于支持巩固拓展脱贫成果、发展特色产业、乡村建设等项目。通过抓点示范,带动全县整体发展,持续推进 D 县国家乡村振兴重点县,竹林关镇、棣花镇 2 个省级示范镇,全县 26 个乡村振兴示范村建设任务,总结提炼不同区域的乡村发展模式、宣传推广典型经验。重点支持街坊村、许家塬村等 9 个重点乡村振兴示范村建设。各镇办、行业部门强化典型引领,抓 2 个以上示范点,每镇办建设一个 100 亩以上产业园区,各镇办和牵头部门各抓一个"五大振兴"样板点和典型户、典型案例,探索一批可复制推广的经验模式,分类分级打造一批乡村振兴示范样板,积极向外宣传"D 县模式""D 县经验",确保重点帮扶县发展监测评价优秀。

7.4 保障措施

7.4.1 全面夯实各级责任

严格落实"四个不摘"要求,坚持"三级书记"一起抓,持续发挥书记"一线总指挥"作用,统筹各方抓落实。争取一个副省级领导联系、一个市委领导包抓,持续推进县镇村抓落实的工作机制,坚持党政"一把手"负责制,实行巩固脱贫成果同乡村振兴"三级书记"一起抓、亲自抓，明确各部门责任分工，构建责任清晰、各负其责、执行有力的领导体制，层层压实责任。按照县委统揽全局、协调各方的要求，建立县委农村工作领导小组（县委实施乡村振兴领导小组）牵头抓总、统筹协调，小组办公室具体协调、督导落实，行业部门各负其责、接续推进的工作组织体系。各镇（办）、各承担重点任务单位和各级帮扶单位要按照各自工作职能，扎实推动各项工作任务落到实处。扎实开展"三级书记遍访"，县级领导示范带头包镇包村，全面夯实县级部门行业任务落实责任、帮扶部门包村责任，落实镇办主体责任，发挥村"四支队伍"一线责任，县、镇、村三级共同发力推进工作落实。

7.4.2 持续抓好驻村帮扶

加强"四支队伍"管理，进一步调整优化驻村帮扶，不断完善帮扶机制，发挥"第一书记"和驻村工作队作用。帮扶单位为帮扶村制订符合实际的帮扶计划，着力解决村基础设施薄弱、富民产业弱小、社会事业滞后等问题；驻村工作队切实履行职责，重点做好宣传落实帮扶政策、加强村民教育、激发群众内生动力等工作，参与项目实施，推动发展村级集体经济，主动为群众办实事好事，用心、用情、用力做好驻村帮扶工作，进一步提高群众的政策知晓率和满意度。

7.4.3 落实项目资金保障

统筹用好中央和省级、市级财政衔接推进乡村振兴补助资金，继续实行涉农资金整合试点政策，足额落实县衔接资金，保证投入稳定，引导金融和社会资本金加大投入。健全项目推进机制，确保资金支出进度达到同期全省序时进度，年底项目竣工率、资金支出率均达到100%。扩大信贷投放，降低"三农"、小微企业融资成本，鼓励金融机构创新机制、创新产品、创新服务，年发放小额贷款5000万元，推广"富民贷"2000万元，支持各类市场经营主体带动脱贫户、边缘易致贫户发展特色产业。强化项目实施全过程管控，健全公告公示制度，提高群众知晓率和满意度。进一步加大以工代赈实施力度，在农业农村基施建设领域积极推广以工代赈方式。鼓励支持开发防返贫致贫和优势特色产业保险，力争实现农业保险保额总体持续增长、特色农产品保险品种稳中有增，提升脱贫群众抗风险能力。

7.4.4 大力加强宣传引导

围绕产业振兴、人才振兴、文化振兴、生态振兴、组织振兴和全面振兴探索总结新路径、新经验、新做法。策划推出一批专题深度报道，争取更多的经验做法在中央和省市层面推广宣传、评优争先。全方位展示巩固衔接工作成果，凝聚全县乡村振兴共识，为基层答疑解惑传经送宝，讲好新时代D县巩固脱贫攻坚成果、推进乡村振兴的生动故事，打造D县品牌，推动各级党员干部和群众受启发、找差距、明方向。综合运用协调各类媒体资源、加强正面宣传、加强涉贫、涉乡村振兴舆情监测和应对处置，正确引导社会舆论，营造全面推进乡村振兴、全力以赴打开新局面，促进大发展的良好氛围，推动全县乡村振兴有力推进、落地生根。

7.4.5 健全法治保障体系

认真贯彻落实《中华人民共和国乡村振兴促进法》，为乡村全面振兴提供坚实的法治保障。严格执行现行涉农法律法规，加强农民工权益维护、农产品质量安全、乡村建设、农村宅基地管理、农村生态环境保护等重点领域执法。积极推动土地、人才及资金等要素配置向农村倾斜。探索建立农业产业园奖补机制和农业供给侧结构性改革基金，加大金融支持，对市级以上重点农业龙头企业和重大产业项目重点投资。健全实施乡村振兴战略财政投入保障制度，各级财政更大力度向"三农"倾斜，确保财政投入与乡村振兴目标任务相适应。根据空间规划编制工作，优化村庄布局，保障乡村振兴用地按需求走，在不改变县级国土空间规划主要控制指标情况下，在D县国土空间规划和村庄规划中预留不超过5%的建设用地机动指标，支持零星分散的乡村文旅设施及农村新产业用地。

7.4.6 实行严督实考工作机制

将规划提出的发展目标、重点任务和重大项目分解到年度、到镇（街道）、到部门，层层落实责任，压紧压实县级领导包镇联村、部门包村、干部结对帮扶农户责任，接续用力、拓展提升，使脱贫成效更可持续。坚持"一周一重点，一周一通报，半月一调度，一月一观摩"工作机制，抓实各级责任落实、政策落实、工作落实和成效巩固，将平时工作情况纳入目标责任考核。配合中央和省市开展党政领导班子和领导干部推进乡村振兴战略实绩考核、巩固拓展脱贫攻坚成果后评估等工作。组织开展全县乡村振兴战略实绩考核。开展常态化督导，做好电话抽查和实地核查，用好《巩固拓展脱贫攻坚成果同乡村振兴有效衔接工作干部纪律十条规定》，对工作推进不力的，进行问责追责，全力推动政策举措全面落地。

8　创新驱动试点建设实施方案
——D县创新驱动试点建设实施方案（2021—2025年）

党的二十大明确指出"完善科技创新体系，坚持创新在我国现代化建设全局中的核心地位，健全新型举国体制，强化国家战略科技力量，提升国家创新体系整体效能，形成具有全球竞争力的开放创新生态"。

D县2019年实现整县摘帽，2020年贫困人口全部脱贫，2021年被确定为国家乡村振兴重点帮扶县，产业链条不长，项目储备不足，经济总量偏小，自主创新能力较为薄弱，制约高质量发展的结构性问题日益凸显。D县第十九次党代会确定了打造中国康养名县，建设高质量发展先行区、现代产业聚集区、生态宜居示范区、营商环境最优区、社会治理创新区的"一县五区"思路目标。创新是第一动力，要实现高质量发展目标，必须抢抓政策机遇，深入实施创新驱动发展战略，开辟发展新领域新赛道，不断塑造发展新动能新优势，切实发挥科技创新对经济高质量发展的支撑引领作用，不断培育发展新动能。

根据《国家创新驱动发展战略纲要》《陕西省人民政府办公厅关于县域创新驱动发展的实施意见》、《省市县共建陕南地区创新驱动试点工作方案》等相关文件要求。紧扣商洛"一都四区"建设和D县"一县五区"发展目标，结合D县实际，特编制《D县创新驱动试点建设实施方案》，围绕葡萄酒、文化旅游、中药康养三大主导产业和"3＋3＋3"现代产业体系，构建创新驱动产业体系，强化创新驱动支撑体系，打造多层次、多元化的创新创业格局，助推D县经济社会高质量发展迈出更大步伐。

8.1　试点基础

8.1.1　试点优势

（1）尽锐出战，精准施策，脱贫攻坚圆满收官

坚持以脱贫攻坚总揽发展全局，紧扣"两不愁三保障"和安全饮水目标，尽锐出战，精准施策，投入资金76.2亿元，实施项目2745个，新建道路890千米，建成供水工程1990处，实施危房改造3970户，建成易地搬迁安置点12个、搬迁群众7077户28284人，补齐了农村基础设施和公共服务短板。坚持产业和就业两手抓，建成肉鸡、食用菌、葡萄等21个产业化龙头企业，发展核桃、中药材等482个农民专业合作社，实现了155个村（社区）集体经济全覆盖，贫困群众

人均纯收入由建档立卡时的3979元增加到11162元，年均增长30.2%。坚持担当实干、奋勇争先，在实践中探索、在探索中创新，一些做法在全国推广，D县养老保险扶贫做法在全国党员远程教育平台展播，危房改造受到国务院督查激励表扬，"五位一体"搬迁模式多次被央视报道，"凤冠新城"被评为全国"十三五"美丽搬迁安置区。经过不懈努力，89个贫困村全部退出，23994户83527人稳定脱贫，历史性摘掉了贫困县帽子。

(2) 攻坚克难，奋勇争先，综合实力大幅提升

坚持贯彻新发展理念，坚定不移走高质量发展之路，攻坚克难，奋勇争先，综合实力迈上新台阶，生产总值达到99.5亿元。财政总收入、地方财政收入同口径年均增长8.2%、8.7%，分别达到2.88亿元、1.67亿元。非公经济增加值达到56.3亿元，占GDP比重达到56.6%，荣获全省践行新发展理念县域经济社会发展争先进位县。坚持项目带动战略，累计实施重点项目290个，完成投资631亿元，全国首个采用PPP模式建设的D县通用机场正式投运，西部农特产品交易中心、良种天麻产业园等一批重点项目建成投产，固定资产投资增速连续三年稳居全市前列。坚持调结构、提质效，全力推进产业转型升级，食用菌、天麻等特色农业实现集约化发展，新材料、智能制造、生物医药等现代工业走上规模化之路，电子商务、智慧物流、文旅康养等服务业快速发展，三次产业结构调整为15∶30∶55。

(3) 守牢底线，重拳出击，生态环境持续向好

主动扛牢生态环境保护政治责任，深刻汲取秦岭违建教训，始终胸怀"国之大者"，守牢底线，重拳出击，扎实开展秦岭违建问题专项整治，拆除违法违规建筑3.7万平方米，"五乱"问题得到有效遏止。全力打好污染防治组合拳，持续推进蓝天、碧水、净土保卫战，城区空气优良天数常年保持在330天以上，丹江出境断面水质稳定达到Ⅱ类标准。全面落实河长制、林长制、田长制，三级网格化监管体系基本形成，森林覆盖率达到70.86%，被评为全国县域节水型社会达标建设县，成功创建省级生态县、省级森林城市。坚定不移走"三生融合"发展之路，推进产业绿色转型，能耗"双控"指标超额完成，农村人居环境整治三年行动圆满收官，被评为全国村庄清洁行动先进县。

(4) 以创促建，夯基固本，城乡面貌焕然一新

坚持以创促建，夯基固本，致力统筹推动城镇内涵式发展，迎宾大道、江南经济新干线等一批市政项目建成投用，金山路、江滨北路西延等搁置多年的断头路顺利打通，城区"五纵四横"路网框架基本形成，建成区面积由9.5平方千米扩

大至12.3平方千米，城镇化率达到50.3%。坚持建管并重，持续推进城镇绿化、美化、净化、亮化工程，市政设施日趋完善，城市品位不断提升，成功创建国家卫生县城、省级文明县城，荣获全省县城建设先进县、全省保障性安居工程建设先进县。坚持以城带乡，促进城乡共建，竹林关、棣花、商镇等重点镇建设有序推进，商镇保定村、铁峪铺镇化庙村等一批秦岭山水乡村初见雏形，武关镇毛坪村荣获"中国美丽休闲乡村"称号，棣花镇许家塬村、龙驹寨街办马炉村等3个村成为国家森林乡村。

(5) 思想破冰，内外联动，改革开放活力迸发

坚持思想破冰，引领行动突围，不断优化提升营商环境，县镇村三级政务服务体系建成运行，行政审批事项办理更加高效便捷，新增市场主体6695户，认定国家级高新技术企业4家，申请专利400余件。坚持深化改革，激发活力，政府机构改革全面完成，国资国企、教育医疗、财税金融、行政执法等重点领域改革扎实推进，农村集体产权制度改革试点经验全国推广，被评为全国农村创新创业典型县、全国农村承包地确权登记颁证工作试点县。坚持内外联动，推进开放开发，天宇润泽、久鼎商贸等4家公司在陕西股权交易中心挂牌，碧桂园、携程集团、西部机场集团等500强企业相继进驻D县，招商引资到位资金年均增长12%，大企业、大集团带动作用日益凸显。

(6) 整合资源，共建共治，民生福祉更加殷实

坚持教育优先和均衡发展，举全县之力建成了D县高级中学，新建中小学幼儿园13所、改扩建48所，新增学位1.9万个，城区"大班额"问题得到有效缓解，为提高教育质量奠定了坚实基础。坚持以人民为中心，着力解决群众关注的急难愁盼问题，就业规模、质量实现双提升，城乡居民收入年均分别增长7.7%和10%，城乡低保标准逐年提高，企业职工养老保险连年增长，凤冠新城、城区公益性公墓、城东水厂、"气化D县"、商山棚户区改造等承诺的民生实事基本完成，全国航模公开赛、"我要上全运"半程马拉松等大型体育赛事在D县举行，《刘西有》《南山火种》等精品剧目好戏连台。坚持共建共治共享，更高水平的平安D县、法治D县建设不断深化，"七五"普法全面完成，扫黑除恶成效明显，安全生产监管有力，先后被评为全省法治政府建设示范县、全省信访工作先进县、全省扫黑除恶专项斗争先进县、省级食品安全示范县。

8.1.2 创新机遇

从发展大势看，百年变局催生奋楫勇进的新赛道。当今世界各种变局加速演进，"东升西降"成为大势所趋，国际国内"双循环"格局正在形成，新一轮科技和

产业革命浪潮迭起，群众对美好生活的追求正在从"有没有"向"好不好"跃升。大变局带来大变数，既潜伏着乱局之扰、困局之难，更孕育着布局之利、破局之机。

从政策环境看，战略叠加蕴含借梯登高的新机遇。国家统筹推进共建"一带一路"、新时代西部大开发，尤其是西十、西康高铁的加快建设，商洛融入西安、连接武汉、沟通重庆、衔接郑州的区位优势更加凸显，同时省委、省政府持续推进西安、商洛融合发展，为商丹借势借力、蓄能突围创造了有利条件。

从周边竞争看，区域角逐孕育强弱逆转的新风口。尽管商洛稳的态势在加固、进的力度在加大，但欠发达的基本市情没有变，"两新一重"建设仍有短板，产业集群化程度不高，营商环境、社会治理仍需不断提升。面对你追我赶、竞相发展的激烈态势，补短板就是挖潜力，缩差距就是拓空间，这为在经济下行压力下实现后发赶超赋予了光荣使命。

从比较优势看，自身禀赋蓄积撑杆起跳的新动能。"双碳"时代产业重构和转型发展是必然选择。随着生态产品价值实现机制试点工作的深入推进，后疫情时代康养需求的日益激增，"中国气候康养之都"等品牌效应蓄势正发，商洛的"绿水青山"将加速向"金山银山"转化。特别是共同富裕已成为时代最强音，广大干部群众追赶超越的愿望不断增强、干事创业的劲头日益高涨，这些必将激发出巨大的乘数效应，为商洛高质量发展注入新的澎湃动力。

从全国看，我国经济由高速增长阶段转向高质量发展阶段，正在加快构建"以国内大循环为主体、国内国际双循环相互促进"的新发展格局。创新是贯彻新发展理念、突破经济低迷困境的关键着力点，在现代化建设全局中处于核心地位。面对中华民族伟大复兴战略全局和世界百年未有之变局，要加快推动科技创新赋予新的动能。国家要求强化科技同经济对接、创新成果同产业对接、创新项目同现实生产力对接、研发人员创新劳动同其利益收入对接，严格知识产权保护，增强科技进步对经济发展的贡献度。须顺应大势开拓创新，坚持把创新摆在发展全局的核心位置，提升企业技术创新能力，激发人才创新活力，完善创新体制机制。2021年，D县被确定为乡村振兴国家重点帮扶县，国家大力实施乡村振兴战略，在政策、资金、人才、金融、用地、项目等方面将持续加大对贫困地区倾斜支持力度。

从全省看，陕西省正处在创新驱动和投资拉动并重的阶段，发展动力加速转换、发展空间拓展优化、发展思路更加清晰。省委、省政府提出努力建设创新体系健全、创新能力领先、创新机制高效、创新创业活跃、创新成效显著的西部创新高地，推动创新驱动发展走在全国前列的新目标，并制定了一系列具体举措。特别是秦创原作为全省创新驱动发展总平台，聚焦建设立体联动"孵化器"、科技成果产业化"加速器"和两链融合"促进器"三大目标，鼓励各市县在秦创原建设协同创新平台，协同打造具有鲜明特色和竞争力的高水平平台，为D县高质量开展创新工作提供了难得的发展机遇。

从全市看，"十四五"期间商洛将全面开启乡村振兴和建设社会主义现代化新征程。巩固拓展脱贫攻坚成果同乡村振兴有效衔接，打造"中国康养之都"、高质量发展转型区、生态文明示范区、营商环境最优区、市域治理创新区"一都四区"，大力发展"3＋N"产业集群，对加快创新驱动产业发展提出了更高要求。商洛市整体纳入《川陕革命老区振兴发展规划》《关中平原城市群发展规划》，"国家农产品质量安全市""中国气候康养之都""中国最佳康养休闲旅游市"等一批国字招牌的品牌效应，以及西十、西康高铁和丹宁、洛卢高速开工建设，生态、区位、资源、文化等潜能的有效释放，赋予了商洛千载难逢的发展机遇，市委、市政府坚持"稳中求进"工作总基调，坚持项目支撑，坚持守正创新，商洛迎来了加快发展的重要战略机遇期。在新的战略导向下，要充分发挥地处成渝、江汉、中原和西咸四大经济区中心的区位优势，要抢抓战略机遇，在主动融入"双循环"中竞进有为，持续提升城市位势能级。

从全县看，高速、国道、机场、动车等快速交通网络成型，生态、人文、区位、资源比较优势日益放大。D县第十九次党代会确定了打造中国康养名县，建设高质量发展先行区、现代产业聚集区、生态宜居示范区、营商环境最优区、社会治理创新区的"一县五区"思路目标，必将加速物流、人流、资金流、技术流集聚，后发优势巨大。D县要实现高质量发展目标，必须抢抓政策机遇，深入实施创新驱动发展战略，开辟发展新领域、新赛道，不断塑造发展新动能、新优势。

综上，D县应进一步抢抓国家"坚持创新驱动发展，全面塑造发展新优势"的战略机遇，坚持创新在D县现代化建设和高质量发展中的核心地位，深入实施创新驱动发展战略，在主导产业、现代农业、现代工业等重点领域打造全省创新驱动先锋示范，以创新驱动全面绿色高质量发展。

8.1.3 存在问题

D县经济总量小、工业基础薄弱、三产结构不合理、创新能力不足、抵御市场风险能力不强、技术资金等要素紧缺、城乡发展不平衡。受地理区位、经济基础、科技资源等因素制约，全县创新驱动发展能力不足。具体表现在以下方面：一是创新资源总量不足。县域内无高校、科研院所、省部级科研平台，缺乏创新活跃度较高的企业，全社会对科技创新投入总量不足。二是创新链产业链融合不够。科技创新未能围绕产业需求有针对性地开展，科技成果转化不足，支撑带动产业转型升级能力不够，产业结构有待优化，层次有待提升。三是创新生态不完善。创新要素聚集程度不够，创新创业氛围不浓，鼓励创新创业的市场环境和社会氛围仍需进一步培育。必须要强优势、补短板，统筹谋划、科学推进，聚焦重点、实现突破。

8.2 总体要求

8.2.1 指导思想

以习近平新时代中国特色社会主义思想为指导，深入学习贯彻党的二十大精神，全面贯彻习近平总书记来陕考察重要讲话、重要指示精神，立足新发展阶段、贯彻新发展理念、融入新发展格局，坚持创新在D县现代化建设和高质量发展中的核心地位，深入实施创新驱动发展战略。大力推进围绕产业链部署创新链，实现创新链、产业链深度融合，着力补链、延链、强链，服务以葡萄酒、文化旅游、中药康养三大主导产业为代表的"3＋3＋3"产业体系高质量发展。将D县建设成为创新资源有效聚集、创新活力不断迸发、创新创业日益活跃、创新成效持续增强的创新驱动县域经济发展示范县，早日实现"一县五区"发展目标，奋力谱写D县新时代高质量发展新篇章。

8.2.2 基本原则

（1）创新驱动，问题导向

紧扣发展中突出问题，坚持问题导向、目标导向。以创新驱动发展为根本路径，以科技、人才为核心动能，全力抓项目、强主体、建平台、优服务、促改革。集聚创新资源，加快由要素驱动向创新驱动转变，推动产业向高端化、绿色化、智能化、融合化方向发展。

（2）聚焦产业，突出特色

立足区域资源禀赋和产业基础，聚焦主导产业，坚持特色发展，培育新兴产业，布局未来产业，做优增量，调整存量，调结构、要质量，形成协同发展的现代产业体系。

（3）绿色引领，生态优先

认真践行"绿水青山就是金山银山"的理念，立足D县生态优势，努力当好秦岭生态卫士，加快培育绿色发展新动能，推进绿色化、低碳化、清洁化生产，促进生态产品价值转化,助推 D 县生态宜居示范区建设,建成中国康养名县。

(4)开放合作,协同创新

完善技术、人才、资本等创新要素市场化配置机制,在更大范围、更宽领域、更深层次推进苏陕创新合作及东西部协作,发挥企业创新合作主体作用,有效汇聚创新资源,全面提升开放创新水平。

(5)创新机制,激发活力

建立并完善创新激励机制,在政府引导创新的同时,突出企业创新主体地位,激发企业创新积极性。发挥市场在资源配置中的基础性作用,拓展新的市场空间,形成自由宽松、富有活力的良好创新环境。研究开发和推广应用新技术、新工艺,培育新的经济增长点。

8.2.3 建设定位

(1)创新发展打造中国康养名县

坚持创新驱动发展,推进产业集群化、城镇景区化、乡村山水化,医、养、游、体、药、食、研、教和运动、休闲等"健康+"产业融合发展,培育一批高科技健康核心产业和骨干创新企业。医疗服务体系布局合理、规模适度、层次分明、功能完善,持续提高公众健康素养水平。基础养老设施和基本养老服务功能全覆盖,满足公众全方位、全生命周期康养需求,使 D 县成为养身养心养智的秦岭健康养生优选地。

(2)创新发展建设新型"四区"

1)高质量发展先行区。制造业增加值占 GDP 比重、民间投资占固定资产投资比重大幅提升,县域经济结构不断优化,实现量的合理增长和质的稳步提升,主要经济指标增速高于全市平均水平,经济实力进入全市第一方阵。城乡居民人均可支配收入增速高于经济增速,达到全省平均水平。

2)现代产业聚集区。县域工业集中区各类要素充分集聚,产业链、供应链、创新链、资金链、人才链、制度链深度融合,实现"一区多园"联动发展。D 县葡萄酒、中药康养、文化旅游、现代工业、特色农业等产业特色化、集群化发展,形成"3+3+3"现代产业体系,产业市场竞争力和质量效益"双提升"。

3)生态宜居示范区。生态环境质量显著改善,人均绿地面积超过全省平均水平,人与自然和谐相处。区域板块功能布局科学合理,路、网、视、讯高效顺畅,供水、供电、供气安全可靠,公共服务均等化水平基本满足群众高品质生活需求,营造绿色共享空间、生态宜居高地,成为关中平原城市群的后花园、西部生态度假生活体验目的地。

4）营商环境最优区。"放管服"改革、要素配置机制、人才环境等领域改革纵深推进，成为全市审批事项最透明、环节最简、流程最优、办事效率最高的县，形成竞争有序的现代市场体系，打造法治化、国际化、便利化的营商环境。对外开放全方位扩大，交流合作领域地域更为宽广，市场主体、大众创业更具活力，招商引资资金到位率、项目履约率持续提升。

（3）创新驱动县域经济发展示范县

在省级"创新型示范县区"的建设基础上，以创建省级"创新驱动县域经济发展示范县"为抓手，加大创新驱动发展步伐，优化创新发展环境，加强创新创业载体建设，培育壮大创新主体，提高县域社会治理科技化水平，增强县域创新驱动发展动能，有效提升县域创新能力。发挥"双百工程"高校对口帮扶D县的政策优势，探索"县—校—业"合作机制和"一企一技术"创新推进机制，与对口帮扶高校建立长期、稳定的创新驱动合作机制，构建"特色产业创新链"，争创国家知识产权强县、科技成果转移转化示范县、创新型县。

8.2.4 主要目标

到2025年，D县产业布局更加优化，围绕"3+3+3"现代产业体系，建成较完整的创新链条，能够支撑引领产业链较快发展，培育若干具有较高技术创新水平和市场竞争力的产业集群。创新能力明显提高，创新创业环境明显改善，创新体系更加健全，创新要素配置更加高效，创新生态系统更加完善，创新驱动发展全面增强，综合实力和产业竞争力大幅提升。

（1）创新投入和产出稳步提升

到2025年，创新资源总量显著增加，结构和质量更加优化，全社会研究与开发费用（R&D）占国内生产总值（GDP）的0.1%以上，骨干企业研发投入强度超过0.5%，财政科技投入占地方财政支出比重逐年上升。

（2）创新驱动产业发展能力显著提升

产业技术创新体系持续优化，主导优势产业链创新链进一步完善，培育一批具有较强竞争力的高新技术企业和创新型企业，引领支撑"三大产业"和"3+3+3"现代产业体系发展。企业创新的主体能力显著增强，科技型中小企业和高新技术企业数量持续增长。

（3）创新平台载体建设进一步加强

提升高水平创新平台建设数量和质量。新创建企业技术中心、工程技术研究中心等科研开发机构5家以上，推动科技企业孵化器、众创空间建设，新增院士工作室、博士工作站、科技特派员工作站3家以上，支持企业建立重点实验室、研发中心、工程中心、技术中心，培育具有自主成立的技术转移、科技咨询、科技评估、专利代理、检验检测等中介服务机构，不断完善创新平台载体。

(4) 创新生态环境持续优化

建立健全以企业为主体、市场为导向、产学研结合的科技创新体系，深化苏陕创新协作、强化东西科技协作，创建省级农业科技园区，壮大科技人员"上山下乡"服务乡村振兴队伍，推广关键共性技术。对照任务清单逐条落实企业需求，强化政府服务支撑，进一步增强创新治理能力，完善创新政策体系，健全科技成果转移转化机制，完善创新创业生态，持续优化创新创业环境。

8.3 完善创新驱动产业体系

坚持经济生态化、生态经济化发展，继续深化供给侧结构性改革，围绕产业链部署创新链、围绕创新链布局产业链，聚焦"3＋3＋3"县域产业发展体系，加快推进D县葡萄酒、文化旅游、中药康养、食用菌、核桃、畜禽、新材料、电子信息、服装、现代家居等十大重点产业向高端化、智能化、绿色化、数字化方向发展，培育产业发展新动能，提升县域发展新势能。

8.3.1 科技赋能，推进葡萄酒产业量质并举

落实葡萄酒产业高质量发展实施意见，与西北农林科技大学共建葡萄酒产业实验基地，以壮大规模、优化品种、提升品质、丰富产品、延伸链条为突破口，努力打造国内知名的葡萄酒产业高地和红酒文化体验地。

(1) 优化种植品种

依托D县独特的葡萄适生区优势，引进适生酿酒葡萄品种5个以上，建设葡萄等果品种植资源圃，开展酿酒葡萄种质资源的收集保存和新品种选育、配套栽培技术试验示范以及种苗繁育方面的研究，在312国道沿线川塬地带发展优质葡萄种植基地1万亩以上，在宁夏等葡萄优生地发展域外葡萄种植基地2万亩以上，持续扩大种植规模，保障葡萄酒生产优质原料供给。

(2) 提高生产效能

以D县酒庄、安森曼酒庄、东凤酒庄等重点项目为依托，引进业内知名酿造设备、辅料加工、包装器材，以及葡萄衍生品深加工等全产业链企业入驻，推动全县葡萄酒产业规模化、标准化、创新化、市场化、持续化发展，使D县葡萄酒厂、东凤葡萄酒庄、安森曼葡萄酒庄等企业年总产能达到10万吨以上。

(3) 研发新型产品

推进校企合作共建，建设D县葡萄酒技术研究中心、检测检验中心，开发葡

萄汁、葡萄酒、利口酒、气泡酒等系列产品 10 种以上，打造以葡萄为主、小浆果（五味子、野葡萄）为辅的秦岭南麓葡萄酒康养之都、中国橡木桶之都、中国软木之都，提高 D 县葡萄酒品牌知名度，满足国内外中高端市场需求。

（4）延长产业链条

引进软木塞、容器、包装、印染等企业，搭建葡萄酒研发创新服务平台、综合交易服务平台，推动产、学、研、销全链条协同和三次产业融合发展。

8.3.2 数字推动，加快文化旅游三产融合

充分发挥文化旅游业综合性强、融合面广的特点，促进"文化旅游＋"发展，延伸产业链，扩大产业面，用好数字技术促进文旅产业创新发展，构建文化旅游产业新格局，着力打造"一带两区"（"一带"即商於古道旅游带，"两区"即商州城区人文生态游憩区、D 县商於古道文化景区）旅游发展格局。

（1）聚焦重点区域

依据自然风貌、人文环境、红色文化等资源禀赋，建设特色鲜明、功能完备、内涵丰富的乡村休闲旅游重点区。以商山古邑、龙驹古寨、武关古塞等商於古道节点景区，形成历史文化旅游精品线路；以丹江漂流、商山森林公园、桃花谷、鱼岭水寨、上运石等建设生态旅游景区，打造丹江百里生态文化旅游长廊；以鄂豫陕革命根据地为中心，建成王柏栋故居、留仙坪、庾家河、竹林关、马家坪、巩家湾等一批集现场感观、红色体验、研学旅行等于一体的红色旅游基地。

（2）发展数字文旅

实施全域旅游基础设施提升工程，推进"互联网＋旅游"，加快推进涉游场所免费 Wi-Fi、通信信号、视频监控全覆盖，主要旅游消费场所实现在线预订、网上支付，主要旅游景区实现智能导览、电子讲解、实时信息推送。推进智慧旅游大数据中心改造提升项目建设，加快建设咨询、导览、导游、导购、导航和分享评价等智能化旅游服务系统，以数字技术为文化产业创新发展赋能。

（3）业态融合发展

"文化旅游＋农业"。加快推进城乡统筹，将文化旅游业与农业进行融合发展，提高农业和文化旅游业的综合承接力，丰富农旅产业体系和产品体系，依托 D 县特色农业产业，建设农业示范园区、休闲观光农业和休闲农庄。完善提升高端民宿、星级酒店、汽车营地、主题公园和度假山庄等配套设施建设。

"文化旅游＋工业"。以 D 县葡萄酒百年品牌为核心，打造秦岭工业旅游基地。以产业融合为切入点，将文化旅游业与工业"跨界"融合开发，通过加强多元化竞争优势互补，提高现代化工业资源的利用率，同时向游客展现工业魅力。依

托 D 县葡萄酒厂、安森曼葡萄酒庄、东凤葡萄酒庄及十三坊等 D 县优势工业企业，建设葡萄酒加工、中草药保健品开发和工业园区观光等文化旅游产业。

"文化旅游＋康养"。发挥 D 县得天独厚的生态优势，打造一批康养旅游产品。依托四皓文化和商山森林公园，打造商山四皓康体养生基地，支持医疗、养老、养生等行业进入景区、酒店和民宿等，与文化旅游业有机结合，建设一批中医药保健、身体检查、养生护理、"候鸟"养老等专项特种旅游产品。

"文化旅游＋体育"。以飞行小镇和丹江漂流为核心，打造"水—陆—空"一体的秦岭运动基地。促进文化旅游与体育产业融合发展，鼓励开发山地越野、山地自行车、野外探险、户外露营、皮划艇、摩托艇等山地和水上运动旅游项目，建设一批体育旅游景区，开办具有地域特色、能带动旅游业的体育赛事。

8.3.3 医养融合，强化中药康养产业发展

持续巩固扩大生态、资源优势，抓好天麻、山茱萸等保健食品开发，做好药食同源认证，推动金山养老公寓建成投用，启动老年养护院、田园养老服务中心建设，协同发展"医、养、游、体、药、食"康养产业体系，培育壮大中药康养产业，着力打造"中国商山——华夏隐居康养第一山"和"中国康养之都最佳体验地"。

(1) 做好科技研发

支持集群与科研院校共建技术创新平台，推广"绿色、高质、高效"的技术模式，采用信息化技术、标准化控制等运营方式，提升数字化水平，构建畅通交易平台，实现资金流、产品流与信息流同步运转，培育出"秦药、商药"知名品牌。深入挖掘中药养生、疾病预防作用，开发天麻、山茱萸等系列保健品和药膳，以及茶菊、金银花等系列绿色食品和养生保健秘方。

(2) 推进医养融合

加强医疗资源整合，发挥县医院、县中医院的医养人才培养作用，用活用足气候资源，建成金山养老公寓、田园养老、中医养生休闲会所、鱼岭水寨旅居养老、商山养生谷、棣花温泉疗养等康养项目，推进医养融合发展。

(3) 加快协同发展

设立中药康养产业发展专项基金，发挥"指挥棒"和"蓄水池"作用。抓好区域敬老院、老年幸福院规范提升，加快智慧养老社区建设，开发"互联网＋老年健康"模式，实现线上线下一体化。发展集医疗、康复、护理、保健、养生、养老、体质监测、休闲健身运动等为一体的康养产业集群，完善医、养、康、产、研、教六位一体的全健康产业链，构建医中有养、养中有医、医养协同格局。

(4) 科学建设基地

优先发展道地药材标准化基地，以新雨丹中药材科技产业园、天麻产业园等企业为龙头，推进天麻、山茱萸等中药材品种选育、标准化和规模化种植基地建设。继续延用产业到户奖补措施，奖励支持村集体经济和企业签订合同、共建基地，开展种苗统育统供、病虫统防统治、肥料统配统施，监管标准、统一购销，实现"无公害、无硫黄加工、无黄曲霉超标，全过程可追溯"，不断扩大健康农业、养生农业、观光农业面积。

8.3.4 技术引领，促进现代农业提质增效

围绕建设秦岭特色农业示范区，推动农业产业特色化、品牌化发展，紧扣商洛市做优做强"菌果药畜茶酒"等特色优势产业要求，聚焦"食用菌、核桃、畜禽养殖"三大农业产业，保障粮食安全、扩大产业规模、培育优质产品，全链条发展食用菌、核桃、畜禽 3 大现代农业产业。以新雨丹等龙头企业的需求，发展农业产业，实行订单农业，解决农民的生产销售问题。

(1) 保障粮食稳定安全

落实"田长制"，用长牙齿的硬措施保护耕地，遏制耕地"非农化"、防止耕地"非粮化"。扎实开展撂荒地治理，建设高标准农田。加快良种良法配套、农机农艺融合，推广大豆玉米带状复合种植模式，确保粮食播种面积和产量稳定。健全农产品市场流通储备体系，提高粮食和重要农产品有效供给能力。

①强化技术应用。围绕粮食增收，筛选适宜品种，推广测土配方施肥、种子包衣、统防统治、精量半精量播种、机播机收、适期播种等高产稳产技术。监测预警粮食作物病虫害，落实草地贪夜蛾等重大疫情防控措施，保障粮食产量稳定。应用间作套种、轮作休耕、节水灌溉等新农艺措施，推广专用小麦、专用马铃薯等品种，提升粮食产品质量和效益。

②建设高标准农田。建设高标准农田 10 万亩，重点实施土地平整、田坎修复、灌溉渠道建设、排洪渠建设、农田防护、生态环境保持、生产道路、土壤改良、科技推广等建设内容，改善土壤质量，提高地力水平，方便耕作，亩均增产 100 公斤，实现藏粮于地。按照"谁受益、谁管护，谁使用、谁管护"的原则，落实以前年度已经成高标准农田设施管护责任，对农田设施进行检查维护，确保持续发挥效益。

(2) 创新食用菌产业发展

调整种植结构，重点开展菌种、菌棒工厂化生产，打造食用菌优质产品生产基地；积极推进食用菌电商发展，拓展销售渠道。实施食用菌产品分等分级，实

现食用菌企业化、工业化发展，推进产品研发和精深加工，大力发展食用菌衍生品、保健品等高附加值产品。调整产业链结构，建设菌种制作、基质生产、产品加工、仓储物流、包装销售、有机肥加工等上下游产业，延伸产业链条。提高产业综合产值达到10亿元。

①生产环节。以民乐、绿源等公司和盛夏食用菌、商山菌业、秦楚地菌业等合作社为主体，在武关、庚岭、峦庄、花瓶子、铁峪铺、土门、龙驹寨等镇（办）各建设一条"百万袋"食用菌生产线，推广以果树修剪枝为原料生产袋料技术，在商镇、龙驹寨、铁峪铺、峦庄等镇（办）各建设一个食用菌菌种厂，到2025年全县袋料香菇、木耳规模达到5000万袋，双孢菇、草菇产量达到1.2万吨。

②加工环节。以棣花茶房食用菌产业园区和秦岭绿色农产品加工基地为龙头，开展鲜菇、干菇、风味菇生产加工，形成西部鲜菇生产销售集散地。

③销售环节。建设民乐、华盛土畜、夏雨食品等公司食用菌加工出口基地，与中国浙江、福建、台湾以及韩国客商合作，统一销售出口全县食用菌产品。通过入驻南北知名农产品品牌店联展展销、展会推介、网络宣传等提高D县食用菌知名度和市场份额。

④利益联结机制。推广百万袋食用菌生产模式，推广"五统一分"（统一制作菌包、统一发菌、统一回收产品、统一销售、统一技术指标和分户出菇管理）经营模式，推行生产户加入合作社、保价回收、风险同担的"订单生产"销售模式，确保农户、合作社、企业三方效益，覆盖5000户依托食用菌产业增收。

(3) 科管赋能核桃产业

按照"适度规模、提高效益、做大市场、做强品牌"的发展思路，推进核桃产业由品种混杂向优质良种转变，由数量面积扩张向质量效益提升转变，由单家独户分散种植向大户企业集中经营转变，由经验型粗放管理向科学化精细生产转变，着力抓好优质核桃基地建设、产品研发、流通销售、品牌创建等全产业链发展，形成三产融合发展。

①加强科学管理。制定核桃科管标准，分解落实镇村包抓责任，着力在品种繁育、灾害防控、贮藏保鲜、采收加工等关键技术上下功夫，重点指导农户和各类市场主体开展以深翻改土、垦复扩盘、整形修剪、科学施肥、树干涂白、病虫防控为主的核桃综合科管措施。到2025年，完成全县"核桃路"和示范园的科管。

②发展规模经营。支持村集体经济、专业大户、家庭农场、企业等采取承包、租赁、托管、入股、领办等形式经营核桃基地，鼓励群众以土地、核桃园入股，优化生产要素，实现所有权、经营权、承包权分置，带动集约化经营。加快

农户核桃林地流转,集中采取嫁接和疏伐、降低病虫害的方式提高优良品种覆盖面积,完成红仁核桃调拨苗木与嫁接改造。到2025年,培育新型经营主体20家,完成红仁核桃改造建设5000亩。

③加强政策扶持。制定我县《核桃全产业链发展五年规划》,按照市上要求,继续设立核桃产业发展专项扶持基金,出台精准扶持三产融合发展奖补办法,做好核桃政策性保险服务工作,每年组织一场核桃产业政企银对接活动。

(4)生态环保绿色养殖

①肉鸡产业提质增效。依托陕西华茂牧业科技有限责任公司,按照"一线、两圈、三链条"(即十大板块生产线,标准化大棚基地养殖圈、散养鸡基地养殖圈,养殖基地链、加工链、销售链)的框架,实施肉鸡产业提质增效项目,肉鸡产业集群年产值达到10亿元。在生产环节,新建扩建网上标化棚50栋及现代化笼养层叠鸡舍20栋,配套建设10000平方米"发酵—晾晒—收集—防蝇"阳光板储粪棚和密闭发酵罐有机肥生产线,推行"八统一"管理的肉鸡标准化养殖"丹英模式"。在加工环节,新建扩建10万套种鸡场、1.2万只肉鸡屠宰线、1万吨熟食加工线、10万吨有机肥厂,实现亿只肉鸡产业化目标。在销售环节,完善现有订单养殖模式,发展"互联网+"电子商务营销,扩大网络营销规模。在利益联结机制方面,依托华茂牧业肉鸡生产全产业链的十大板块推行社员入股、保价回收、风险同担的订单生产。按照"公司+合作社+产业基地+农户"模式,带动全县1.5万人从事肉鸡生产。

②生猪产业更新换代。升级标准化种猪场和育肥场,恢复生猪产能达到31万头,更新屠宰加工、熟食加工生产线,开发冷鲜肉、卤肉等商品,生猪产业年产值达到20亿元。在生产环节,推进畜禽粪污资源化利用,严格落实畜禽禁限养区划,创建生猪生态养殖场,按照"一场一沼"配套建设养殖小区沼气和户用沼气,百头以上规模场配套率达到100%。在加工环节,严格落实畜禽定点屠宰和产地检疫制度,建设山水致诚肉类精深加工项目,建成屠宰加工生产线,延伸建设卤肉、腊肉等肉制品深加工生产线。在销售环节,健全生猪和肉制品物流体系,围绕食品安全和生物安全,开展非洲猪瘟等重大疫情防控。在利益联结机制方面,持续监测生猪养殖状况,实行推广良种、程序免疫、季节防疫、重大疫情联防联控等措施稳定生猪生产,宏观调控生猪供应,带动全县2000户在生猪产业链稳定增收。

③特色养殖创新发展。依托资源优势,发展蛋鸡、肉牛、肉羊、肉驴、蜜蜂、水产品等养殖基地,建设畜禽标准化育种场、扩繁场、育肥场,建设屠宰加

工、熟食加工生产线，开发冷鲜肉、卤肉、生态蛋、生态蜜、功能性食品等商品。在生产环节，标准化建设蛋鸡、肉牛、肉羊、肉驴养殖基地，配套建设储粪棚、有机肥加工或食用菌基质加工等粪污处理设施，建设蜜蜂养殖示范基地，同步推进化肥农药减量化使用和蜜源作物种植，建设冷水鱼、观赏鱼养殖场，开发多样化市场。在加工环节，形成绿色循环产业链条，建设山凹凹等公司鸡蛋分拣包装线、秦珠等公司蜂蜜灌装生产线等公司有机肥加工生产线。在销售环节，完善畜禽饲料保障供应链条，加强兽药等农资执法监管和绿色食品认证。创新利益联结机制，依托行业龙头企业和示范合作社，按照"企业（合作社）＋基地＋农户"模式，开展养殖示范和技术服务，形成产业体系，稳定增收。

（5）创新农业公共服务

①农技推广体系创新。持续推进基层农技体系改革，建设一支业务精、素质高、能吃苦的农技推广队伍，开展农业科技创新、科普宣传、政策宣传、技术示范、防疫检疫、技术培训、服务指导、宣传报道、品牌推介等公共服务；建设7个农业科技示范基地，开展粮、畜、菌、果、菜、茶、魔芋生产技术示范，组织农技员和农民实训，开展技术试验，推广应用主推技术。

②产品质量安全严控。以农产品质量安全检验检测为重点，构建县乡村农产品质量安全监管网格，强化"双随机"和"三前"环节抽样，开展鲜果蔬、活畜禽、鲜活水产品的农残、兽残抽检，年度检测合格率达到95%以上。以食用农产品合格证制度推广为抓手，建立生产者自我质量控制、开具合格证和质量安全承诺制度。在农业规模经营主体建立农产品质量安全追溯制度，实现覆盖率100%。

③农业面源污染防治。以化肥农药减量增效为重点，推广农作物绿色综合防控、测土配方施肥、有机肥替代化肥、轮作倒茬、休耕套种、果园生草、生物防虫、节水排涝等技术，开展技术示范，达到既能增产增收，又能减少化肥、农药施用量的目标。以秸秆综合利用为重点，推广秸秆还田技术建设高标准旱作节水农业基地，推广秸秆肥料化、饲料化、原料化，杜绝农作物秸秆田间焚烧，秸秆综合利用率提高到90%以上。以标准地膜普及使用为重点，推广使用厚度大于0.01毫米地膜和生物降解地膜，同时开展废旧农膜、农药包装废弃物回收利用指导。以发展循环产业为重点，建设有机肥加工厂和活性炭加工厂，合理利用木腐菌废菌包、草腐菌废菌料、畜禽粪便、农作物秸秆、核桃壳、果壳，循环利用变废为宝，增加农业产值。以推进农村清洁能源使用为重点，建设太阳能、沼气能利用示范点，推广节柴灶、燃气灶，移风易俗，打赢蓝天、碧水、青山、净土四大保卫战。

8.3.5 科技创新，推进工业产业转型升级

全力推动工业转型，以培优、壮大、做强为主攻方向，延伸产业链条，推进技术升级，加快工业企业结构调整、布局优化、动能转换、转型发展。坚持园区承载，出台土地、融资等方面支持政策，实施标准化厂房建设行动，完善水、电、路、气等设施配套，建设一批园中园、区中园，推动新材料、电子信息、服装、现代家居四大工业产业集中集约发展。

(1) 新材料产业创新发展

立足县域优势产业，以矿产资源为导向，以科技创新和自主研发为重点，着力建设技术密集型的新材料产业。依托现有尧柏水泥等龙头企业，大力发展铁资源开发产业链、钒及钒电池产业链、锑及锑化工产业链、铜资源开发产业链、石墨产业链及建材产业链共六大产业链。形成以先进储能材料、高性能纤维及复合材料、高性能金属结构材料为主，其他新兴材料为辅的新材料产业集聚区，新材料产业链条完善、集约发展，科技基础设施和技术创新能力进一步增强，循环经济发展良好。

①石墨产业。利用D县丰富的石墨资源，以高碳石墨为原料，在商丹园区商棣工业园建设氟化石墨和膨化石墨及石墨核电极、制造隔热保温材料（高档乳化石墨、石墨布、石墨盘根）项目。以生产高碳石墨剩下的低碳石墨或废渣为原料，在商棣工业园建设年产3万吨石墨炼钢保护渣项目。依托大型石墨矿山，大力发展中碳石墨、高碳石墨、氟化石墨和膨化石墨、石墨核电极、石墨隔热材料、石墨炼钢保护渣、石墨烯项目，使石墨资源实现开发规模化、产业精细化、利用综合化和产品高端化，延长产业链条，提升产品附加值和竞争力，以突破石墨烯加工关键性核心技术为着力点，推动全县石墨烯产业链条化、规模化、高端化发展，推进石墨深加工项目，生产高纯石墨、石墨烯、石墨烯橡胶轮胎、石墨烯高压输电线、石墨烯光伏产品等，努力打造全国石墨新材料高地。着力打造产值过百亿石墨烯产业集群。

②钢铁产业。依托区内铁资源，结合现已建成的宏岩矿业公司年产30万吨铁精粉项目为生产基础，新增铁矿采选、冶炼项目，拓展钢铁铸造加工，并结合钒生产，积极拓展钒铁合金、高钒钒铁等铁合金产品。构建"铁矿开采—钢铁冶炼锻造—钒铁合金生产"的产业链。利用D县资峪铁矿资源，扩建宏岩铁精粉项目；以宏岩铁尾矿为主要原料，在东河产业园等地分别建设微晶玻璃、墙体材料项目；利用D县等地铁精粉规模化生产的优势，依托陕钢集团，在资峪等地分别建设球团矿、海绵铁、直接还原法炼铁项目，并直接供给陕钢集团作为炼钢的原

材料；以优质型钢为部分原材料，在商棣工业园分别建设摆线针轮减速机、钢板孔网复合管材、保温防火板及彩钢板、汽保设备和太阳能光热设备项目，淘汰生产能力严重过剩项目和生产专业化程度低项目，积极拓展高附加值和高技术难度的品种，根据当前钢铁行业发展趋势，做大做强钢铁产业链。

③铜产业。发挥D县铜资源优势，以皇台矿业公司为支撑扩大铜矿开采规模，新增精炼铜生产项目，并拓展铜制工艺品等特色加工领域。构建"铜矿开采—精铜冶炼—铜制工业品生产"的产业链。支持建设铜材回收再利用项目，壮大上游铜矿开采及精炼铜供给，开拓下游高端产品市场，促进产业向高端深加工方向转型。

④锑产业。依托锑资源，扶持辰州锑矿，综合考虑当前锑系阻燃剂的良好市场前景，在发展锑矿采选业，生产精锑、氧化锑的基础上，进一步发展焦锑酸、硫化锑、三氧化二锑等锑化工生产项目。构建"锑矿开采—锑化工加工—锑系阻燃剂"的产业链。未来朝向高端锑化工产品，拓展培育高附加值的锑化工产业。

⑤钾长石产业。以D县储量丰富的钾长石为原料，采用中国地质大学等研发的技术，在D县建设硫酸钾、氧化铝、白炭黑及铁红3个项目，并以其废渣为原料生产建设2个轻质墙体材料项目。以金属镁为主要原材料，分别建设镁铝合金、镁锰合金项目。建设钾肥、氢氧化铝、白炭黑生产线及配套设施项目。

⑥新型建材产业。立足D县石灰石、石英石、花岗岩等矿产储量富集的优势，依托尧柏水泥等大型建材企业，在现有建材企业基础上，加大技术升级，发展新型建材。围绕商洛鑫圣源保温建材厂，建设防火保温板、干粉砂浆、彩钢夹芯板等项目。壮大传统建材生产规模，扩大水泥产能，循环利用尾矿、废渣，大力发展木塑复合材料、环保电线电缆、环保涂料、环保型包装及高科技注塑产品、新型复合板材、粉煤灰墙体材料、石头造纸开发、高密度纤维板、岩棉保温制品项目微晶玻璃、新型墙体板项目等新型建材产业。构建"传统建材（水泥、石板材、玻璃）+新型建材（建筑砌块、保温隔热材料）"的产业链。

(2) 电子信息产业升级换代

以天元电子为龙头，大力发展电子产品，发展壮大以天元线性电阻为主的电子产品制造，促进制动电阻、接地电阻、启动电阻的批量生产，以电阻、电子元器件和信息化为核心，重点发展新型电阻、电子元器件等板块，精心完善电子信息产业链条，聚力打造智能终端产业区。实现由元件到组件，由民品到军品的提升，把县内的常兴科技、荣盛电子、聚盛洋电子等厂家结为关联产业链，建设电子创新园，形成电子信息产业链。

①深化科技创新。加大电子信息产业发展引导资金对科技创新的扶持力度，采取以奖代补、贷款贴息等方式，鼓励引导电子信息企业科技进步和技术创新。一是鼓励企业申报省级和国家级企业技术研发中心。支持企业开展关键技术、共性技术的研发与服务，参与产业标准化制定；支持企业组建技术研究中心，推动企业开展"产、学、研"活动，建立自主创新支撑服务机制；支持电子信息产业技术研发、工业设计、品牌推广等专业化服务，引导科研成果产业化，提升企业技术创新能力。二是培育整机生产企业和品牌企业。着力引进整机及终端产品制造企业，鼓励企业利用现有的零部件制造优势，创新产品集成模式，实现从零部件制造、配件制造向整机制造，从低端制造向高端制造转型；扶持具有一定规模、优势的电子信息制造企业从贴牌生产、委托设计向拥有自主研发、自主品牌方向发展。三是推动电子信息企业转型升级。引导电子信息企业加快技术升级，实现向上游和高端转移，提升产品档次；鼓励企业进行产业结构调整，实现从劳动密集型向技术密集型转变。

②聚焦重点板块。围绕D县电子信息产业优势，明确新型电子元器件、连接线、通信终端设备、光电产业等板块开发方向。新型电子元器件板块重点发展高档片式元器件、敏感元器件及传感器、磁性材料及终端应用产品等。连接线板块重点发展数据线、专用设备连接线、医疗设备连接线等劳动密集型电子产业。通讯终端设备板块重点发展智能手机、拍照手机、整合MP3功能的音乐手机、视频手机、集多种功能于一身的高级智能手机。光电产业板块重点发展LED液晶显示器以及LED绿色照明产业链的中下游芯片封装以及绿色照明系统等产品，并扩充数字化汽车仪表、车载影音、车载导航系统等汽车电子产品。

③突出招大引优。立足现有电子信息产业基础，用好用活各类优惠政策，创新招商方式，积极开展产业链招商，鼓励企业"以商招商"。一是大力引进产业龙头项目。瞄准研发能力强、综合实力强的电子信息企业，加强衔接与沟通，吸引战略投资者到D县投资兴业。重点引进以生产智能家居、数码产品等为主的科技含量高、市场潜力大、产业带动能力强的智能终端产品制造龙头企业。二是大力引进产业链核项目。围绕产业链薄弱环节，按照"产业集群、企业集聚、土地集约"原则，积极推进产业园招商，吸引园内外龙头企业入驻园区兴建电子信息产业园，引进同类企业上下游配套项目入驻，推进项目壮链、增链、补链，发展壮大产业链核企业，加快打造产业集群。三是大力引进产业配套项目。注重引进金融、物流等服务于电子信息产业的配套项目，以及服务于电子信息产业的非产业链制造项目，不断降低企业生产成本，提升市场竞争

力,加速产业聚集。

④建设检测中心。规划建设电子信息产业检测中心,建立 EMC、安规、环境可靠性、能效及性能测试、环保检测等专业实验室,服务于天元电子信息产业的发展。通过建立检测中心,不断降低企业投资和创新成本,推动 D 县提高电子信息产品质量,转变经济增长方式,调整产业结构,推动品牌创新,以及继续引进龙头企业和壮大产业规模。

(3)服装产业优化改良

以高端化和品牌化为发展方向,以标准化厂房和新社区工厂为承载,以产业结构调整、优化升级为目标,推动纺织服装产业由规模扩张向创新驱动转变,由产业链低端向高端迈进。发展以鹤秦服饰为主的服装加工,扩大防护服、工作服、职业服、校服等功能服装生产,实现恩典服饰、盛丹服饰、凤发实业等企业联盟发展,把 D 县打造成西北功能服装生产基地、品牌服装鞋帽代工基地,形成服装加工产业链。

①吸引优质资源聚集。围绕"陕西省服装创新发展示范基地"这一特色定位,强化 D 县发展休闲服装产业的要素资源相对于东部沿海地区的绝对比较优势和相对于中西部地区及东南亚国家的相对比较优势。在充分挖掘现有企业内生动力做大做强现有企业的同时,进一步主动引导东部沿海地区服装产业资本、先进技术、中高端人才和先进的管理理念,以及市场订单向 D 县转移聚集。重点发挥先期入驻 D 县的优势企业在招商引资方面的带头示范作用,有效承接东部产业转移和全产业链式纵向横向配套转移,迅速形成规模效应,提升 D 县区域竞争比较优势,力争在"十四五"末将 D 县打造成为在行业内有影响力的中国休闲服装先进制造基地。

②建设服装设计研发平台。以实体物业为依托,建立设计研发中心,引进和成立一批设计机构,促进设计人才培训和服装设计产品交易。把重点企业的设计研发机构也纳入到政府公共服务平台建设范畴,给予政策扶持。

③建设质量检测平台。引进权威专业的检测机构;定期组织县域内的行业抽检;强化质量管理,定期举办标准、检测和企业内控的培训班。

④建设电子商务平台。由政府相关部门牵头,支持引导服装企业同国内知名高校及淘宝、京东积极合作开展电子商务公共平台建设,重点推动服装企业与第三方专业电子商务机构共同合作拓展国内外市场。加快建立完善发展评价体系,提升电子商务对于服装产业发展的支撑作用。制定政策对于有创业意愿的人员给予鼓励,行业协会出面帮助组织货源,政府负责培训和提供场地。

(4)现代家居产业智能转型

以大力推动现代家居产业向品牌化、标准化、规模化、产业化发展,加强重点领域创新突破,加快供给侧结构性改革,推动产业绿色低碳转型发展,加快培育产业集群。立足县域优势产业,以矿产资源为导向,以科技创新和自主研发为重点,着力建设高质量现代家居产业。在西部生态智能家居一期、二期项目的基础上,规划延链、补链项目,建设西部生态智能家居产业园三期项目(高端智能门窗生产项目),主要建设智能终端、智能门窗控制系统、智能门窗等,生产具备自动防盗、防劫、报警系统技术的门窗,并能通过智能终端控制门窗的开合。全力打造西部生产智能家居产业园,建设板式家具、红木家具、智能五金配件、全屋定制、智能门窗等为主的综合性产业集群。

8.4 强化创新驱动支撑体系

以全面支撑主导产业全产业链创新驱动发展为目标,构建以龙头企业及科技型、创新型企业为主体,高水准、多形式的科技转化服务平台为载体,高水平、高影响力的科技创新人才为引领,符合县情、灵活多样的创新创业环境为保障的创新驱动支撑体系。

8.4.1 支撑企业创新发展

强化企业创新主体地位,促进科技创新要素向企业集聚,充分发挥企业在创新驱动中的主体作用,进一步加大高新技术企业、科技领军企业及科技型中小微企业的引培力度,全面激发各主体在创新链不同环节的重要功能,夯实创新发展基础,提升自主创新能力,打造以高新技术企业为引领、一流创新型企业为带动、创新型中小企业为支撑的创新主体体系,以创新催生发展新动能,引领经济高质量发展。

(1)加快培育发展高新技术企业

建立健全国家高新技术企业培育机制,按初创期、成长期和成熟期企业进行分类培育。针对知识产权、研发费用等薄弱环节"一企一策"给予针对性指导,形成"储备一批、培育一批、成长一批"的高新技术企业培育机制。实施高新技术企业后备培育计划。定期遴选符合产业发展方向、创新基础好、有发展潜力的科技型企业入库,对入库培育企业实行动态管理、跟踪服务,壮大高新技术企业总量规模,积极推荐优秀企业进入全省高新技术企业培育名单。全面落实高新技术企业认定分类奖补、科技型中小企业研发费用加计扣除、高新技术企业科技保险等奖补政策,引导高新技术企业加大研发投入,助推高新技术产业加快发展、实现国家高新技术企业培增计划。

(2) 提升科技领军企业创新能力

鼓励和引导企业加大研发投入，建立企业为主体、市场为导向、"产、学、研"相结合的技术创新体系。实施领军企业推进计划，发挥大型企业创新骨干作用，增强其整合利用创新资源的能力。围绕"3+3+3"县域产业发展体系，聚焦十大重点产业链，遴选一批拥有核心技术、竞争力强的科技型企业，从科技攻关、研发平台、人才引进、品牌建设、上市融资等方面予以全方位支持。鼓励科技领军企业联合高校院所、上下游企业组建体系化、任务型的创新联合体。实施"专精特新"中小企业培育工程，培育一批拥有自主知识产权、创新能力强的"专精特新""小巨人"等企业。支持一批科技含量高、成长性好的企业做优做强，培育打造行业单打冠军、隐形冠军和潜在冠军。

(3) 发展科技型中小微企业

完善中小微科技型企业创新服务体系，实行公平统一的市场监管制度，在市场准入、审批许可、招标投标等方面为中小微科技型企业营造公平竞争环境。支持科研要素和创新资源向中小企业开放共享，鼓励符合条件的财政资金支持形成的科技成果许可给中小微科技型企业使用。强化政策引导，加速培育科技型中小微企业，鼓励科技型企业发展，鼓励科技人员向科技型初创企业流动，支持大中型企业孵化创新型初创企业，鼓励传统型中小企业向科技型中小企业转变。落实企业加大研发投入分类补助、投入基础研究税收优惠等政策，加强对首台、套重大技术装备的政策扶持，引导企业持续加大研发、技改投入，推动科技型中小微企业成长为技术创新重要发源地。

8.4.2 建设产业创新载体

(1) 强化园区龙头带动

加大产业园区建设力度，加快园区的基础设施和公共服务平台建设，提高园区投资强度，增强园区承载力和对区域发展的带动力。到2025年，县域工业集中区入园企业达到120户，实现工业总产值135亿元。

①加强特色产业园区建设。依托园区优势，错位发展，重点建设六大产业园区。形成以石墨和碳酸钙为主的现代材料产业园，以天麻、山茱萸深加工为重点的现代中药产业园，以D县通用机场为核心的通用航空产业园，以华茂牧业、夏雨食品等为主的农产品加工产业园，以水木森生态智能家具加工、德木源红木家具加工为主的生态智能家居产业园，以天元电子、常兴科技等电子产品为主的电子产业园。

②完善园区基础设施。加快完善水、电、路、气、讯、环保、仓储物流、标准化厂房等配套基础设施，加快实现"七通一平"，在商镇工业集中区加快北坪现代材料产业园道路、给排水、标准厂房建设，推动要素向园区集中、企业向园区集聚、政策向园区倾斜、人才向园区流动，提升园区承载功能和发展能级。

③创新园区服务要素。理顺园区的发展体制，激发园区发展活力。建设智慧网络、金融服务、现代物流、人才培养等专业化第三方服务平台。在资金、土地等要素向园区倾斜，在企业发展的同时，促进农民到二三产业就业，打造工业农业城镇乡村一体化发展的示范区。鼓励园区构建政府、社会组织、中介机构和企业共同参与的多元化公共服务体系，打造现代园区。

(2) 高水准建设创新研发平台

依托"秦创原"平台，与"双百工程"对口支援高校商洛学院加强合作，强化科研平台对科技创新和产业发展的基础性支撑作用。围绕"3+3+3"产业体系及十条重点产业链发展，支持以骨干企业为主体，联合高等院校、科研院所加快建设一批重点实验室、技术创新中心、院士工作站、协同创新中心等新型研发平台。重点和西北农林科技大学共建葡萄酒产业实验基地；与陕西理工大学建立石墨烯基础与应用研究所，创建D县石墨烯谷；建设西安电子科技大学环秦岭农业多光谱大数据重点实验室和实验基地；建设与南京农业大学合作的新雨丹中药材研发中心；与商洛学院合作共建高层次人才服务D县博士工作站。鼓励企业通过合作研究、技术引进等途径，积极与行业协会、高校、科研院所及同行企业开展技术创新开发合作，通过契约形式建立长期、稳定、制度化的利益机制，构建"产、学、研"合作战略联盟、产业技术创新战略联盟，形成联合开发、优势互补、利益共享、风险共担的产学研合作新机制。到2025年，每条产业链至少建成2个高水准研发平台，为全县产业科技创新高地建设提供有力载体支撑。

(3) 组建产业技术创新联盟

聚焦"3+3+3"产业体系发展和十大产业链培育，支持本地行业龙头骨干企业、新型研发机构牵头，与产业链上下游企业、省内外相关领域优势高校院所等联合组建一批规模大、实力强、带动作用显著的实体化产业技术创新联盟，在秦创原（商洛）创新促进中心的统筹下，共同建立公共技术平台，开展技术合作、联合培养人才、促进成果转化和"产、学、研"深度融合等，精准把握企业创新需求，融入企业项目研发，提高产业整体竞争力。依托本地企业建设陕西省新材料产业技术创新联盟、陕西省大健康产业技术创新联盟等具有商洛特色的产业技术创新联盟。设立产业技术创新战略联盟联络组，探索实体化运营模式，设置联盟成员单位。纳入排除机制，对纳入单位进行备案管理，保证纳入单位性质多元化、发展多方向。定期对联盟活动进行评估，跟进联盟发展，探索联盟运行的长效机制。

(4) 推动双创平台扩容提质

完善全链条创业孵化体系，强化双创载体的绩效评价机制，优化众创空间专项资金管理办法，推进载体向专业化、品牌化、国际化方向发展。支持骨干龙头企业、科研院所、科技型企业等围绕优势细分领域建设平台型、专业化众创空间、孵化器等创业载体，提供更高端、更具专业特色和定制化的增值服务，形成科技企业孵化器示范品牌。鼓励各类孵化器开放共享投融资服务、人才服务、公共技术服务和创业导师等创业孵化平台资源。大力发展"硅巷经济"，挖掘低效载体、低效用地潜力，按照城市更新的思路，推动一批老厂房改造，重点推动在楼宇、厂房嵌入式打造一批集创新创业、文化创意、生活社交等功能于一体的"都市微智造基地"。强化以应用场景为引领的创新创业，鼓励有条件的科技创业载体跟踪人工智能、区块链、智能联网、无人驾驶、5G通信等前沿技术动态，加强未来产业创新场景供给，探索新模式、新产业和新业态。到2025年，力争创建省级科技企业孵化器1家，省级众创空间1家，省级以上"星创天地"1家，孵化绩效优良率高于全市平均水平。

(5) 加速融入西商科技创新共同体

抢抓西安—商洛融合发展的战略机遇，打造西商产业转移承接重要基地。以建设商洛市城市副中心为契机，立足全县产业基础和资源禀赋，引导和支持企业、高校和科研机构积极参与西商区域创新合作，联手开展"产、学、研"合作、科技项目攻关、技术标准制定、科技成果转化、高层次人才交流等活动，引导科研机构、仪器设备、研发基地对D县开放共享创新资源，促进科技创新和产业转型紧密结合，进一步推动科技成果向D县转移转化。推动D县"3+3+3"产业体系与西安六大支柱产业精准对接，加强合作、协同创新，推动产业融合互补，共建西商"生产圈"；着眼康养旅居协作，完善城际交通体系，共建西商"生活圈"；着眼共保共享，携手保护秦岭生态，共建西商"生态圈"，不断推动西商融合发展取得新突破。

8.4.3 壮大创新人才队伍

聚焦打造"一县五区"目标，围绕"3+3+3"产业格局和十大产业链布局创新链。发挥科技人才、高技能人才、专业技术人才的示范引领、技术推广、科技攻关、成果转化作用，引导返乡创业人员、退役军人、高校毕业生等创新创业，引进一批在产业领域具有较强影响力的专业人才，打造一批功能多样、产业集聚、设施完善的创新创业平台，培育一批产业集群带动能力强的科技型企业，推动产业链与人才链、创新链深度融合，全力助推高质量发展。

(1)搭起领导干部联系人才"连心桥"

制定《关于进一步加强领导联系服务专家人才工作的实施意见》，帮助优秀人才解决工作和生活中的困难和问题，让联系帮带县级领导架好桥梁，通过言传、手帮、身教等形式，拓宽人才建言献策渠道，优化人才干事创业环境，充分调动广大人才的积极性和创造性。

(2)借力科技特派团跑出发展"加速度"

以中央向D县选派科技特派团为契机，着力围绕葡萄酒、肉鸡、核桃、食用菌产业，培训指导与"一对一""一对多"结对帮带等方式传授技术知识，筛选适于本地的葡萄、核桃、食用菌等主栽品种6~9个，培育产业指导员30名、农村创业创新人才300名。

(3)在乡村振兴一线吹响人才"集结号"

打好引凤归巢"乡情牌"，发挥能动性，主动联系在外的能人乡贤，建立在能人乡贤信息库，聘请50名"荣誉村党组织书记、荣誉村主任"，吸引100名在外创业成功人士投身家乡建设。发挥10个人才服务团作用，实行"工作团＋村(社区)＋产业""人才＋农户＋培训"帮带模式，集中人力、物力、财力，为各类人才服务一线、发挥才干、建功立业搭建平台。

(4)围绕"四个一"当好服务人才的"店小二"

常态化开展日常联系暖心关怀措施，县上一季度开展一次专题活动、行业部门一个月组织一次人才学习交流、部门负责人一个月进行一次谈心谈话、部门联系领导一周要进行走访，通过活动的开展更好地营造育才、尊才、爱才氛围。

(5)打好激发人才创新创业活力"组合拳"

落实全市"三百四千"工程奋力追赶超越行动，出台《D县柔性引才支持奖励办法》，进一步加大对企事业单位、合作社、产业链对人才引进的支持力度，吸引县域外高层次人才通过顾问指导、短期兼职、结对帮扶、项目合作、联合攻关等，助力我县经济发展。

(6)厚植沃土激活乡土人才培养"新引擎"

开展全县农村实用人才摸底工作，在全县12个镇(办)分别建立人才驿站，加强对乡土人才、职业经理人、职业农民等各类人才的培训培育，提高农民增收致富能力。结合乡村振兴战略，培育乡村振兴新生力量，鼓励一批具有"电商"

"养殖""种植"等经验的人才，积极投身现代农业、农村电商、乡村休闲旅游等农村新型经济业态。

(7) 筑巢引凤打造创新创业人才"新高地"

积极对接"秦创原"创新驱动平台，共建中天禹辰航空智能科技等博士工作站 6 个、建设葡萄酒酿造等重点实验室 2 个。以点带面，打造创新创业人才"新高地"。

(8) "双链"融合赋能高质量发展"新动能"

紧扣全县"3＋3＋3"产业集群发展的总体布局，围绕"产业链"与"人才链"融合发展的思路，引进培养一批专业人才，发展壮大一批目标产业，真正实现人才集聚与产业发展的"同频共振"。

(9) 强化保障营造人才发展"新生态"

为优秀人才发放"D 县英才卡"，建立人才就医、子女入学等协调机制，提供人才子女学位和人才家属医疗服务保障能力，配售配租一批产业人才共有产权房、人才公寓，及时处理解决人才生活和创业过程中"急难愁盼"的问题。

(10) 树立尊重知识尊重人才"新风尚"

全面做好优秀拔尖人才评选表彰工作，分行业、分领域培育评选一批教育名师、名医、文化名人等优秀人才，大力宣传优秀人才为党和人民事业作出的突出贡献，加大在优秀人才中发展党员的力度，注重从优秀人才中推荐"两代表一委员"，使优秀人才在政治上有荣誉、社会上有地位。

8.4.4 优化创新创业环境

建立健全科技创新和产业化发展的服务体系，推动形成线上线下结合、"产、学、研、用"协同、大中小企业融合的创新创业格局，为加快培育发展新动能、实现更充分就业和经济高质量发展提供坚实保障，构筑形成全功能多层次的创新生态环境。

(1) 实施知识产权战略

积极落实科技重大专项和科技计划项目管理部门、项目承担单位等知识产权管理职责，明确责任主体，强化科技创新知识产权管理。强化企业知识产权创造主体地位，引导龙头企业在关键技术领域和重点产业积极实施高价值专利培育计划和商标品牌战略。把专利申请、专利授权、专利成果实现应用和转化，作为科技创新的一项重要抓手，把专利申请和鼓励转化放在优先地位，激励技术总结、提炼和创新应用，实施人才引领、创新驱动、品牌经营等策略，提升对产业发展的支持能力。营造激励创新的市场环境，加强知识产权保护、知识产权激励、知识产权宣传，加快社会信用体系建设。

(2) 推动科技金融结合

聚焦重大项目、先进制造业、绿色转型、中小微企业、"三农"等重点领域，强化金融业态、服务、产品创新，推动金融赋能产业发展。搭建银政企对接平台，破解企业融资难题，构建多层次金融支持服务体系，积极引进各类金融机构，为产业发展提供优质高效的金融服务。重点引进全国性股份制银行、有特色的城商行以及有实力的证券、期货、保险机构来D县设立分支机构。建设集创业投资、科技贷款、融资担保、科技保险、基金募集和管理等业务于一体的科技创业投融资体系。面向科创企业，精准推出"信易贷""成长贷"等科技金融产品，推进创新贷风险池资金支持高科技企业融资。建立容错机制，提供宽容失败的金融服务，鼓励金融机构适当提高对科技型中小企业不良贷款比率的容忍度，实行差异化信贷管理。

(3) 促进科技惠及民生

聚焦公共安全、食品安全、民生保障、生态环境、智慧城市等社会发展重点领域，鼓励企业创建创新联合体，强化与西安以及南京的科技创新衔接，畅通共性技术的交流渠道，加快共性技术的成果开放与共享。开展环境污染监控技术攻关，重点加大丹江生态治理力度。加强重点行业清洁生产、工业企业提标治理和园区循环化改造，加快绿色技术创新和应用，助力碳达峰，率先实现碳中和。以提供全方位全周期健康服务为导向，加强医药和医疗器械技术攻关、公共防疫技术攻关、人口健康技术攻关等，着力提升D县重大慢性疾病、重大传染病防治水平以及危重病救治能力。围绕城镇功能品质提升、建筑产业升级、绿色低碳健康发展的需求，聚焦5G、人工智能、大数据、物联网、新材料等核心技术在城市治理、绿色生态建筑、体育文旅、文物保护等领域的深度融合应用。

(4) 营造创新文化氛围

进一步强化尊重劳动、尊重知识、尊重人才、尊重创造的价值导向，加快形成崇尚创新、宽容失败、支持探索、鼓励冒尖的创新氛围。大力弘扬科学家精神，勉励广大科学家和科技工作者在科技自立自强上勇当开路先锋，激发青少年科学兴趣和创新思维，引领全社会形成崇尚科学、热爱科学的良好氛围。实施重点人群科学素质提升行动，开展创新大赛、机器人竞赛、中学生英才计划、高校科学营、百名专家乡村学堂讲科普等活动。加快科普基础设施建设，提高科普基础能力和水平，拓展科技活动空间。实施重点人群科学素质提升行动，利用"科技活动周""全国科普日"等重要节点，开展"科普讲解大赛"等活动，提高公民基本科学素质。引导科普教育进校园、进农村、进社区，推进全域科普教育，提高全民科学素养。

8.4.5 积极发展数字经济

把数字经济作为推动产业转型升级的新动力，围绕特色农业、现代工业、现代服务业等领域，加快产业数字化进程，不断催生新业态、新模式，实现互促共进、联动发展的良性循环，促进D县数字经济高质量发展。

（1）夯实数字经济发展基础

建设"云端D县"，建成覆盖城乡、服务便捷、高速畅通、技术先进的网络基础设施，加快5G、云计算等新一代信息基础设施建设，加快智慧城市发展，完善城区及乡村信息化基础设施。到2025年新建5G基站300个，实现城区5G无缝全覆盖，行政村基本覆盖。

（2）大力推进产业数字化发展

推进大数据中心、特色产业数据中心等项目建设，抓好数字化、网络化、智能化改造，促进人工智能与实体经济融合发展，重点提升尧柏水泥、电商产业孵化园等企业的信息化、数字化应用能力和水平。建设生态监测数据平台与发布平台、智慧旅游大数据分析平台和应急指挥平台，全力推进数字经济实现新的突破。

（3）构建数字经济生态新体系

发挥好各类平台的资源链接和集聚作用，着力构建D县数字经济发展的技术生态、产品生态和产业生态，实现企业共赢发展。培育数据市场，实现数据资源化、资产化、资本化，以数据资源价值挖掘激发经济新活力。推动特色农业、现代工业、现代服务业等领域信息平台建设，鼓励平台企业与实体企业深化合作，推进线上线下联动、跨界业务融合，引导企业积极探索互联网服务新业态、新模式。

8.5 进度安排

集中利用三年时间，分期实施三个阶段工作任务。2023年筹备创新驱动试点建设工作，2024年全面启动创新驱动试点建设工作，2025年对试点建设工作进行完善提升。

8.5.1 筹备启动阶段（2023年）

成立D县创新驱动试点建设工作领导小组，对全县创新驱动试点建设工作进行全面领导。明确创新驱动试点建设的主要目标、重点任务及行动等，细化专项建设资金使用。设立专家咨询委员会，为 D 县创新驱动试点建设提供咨询和意见。制订 D 县创新驱动试点建设年度工作计划，分阶段部署创新驱动试点建设。

8.5.2 整体推进阶段（2024 年）

按照创新驱动试点建设年度工作计划，以完善创新驱动产业体系为核心，以强化创新驱动支撑体系为重点，统筹布局创新驱动重点实施项目，全面开展试点建设工作。试点建设期间，充分发挥 D 县科技资源统筹优势，在分领域创新驱动方面，争取做出亮点、做出特色。

8.5.3 完善提升阶段（2025 年）

根据试点建设情况，通过开展目标完成情况自查、整体效果评估，进一步推进经验总结，并制订下一步工作计划，编制《创新驱动试点建设巩固提升和中长期推进方案》。

8.6 保障措施

8.6.1 加强组织领导

成立由县长担任组长，县委、县政府分管领导任副组长，各镇办、县委办、政府办等部门主要负责人为成员的 D 县创新驱动试点建设工作领导小组，负责创新驱动试点建设工作的组织领导、督促协调和量化考核等工作。领导小组下设办公室（设在县发改局），承担领导小组日常工作，负责试点工作的总体安排、统筹协调、整体推进、督促落实。领导小组定期召开关于试点建设工作会议，及时解决建设过程中的问题。

8.6.2 完善政策支撑

结合中央和省市有关科技创新的法律、法规、政策、办法，进一步完善鼓励和支持自主创新的财政税收、产业技术、政府采购、人才引进、扩大科技合作与交流等优惠政策。制定科技招商政策和科技人员奖励政策，重点奖励在实施科技成果转化和专利产业化中做出突出贡献的创造者、实施者，以及在科技创新创建国家、省名牌产品和国家驰名商标、省著名商标过程中做出突出贡献的技术团队和个人。

8.6.3 强化资金保障

根据"3＋3＋3"产业体系基础和资源禀赋列出三年科技需求清单，提出可培育的优势主导产品、品牌和阶段实施目标，与部、省、市对接，赢得各级重点支持。成立D县创新驱动研发资金，激发企业创新活力，促进产业链条不断延伸。加强创业投资和风险投资体系建设，鼓励和引导金融资本、民间资本进入高新技术投资领域，逐步完善激励政策体系，通过多种政策手段，降低科技投入风险，激励企业、个人和科技风险投资机构不断增加投入，提高投资回报率。加大专项资金和配套资金投入力度，健全完善资金发放、使用、监管、效果评价办法，提高资金保障程度和使用效益。

8.6.4 加强监督考核

明确各部门在创新驱动试点建设工作中的目标责任和重点任务，将创新驱动试点建设工作纳入对各级领导干部考评体系，并将考评结果作为干部选拔任用的重要依据。同时，将其纳入县政府对各有关部门、镇（办）目标责任考评体系，进行量化评价。通过月调度、季分析、年度总结的方式加强对各部门目标任务落实情况的跟踪检查，对落实目标任务存在的突出问题进行重点督查，确保创新驱动试点建设目标实现。

8.6.5 强化舆论宣传

通过定期培训、各类技术交流和大型文体活动，加大对创新驱动发展工作的宣传，加强对创业模范人物、典型企业、高端人才、重大科技成果以及发明专利的宣传奖励力度。积聚一批具有"锐意创新、勇于探索、开放合作、敬业敬职、执著不挠、回报社会"的人才在D县创新创业，大力营造"鼓励创新、宽容失败"的创新氛围和创新文化理念，提升创新创业活力。

8.7 D县创新驱动重点项目

D县创新驱动试点建设重点项目总共54个，主要分为D县葡萄酒、文化旅游、中药康养、食用菌、核桃、畜禽、新材料、电子信息、服装、现代家居十大重点产业项目，总投资约162.026亿元。其中葡萄酒产业项目2项，总投资8.97亿元；文化旅游类产业项目8项，总投资24.1亿元；中药康养类项目8项，总投资23.45亿元；现代农业类（食用菌产业、核桃产业、畜禽产业）项目10项，总投15.3886亿元；现代工业类（新材料产业、电子信息产业、服装产业、现代家居产业）项目26项，总投资90.1174亿元。具体情况见表8-1。

表 8-1　D 县创新驱动试点建设重点项目

序号	项目名称	建设内容	建设时间	投资估算（万元）	责任单位
项目合计 54 项，投资 162.026 亿元					
一、葡萄酒产业发展重点项目 2 项，投资 8.97 亿元					
1	万亩葡萄种植示范基地项目	县域内发展葡萄种植基地 1 万亩以上。开展酿酒葡萄种质资源的收集保存和新品种选育、配套栽培技术试验示范以及种苗繁育方面的研究；发展绿色种植技术，打造葡萄种植科技示范基地	2022~2024 年	30000	县农业农村局
2	D 县葡萄酒城项目	建设百年葡萄酒文化展示长廊、葡萄酒博物馆、地下酒窖、红酒俱乐部、红酒博览会、红酒会所、红酒吧等集红酒展示、窖藏、消费体验、文化交流、商务接待为一体的 D 县葡萄酒城。按照三个板块进行规划，总占地 113 亩，总建筑面积 199049 平方米，其中商业板块占地 42.8 亩，建筑面积 46549 平方米；住宅板块占地 49.3 亩，建筑面积 117000 平方米；行政板块占地 20.9 亩，建筑面积 35500 平方米，停车位 1100 个	2022~2025 年	59700	县建发集团
二、文化旅游产业发展重点项目 8 项，投资 24.1 亿元					
3	鱼岭水寨山水田园综合体二期项目	以"鱼岭水寨"为中心，主要建设餐饮住宿区、休闲观光区、坝下体验参与区、水上娱乐区、休闲度假区等设施	2022~2024 年	30000	县水利局

续表

序号	项目名称	建设内容	建设时间	投资估算（万元）	责任单位
4	两馆一院一中心建设项目	新建县文化馆4500平方米、图书馆5000平方米、群众剧院5200平方米、县游客集散中心3000平方米	2022~2023年	18000	县文旅局
5	丹江漂流提升项目	建设沿河景观、堤防、景区内道路、游步道、景观吊桥，修复望江楼、篝火晚会场、假日酒店、管网等水毁设施；整治漂流河道，修复水毁橡皮坝、漂流溢洪道，恢复湿地，营造芦苇荡、花海；改造旅游厕所、人工湖等设施，完成4A景区创建	2022~2023年	5000	县文旅局
6	棣花三产融合示范园项目	建设综合服务中心1800平方米、花卉苗木繁育中心3000平方米、智慧农业体验馆3000平方米；建设发酵、贮藏、制酒、罐装生产线，贮酒能力达5万吨以上	2022~2023年	59000	县建发集团 县农业农村局 县文旅局
7	棣花川道里·古村落项目	占地900亩，主要建设川道里休闲街、两岭村民宿集群、有机生活社区、川道里剧场、有机餐吧、水疗院、有机农产品超市、自然学院、川道里度假酒店、乡创设计师工作室、露天汤苑、非遗学院、村史馆、乡村艺术写生基地、红酒舞厅、户外运动健身中心、独栋小汤院、帐篷营地、我的院子、水岸原舍等	2023~2026年	100000	商於古道办

续表

序号	项目名称	建设内容	建设时间	投资估算（万元）	责任单位
8	携程农庄项目	占地430亩，一期建设度假农庄核心住宿区约2万平方米、配套区约3.5万平方米；二期主要建设湖边小院、会议室、亲子书院、青年公寓、艺术中心、商业中心、360湖边咖啡小屋、共享草坪、接待中心、阿尔山款客房、XC028款客房、XK070款客房、乡愁款双拼客房等	2023~2025年	25000	商於古道办
9	庾岭镇红色革命遗址保护工程二期项目	新建红军文化广场及附属工程约4885平方米，新建公共厕所约170平方米一个，安装红军路沿线路灯约55盏，新建教育基地，实施街坊村民居环境整治，新建民宿、农家乐及实景演义场地	2023~2025年	2000	庾岭镇
10	棣花景区丹江河引水工程项目	铺设商丹界巩家河至景区丽呈别院酒店引水管道4000米，配套建设拦砂坝、沉淀池及涵洞等	2023年	2000	商於古道办
三、中药康养产业发展重点项目8项，投资23.45亿元					
11	金山康养度假区项目（金山康养产业园）	建设居家和社会康养社区8万平方米，续建金山养老公寓文化娱乐中心、体育健身中心，建成大国医堂，开发金山旅游度假、高端康养、普惠养老和社会养老串珠式康养业态	2023~2026年	112000	县民政局
12	新雨丹中药科技产业园二期项目	建设中药材深加工、颗粒、制剂、饮片等生产线及智能化晾晒场，建设秦岭中药材数字中心	2022~2023年	65000	县域工业集中区管委会
13	D县老年养护院建设项目	占地19亩，总建筑面积21000平方米，设置床位420张，完善相关配套设施	2022~2023年	6300	县民政局

续表

序号	项目名称	建设内容	建设时间	投资估算（万元）	责任单位
14	D县田园养老服务中心项目	一期建设公寓楼、餐厅、老年活动室等用房13000平方米；二期建设康养医院5000平方米及配套设施设备	2022～2023年	11000	县民政局
15	D县商山红莲康体养生养老产业园项目	建设养老公寓、庭院养老生活区、疗养中心、文化娱乐中心、体育保健广场、健身步道、体育运动中心等为一体的综合康体养生养老机构，建筑面积3.3万平方米	2022～2023年	10000	县民政局
16	山本文旅康养综合体项目	占地300亩，建设康复疗养中心、颐养社区、温泉度假酒店三大板块，建成集健康体检、大病康复、亚健康修养等功能于一体的（主题温泉泡池、景观客房、健康有机餐食）康复理疗度假区	2023～2025年	25000	商於古道办
17	D县蟒岭红天麻交易市场建设项目	占地5.2亩，新建天麻交易中心1万平方米，改建交易市场5000平方米，配套建设生态停车场、雨污分流、绿化亮化等附属设施	2023年	3200	县农业农村局
18	冠龙药材生产线建设项目	占地6亩，建设生产车间、库房、综合楼0.98万平方米，配套建设消防、绿化等附属设施	2023～2024年	2000	县经贸局
四、食用菌产业发展重点项目3项，投资2.9亿元					
19	3000万袋食用菌生产项目	在峦庄、庾岭、花瓶子、龙驹寨等镇办建设年产3000万袋以上食用菌生产基地	2023年	12000	县农业农村局
20	庾岭镇食用菌产业园提升项目	流转土地50亩，新建大棚160个，建成平菇种植区、菌种研发区、平菇加工区、废料再利用区，形成"一园四区"格局	2023年	2000	庾岭镇

续表

序号	项目名称	建设内容	建设时间	投资估算（万元）	责任单位
21	鑫垚食用菌产业园项目	占地30亩，建设年产5000吨双孢菇工厂化车间80间4万平方米，购置相关设施设备	2022～2024年	15000	县农业农村局
五、核桃产业发展重点项目2项，投资4.2386亿元					
22	秦岭三生核桃谷农业园区项目	建设核桃生态种植基地1395亩，核桃(农产品)初加工厂房2500平方米，生产线2条；建设商於汽车露营区及游客服务中心、生态停车场，完善健身设施、儿童游乐设施，露营区绿化、亮化、商洛核桃文化IP等配套设施	2021～2023年	30000	县农业农村局
23	五谷源核桃深加工项目	占地20.31亩，建设标准化厂房、科技研发楼、食用油罐区、门卫室、污水处理池等构建筑物1.97万平方米，购置去青皮、烘干、压榨、精炼、冷滤沉降、灌装、运输和办公等设备523台(套)，配套建设场区停车位、道路、广场、绿化、给排水、强弱电及消防等基础设施	2022～2023年	12386	县域工业集中区管委会
六、畜禽产业发展重点项目5项，投资8.25亿元					
24	西北种猪繁育基地项目	建设现代化猪舍10栋，配套建设厂房、宿办楼、厂区道路及附属设施，年出栏种猪20万头	2021～2023年	24000	县农业农村局
25	新富华千头肉牛生态养殖场建设项目	建设年繁育1000头良种肉牛繁育场、年育肥出栏1000头肉牛育肥小区、400立方米沼气池2座、年生产3000吨有机肥生产线1条、储存1万吨干草和2500吨精料的饲料库2座、种植牧草200亩(其中紫花苜蓿100亩，增润草50亩、墨西哥玉米50亩)，建成鱼塘2000平方米、荷花池1331平方米	2023～2024年	14000	县畜牧中心
26	鑫惠霖仔猪繁育基地项目	占地30亩，建设种猪舍6栋及粪污处理中心、有机肥加工中心，年出栏仔猪2万头	2022～2023年	21000	县畜牧中心

续表

序号	项目名称	建设内容	建设时间	投资估算（万元）	责任单位
27	薄发种蛋繁育公司种鸡厂扩建项目	新建办公用房400平方米，改建鸡舍6栋6664.33平方米，扩建孵化厂1200平方米，购置设备500余台(套)	2023~2024年	5500	县农业农村局
28	山水致诚肉类精深加工项目	建设1条现代化毛驴(肉牛)屠宰生产线、1条生猪屠宰生产线、1条低温分割流水线、1条熟食加工生产线、1座大型冷库、1座大型污水处理厂及附属设施	2021~2023年	18000	县农业农村局
七、新材料产业发展重点项目17项，投资70.015亿元					
29	D县现代材料产业园项目	一期建设园区道路、管网；二期建设标准化厂房4.1万平方米及道路、管网、河堤修复；三期建设大理岩破碎车间、粉体加工车间及轻质碳酸钙、人造花岗石、医用透气膜、新型涂料等生产线	2022~2025年	200000	县域工业集中区管委会
30	新型防水材料产业园项目	规划用地180亩，建设15条美国阿迪生产线，年产6000万平方米防水卷材(环保型材料)和70000吨新型环保涂料，并完善相关配套设施	2022~2023年	50000	县招商服务中心
31	年产300万吨骨料机制砂资源综合利用及年产5000吨氮化钒项目	建设年产花岗岩骨料200万吨、机制砂50万吨、水泥用配料及机制砖用料50万吨生产线及附属设施；建设年产5000吨氮化钒生产线1条，配套建设厂房、道路、购置设施设备20台(套)	2022~2023年	60000	县域工业集中区管委会
32	D县磨丈沟花岗岩开发项目	建设年产300万吨建筑骨料生产线及道路等设施	2022~2023年	44035	县资源局

续表

序号	项目名称	建设内容	建设时间	投资估算（万元）	责任单位
33	木塑复合材料建设项目	建设年产1.5万吨木塑复合材料生产线，配套建设生产车间、原材料库成品库共15200平方米，购置木塑板材生产设备209台（套）	2022～2024年	9615	县域工业集中区管委会
34	年产50万平方米微晶玻璃项目	建设年产50万平方米微晶玻璃项目生产线及相关配套设施	2022～2024年	11000	县域工业集中区管委会
35	铜材回收再利用项目	以回收废铜为原料，建设年产2000吨异性HPb59-1棒材及管材生产线	2022～2024年	4500	县域工业集中区管委会
36	钾长石综合开发项目	建设年产80万吨钾肥、10万吨氢氧化铝、20万吨白炭黑生产线及配套设施	2022～2025年	150000	县域工业集中区管委会
37	中碳石墨项目	开发利用已初步掌握储量3000万吨以上的石墨资源，建设年产20万吨中碳石墨生产装置	2023～2025年	58000	县域工业集中区管委会
38	高碳石墨项目	建设年产10万吨高碳石墨生产装置	2023～2025年	30000	县域工业集中区管委会
39	石墨烯生产项目	建设年产15000克石墨烯生产线及配套设施	2023～2025年	3800	县域工业集中区管委会
40	环保电线电缆项目	建设年产15万千米环保型电线电缆生产线	2022～2024年	7000	县域工业集中区管委会
41	环保涂料项目	建设年产3万吨环保涂料，其中热反射隔热涂料0.5万吨，高耐玷污外墙涂料1万吨、内墙涂料1.5万吨	2022～2024年	25000	县域工业集中区管委会
42	环保型包装及高科技注塑产品项目	建设年产2000万套环保型高档包装和2000万只科技型注塑罐生产线	2022～2024年	5000	县域工业集中区管委会

续表

序号	项目名称	建设内容	建设时间	投资估算（万元）	责任单位
43	新型复合板材项目	利用废树枝木材建设年产30立方米新型复合板材生产线	2022~2024年	6500	县域工业集中区管委会
44	新材料产业园基础设施建设项目	收储平整土地1000亩，修建产业园道路5千米，建设标准化厂房6万平方米，完善水电气讯等相关配套设施	2022~2024年	23200	县域工业集中区管委会
45	石墨产业园基础设施建设项目	依托D县优质石墨矿资源，建设石墨产业园，完善园区水电路气讯，加快石墨资源开发利用	2022~2024年	12500	县域工业集中区管委会
八、电子信息产业发展重点项目2项，投资9.6024亿元					
46	环秦岭航空智能科技装备产业园项目	占地60亩，一期建设办公楼、厂房等附属设施4万平方米，购置大型复材热处理生产线、CNC数控生产线、激光切割生产线、除尘工作生产线等相关设备76台（套），并配套建设场区内道路、绿化、水电等设施；二期建设厂房、仓库等附属设施40795平方米	2022~2025年	38012	县域工业集中区管委会
47	中天禹辰智能制造产业园项目	占地30亩，一期建设办公楼、厂房等附属设施4万平方米，购置复材热处理生产线、CNC数控生产线、激光切割生产线、除尘等相关设备76台（套），配套建设场区内道路、绿化、给排水、供电等设施；二期建设厂房、仓库等附属设施4.08万平方米	2022~2025年	58012	县域工业集中区管委会
九、服装产业发展重点项目2项，投资0.8亿元					
48	萱妃娜服装生产项目	占地10亩，新建制衣车间0.2万平方米，安装全自动制衣吊挂流水线2条	2023年	3000	县经贸局

续表

序号	项目名称	建设内容	建设时间	投资估算（万元）	责任单位
49	年产5000吨无纺布生产线项目	在鹤秦公司厂房内建设无菌车间4万平方米、实验室0.5万平方米、灭菌车间1万平方米、库房0.5万平方米，购置生产设备3000台、实验设备1000台（套）、灭菌设备200（台）套	2023年	5000	县经贸局
十、现代家居产业发展重点项目5项，投资9.7亿元					
50	软木产品深加工项目	建设软木原料加工车间、软木瓶塞生产车间、软木地板加工车间、聚合软木产品生产车间、软木家居用品车间、软木家居用品车间共5000平方米，配套建设质检车间、办公综合楼350平方米及配电、消防等设施	2022~2023年	6000	县域工业集中区管委会
51	西部生态智能家居产业园三期项目	占地约50亩，主要建设生产车间12000平方米、研发中心2000平方米、产品展示中心2000平方米，安装生产设备150台（套），建设数控智能锯切中心、中挺加工中心、铝型材冲铣中心，建成高端智能门窗五金配件生产线2条	2022~2024年	15000	县域工业集中区管委会
52	现代家居生产线建设项目	在商镇按照国际化高标准装修厂房5万平方米，建设年产600亿套现代家具生产线及配套设施	2023~2024年	31000	县域工业集中区管委会
53	高端家居建材物流仓储项目	拟投资2亿元在商镇占地100亩，建设集家居、建材产品组装、定制组装生产线各2条，配套建设区域代理、仓储物流、电商结算、智慧配送等	2024~2025年	20000	县域工业集中区管委会

续表

序号	项目名称	建设内容	建设时间	投资估算（万元）	责任单位
54	年产3000套软体沙及软床生产项目	项目计划占地50亩，建筑面积3万平方米，主要建设生产车间、展厅、仓库和园区基础设施等	2023～2024年	25000	县域工业集中区管委会

8.8 总结与展望

县域是推进国家治理体系和治理能力现代化的重要组成部分，是乡村振兴的重要依托，是实现城乡协调发展的重要区域，是实现共同富裕的主战场。在我国近1300个县、120个自治县、977个市辖区、393个县级市、49个旗、3个自治旗、1个特区、1个林区，合计2800余县级区划中，经济基础、自然禀赋、社会治理等方面存在着较大的差异。略阳县、镇巴县、安康市汉滨区、紫阳县、岚皋县、白河县、山阳县、柞水县、镇安县、丹凤县、商南县这11个县区国家乡村振兴重点帮扶县作为后发展县域的代表，希望对其理论与实证的测评，在此基础上提出的政策建议，以及深度调研D县总结的案例特征能为同类区域发展提供借鉴与帮助。

参考文献

[1] 郑瑞强，朱述斌，王英．连片特困区扶贫资源配置效应与优化机制[M]．北京：社会科学文献出版社，2017：152-178.

[2] 郭斯炜，徐伟鹏，司航．秦巴山集中连片特困地区旅游扶贫路径研究——以湖北郧西县为例[J]．农村经济与科技，2019，30(21)：145-146，165.

[3] 王怡，郭萌．贫困户脱贫可持续性的政策效应分析[J]．商洛学院学报，2020，34(03)：56-63.

[4] 王怡，郭萌．脱贫攻坚与乡村振兴的衔接考量——基于14个"连片特困地区"的效益测评与对策建议[J]．山西农业大学学报（社会科学版），2022，21(3)：21-22.

[5] 刘启君，黄旻，宋艺欣，等．基于灰色关联TOPSIS模型的武汉市环境承载力评价及障碍因子诊断[J]．生态经济，2016，32(5)：191-195.

[6] 白永秀，宁启．巩固拓展脱贫攻坚成果同乡村振兴有效衔接的提出、研究进展及深化研究的重点[J]．西北大学学报（哲学社会科学版），2021，51(5)：5-14.

[7] 范小建：准确把握新形势全力开创新局面——在全国扶贫工作会议上的讲话[J]．老区建设，2009(1)：7.

[8] 陈全功，程蹊．关于减贫的可持续性问题的探讨[J]．湖北社会科学，2015(9)：80-85.

[9] 刘伯恩．生态产品价值实现机制的内涵、分类与制度框架[J]．环境保护，2020，48(13)：49-52.

[10] 殷斯霞，李新宇，王哲中．金融服务生态产品价值实现的实践与思考——基于丽水市生态产品价值实现机制试点[J]．浙江金融，2021(4)：27-32.

[11] 俞敏，李维明，高世楫，等．生态产品及其价值实现的理论探析[J]．发展研究，2020(2)：47-56.

[12] 纪璇，林晶．绿色发展：马克思主义生态观的时代阐释[J]．人民论坛，2019(8)：102-103.

[13] 冯佩,李俣. 基于人工神经网络和粒子群算法的半导体激光器参数反向设计方法[J]. 中国激光,2019,46(7):9-15.

[14] 李霄鹏. 贪婪算法与遗传算法结合的建设项目合同优化选择[J]. 统计与决策,2019(6):76-79.

[15] 万中英,廖海波,王明文. 遗传-粒子群的投影寻踪模型[J]. 计算机工程与应用,2010,46(20):210-212.